学前教育专业教育教研成果系列教材

幼儿教育学

主　编　施玉洁　吕　姝
副主编　白月奇　徐晓华　薛俊楠　马　璐

北京理工大学出版社
BEIJING INSTITUTE OF TECHNOLOGY PRESS

版权专有 侵权必究

图书在版编目（CIP）数据

幼儿教育学 / 施玉洁，吕姝主编. -- 北京：北京
理工大学出版社，2018.9（2024.1重印）
ISBN 978 - 7 - 5682 - 6186 - 9

Ⅰ. ①幼… Ⅱ. ①施… ②吕… Ⅲ. ①幼儿教育学–
高等学校–教材 Ⅳ. ①G610

中国版本图书馆 CIP 数据核字（2018）第 191923 号

责任编辑：高雪梅　　文案编辑：高雪梅
责任校对：周瑞红　　责任印制：李　洋

出版发行 / 北京理工大学出版社有限责任公司
社　　址 / 北京市丰台区四合庄路 6 号
邮　　编 / 100070
电　　话 /（010）68914026（教材售后服务热线）
　　　　　（010）68944437（教材资源服务热线）
网　　址 / http：//www.bitpress.com.cn

版 印 次 / 2024 年 1 月第 1 版第 7 次印刷
印　　刷 / 定州市新华印刷有限公司
开　　本 / 787 mm×1092 mm　1／16
印　　张 / 11.5
字　　数 / 271 千字
定　　价 / 39.00 元

图书出现印装质量问题，请拨打售后服务热线，负责调换

前 言

《幼儿教育学》是我国高等院校、高等职业技术院校学前教育专业的核心课程之一，有助于学生达到《幼儿园教师专业标准》中对幼儿园教师专业知识维度的要求。考虑到当前新的幼儿教育发展趋势，以及高职高专学前教育专业学生学习的特点，本教材编者借鉴国内外幼儿教育理论与实践的最新成果，并结合多年一线的教学经验，编写了本教材。

本教材以我国幼儿教育法规及规章为依据，以幼儿教育的内容为主线，对幼儿教育学进行了全面具体的介绍和说明。在内容全面的基础上，突出实用性，并尽可能反映幼儿教育领域探索和改革的新经验。同时，本教材以国家教师资格证书考试大纲为依据，将国家教师资格证书考试相关知识点融入本教材。

本教材的每一章都由学习目标、案例导入、知识概述、知识拓展、小资料、练一练、本章小结等部分构成，希望给读者呈现一个系统的知识框架。读者可以根据学习目标，明确每一章的知识点；正文部分通过结合实际的案例、故事等引入，逐步展开学科知识体系；在叙述理论知识的同时，通过知识拓展和小资料，进一步提升读者的学习兴趣；文后附有相关练习题，供读者复习时使用；本章小结有助于读者构建系统的知识网络。

本教材是合作研究的成果，由辽阳职业技术学院的施玉洁、吕姝担任主编，由湖北省随州职业技术学院白月奇，辽东学院徐晓华，辽阳职业技术学院薛俊楠、马璐担任副主编。

本教材在编写过程中参考了大量文献，在此向这些文献的作者表示诚挚的谢意。

在编写过程中，编者虽然做出了很大的努力，但限于时间、水平和资料积累的局限性，书中难免会有疏漏和不足之处，请各位（广大）读者和专家给予批评与指正。

编 者

目 录

导 论 1

第一章　幼儿教育概述 5

第一节　幼儿教育的概念、性质和意义 5

第二节　幼儿园教育的目的和任务 8

第三节　幼儿园教育的原则和特点 10

第二章　儿童与幼儿教师 17

第一节　儿　童 17

第二节　幼儿教师 22

第三章　幼儿园环境 32

第一节　幼儿园环境概述 32

第二节　幼儿园物质环境创设 38

第三节　幼儿园心理环境创设 40

第四章　幼儿园课程 45

第一节　幼儿园课程概述 45

第二节　幼儿园课程目标 50

第三节　幼儿园课程内容 52

第四节　幼儿园课程实施 55

第五章　幼儿园全面发展教育 58

第一节　幼儿园全面发展教育概述 58

· 1 ·

第二节	幼儿德育	60
第三节	幼儿智育	63
第四节	幼儿体育	65
第五节	幼儿美育	67

第六章 幼儿园日常生活活动 … 71
第一节 幼儿园日常生活活动概述 … 71
第二节 幼儿园日常生活活动的指导 … 74

第七章 幼儿园游戏活动 … 84
第一节 幼儿游戏概述 … 84
第二节 幼儿游戏的条件创设及教师指导 … 92
第三节 幼儿园各类游戏活动的指导 … 96

第八章 幼儿园教学活动 … 101
第一节 幼儿园教学活动概述 … 101
第二节 幼儿园教学活动的原则 … 104
第三节 幼儿园教学活动的教学方法 … 107
第四节 幼儿园教学活动的组织与指导 … 112

第九章 幼儿园其他形式活动 … 118
第一节 幼儿园节日活动 … 118
第二节 幼儿园区域活动 … 124
第三节 幼儿园亲子活动 … 127

第十章 幼儿园班级管理 … 132
第一节 幼儿园班级管理概述 … 132
第二节 幼儿园各类班级管理 … 141

第十一章 幼儿园与家庭、社区和小学 … 149
第一节 幼儿园与家庭、社区合作 … 149
第二节 幼儿园与小学衔接 … 157

第十二章 幼儿园教育评价 … 163
第一节 幼儿园教育评价概述 … 163
第二节 幼儿园教育评价的主要内容与方法 … 167

参考文献 … 175

导　论

【学习目标】

1. 识记幼儿教育学的概念。
2. 了解幼儿教育学的研究内容。
3. 掌握幼儿教育学的意义。
4. 了解幼儿教育学的学习方法。

案例导入

　　某幼儿园中（一）班的李老师教幼儿们认识水果时，在黑板上挂满香蕉、苹果、橘子、葡萄、西瓜、樱桃等图片，然后告诉幼儿们它们的名字、味道、产地、形状、特征、用途等，并要求幼儿们牢记。中（二）班的章老师则带领幼儿们到幼儿园附近的农庄果园里观察水果的生长与发育情况，然后让幼儿们在班级的"自然角"区域种上西瓜、草莓等并进行管理，做好观察记录，鼓励幼儿们与教师、同伴一起交流观察心得，让幼儿们想说、敢说、喜欢说并能得到积极地回应。

　　在本案例中，哪一位幼儿园老师的做法比较好？为什么？它揭示了哪些幼儿教育规律？

知识概述

一、幼儿教育学的概念

　　幼儿教育学是教育学的一个分支，它是一门研究3～6岁幼儿教育规律和幼儿教育机构工作规律的科学，更是从教育实践中总结提炼出来的教育理论。例如，幼儿园应该如何安排幼儿的一日生活，才能有利于幼儿的健康成长；教师应该如何创设游戏环境，才能充分地发挥游戏活动在幼儿发展中的作用等，都是幼儿教育学要探讨的问题。

二、幼儿教育学的研究内容

　　幼儿教育学的研究内容主要包括：幼儿教育内涵；儿童和幼儿教师；幼儿园环境；幼儿

·1·

园课程；幼儿园全面发展教育；幼儿园日常生活活动；幼儿园游戏活动；幼儿园教学活动；幼儿园其他形式活动；幼儿园班级管理；幼儿园与家庭、社区、小学合作；幼儿园教育评价。

三、学习幼儿教育学的意义

（一）有助于学前教育专业的学生了解、认识幼儿教育

幼儿教育是人类社会生活的重要组成部分，幼儿教育质量关系着人类社会的发展和进步。在我国，幼儿教育是基础教育的一部分。教育要面向现代化、面向世界、面向未来，需要尽快提高全民族的素质，需要培养大批高质量人才，而这一伟大工程必须从幼儿抓起。作为培养人的社会活动，幼儿教育是一项十分复杂的社会实践。它具有自身独特的规律，而集中反映这些规律的理论体系就是幼儿教育学。幼儿教育作为教育事业的组成部分，有着不同于其他教育事业的独特特点。幼儿教育具有哪些特点？幼儿教师需要怎样的素质？幼儿园课程设计与实施应遵循怎样的规律？通过幼儿教育学的学习和研究，将有助于人们纠正一些错误的教育观念，认识幼儿教育，形成比较合理的儿童观、教师观、教育观。

（二）有利于更全面地了解幼儿，促进幼儿身心健康发展

3～6岁的幼儿是人类社会中一个特殊的群体，他们天真活泼，充满生机。教师只有充分认识到幼儿教育要遵循幼儿身心发展的特点以及教育规律，才能在从事教学的过程中更好地对幼儿实施保育和教育，有效地做到保教结合。

幼儿教育学为幼儿教育提供了理论依据。从事幼儿教育工作的教师或者保育员只有了解幼儿发展的特点，才能在教育过程中采取适合幼儿的教学活动，实现幼儿教育的目标。对于当前我国的幼儿教育来说，培养熟悉幼儿身心发展特点和教育规律的教师或者保育员是当今社会发展的需求。

（三）有利于走出幼儿教育的误区，形成科学的教育观念

1. 家长对幼儿过分溺爱或过多管制

很多家长过分宠爱幼儿，凡事都由家长来包办代替。幼儿的一日三餐，需要一家人来哄着喂饭。在生活上，家长什么都不让幼儿做，对幼儿百依百顺，幼儿的要求几乎全部给予满足。家长的包办代替导致幼儿的动手能力、独立性和社会交往能力都很差，幼儿也很难适应除家庭以外的其他环境。在溺爱型家庭氛围中成长的幼儿不懂得分享、不懂得爱；在与其他小朋友的交往中，大多数会以自我为中心，将来很难适应社会。

相反，有的家长认为，管教孩子就要从小做起，让幼儿绝对服从自己的命令。一切都是家长做主，幼儿没有一定的自主权，不听话就会挨打挨骂，批评次数远远多于表扬次数。在这种专横型家庭氛围中成长的幼儿会变得胆小、怕事。这样的幼儿容易产生自卑感，做事缺乏信心，具有很强的逆反心理，性格较为孤僻。

2. 幼儿教育小学化倾向严重

在巨大的升学压力和家长们的盲目攀比等因素影响下，幼儿教育小学化倾向越来越严重。幼儿自由玩耍的时间少了，取而代之的是作业多了，参加的辅导班多了。甚至，有些幼儿的周末学习安排比一些大牌明星的档期安排得都要紧张。

这样的教育所带来的弊端之一是幼儿畏惧上学、厌恶学习。在幼儿本应该以一种轻松愉快的心情度过美好童年时，却不得不按照家长的意愿规规矩矩地坐下来读书、写字。这样，幼儿认为学习是枯燥无味的，从而丧失学习的兴趣，对学校和老师产生厌倦的不良情绪。

（四）指导幼儿教育实践

理论来自实践，又指导实践。幼儿教育学通过对幼儿教育现象、幼儿教育问题的研究，揭示幼儿教育规律，提出并验证解决问题的原则和基本方法，对幼儿教育实践具有指导的意义。当然，幼儿教育学指导作用的大小，取决于幼儿教育学研究水平的高低。只有那些能真正地反映幼儿教育本质、清楚揭示幼儿教育问题的研究结果，才能有效地指导幼儿教育实践。

总之，系统地学习幼儿教育学知识，有助于受教育者根据幼儿身心发展的特点以及教育规律更好地从事教学活动，促进幼儿身心健康发展。

四、学习幼儿教育学的方法

（一）教学与自学相结合

课堂教学的时间是有限的，受教育者应学会自学；终身学习也要求每个人都具有自学的能力，"活到老，学到老"，才能适合社会的需要。2012 年，教育部颁布的《幼儿园教师专业标准》，将终身学习作为幼儿园教师专业的理念之一。

（二）理论与实际相结合

在学习幼儿教育理论时，要紧密联系幼儿教育的实际，尝试利用理论知识去解决实际问题，做到学以致用、学用结合。在校期间，联系实际的方式有很多，例如，到幼儿园进行见习、实习，访问优秀的幼儿园教师，开展社区、家庭的幼儿教育调查，尝试设计和组织一些教育活动，对一个或多个幼儿进行观察研究等。有人认为："在校学教育基本理论，毕业后再实践也来得及。"这种看法是错误的，不能把理论学习和参加实践机械地割裂开来，脱离实际的理论是空洞的，没有理论指导的实践是盲目的。教育基本理论学得好不好，不是看能否记住和背会这些知识，而是要看在多大程度上能把这些知识转化为科学的教育观念和教育工作的能力。

（三）博览与精读相结合

在校期间，学习教育基本理论的第一步是认真学习教材，深入地理解和领会幼儿教育学的基本概念和基本原理；反复推敲、弄懂并吃透教材每一章节的主要内容和渗透在其中的重要观念、教育思想，并弄清楚每一章节之间的内在联系，注意把握教材的逻辑关系。在精读教材的基础上，学生还应广泛阅读关于幼儿教育的各种专业书刊。

（四）学习与思考相结合

教学的过程是师生互动的过程。在学习中，应开动脑筋，踊跃发言，积极地参加课程讨论。独立思考、切磋讨论是学习幼儿教育学的重要方法。对教材、对前人的理论、对流行的观点和看法要多问几个为什么，勇于探索，提出自己的见解。不过独立思考并不是闭门造车，更不是凭空臆测。"独学而无友，则孤陋而寡闻。"在自己学习的基础上，与老师、同

幼儿教育学

学要相互沟通交流，不同的观点相互碰撞，相互启发，帮助自己更清楚、更全面地掌握幼儿教育理论。

（五）预习与复习相结合

在上课之前，应对即将讲授的内容先浏览一下，做到心中有数，以便能带着问题投入课堂学习中去，以提高课堂学习的质量；课后，应及时复习巩固，降低遗忘比率。

小资料

学前教育学的发展

第一阶段：也称孕育阶段，主要是指 15 世纪以前。

第二阶段：也称萌芽阶段，主要是指 16 世纪时期。该时期学前教育理论逐渐丰富起来。

第三阶段：又称初创阶段，主要是指 18 世纪后期至 20 世纪前半期。

第四阶段：又称发展的新阶段，该时期的特点是哲学理论为基础。

——选自《学前教育学》郑建成主编（有删节）

练一练

1. 简述幼儿教育学的研究内容。
2. 简述学习幼儿教育学的意义。
3. 试论述如何学习幼儿教育学。你还有哪些好的学习方法？

本章小结

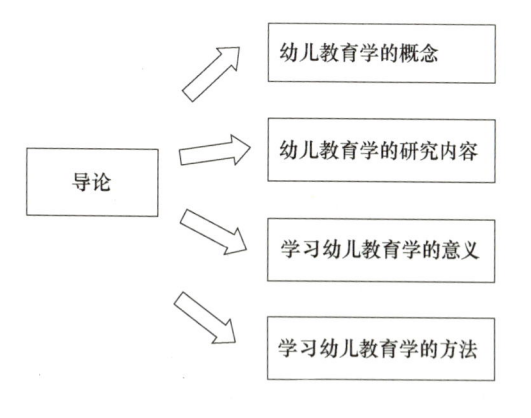

- 导论
  - 幼儿教育学的概念
  - 幼儿教育学的研究内容
  - 学习幼儿教育学的意义
  - 学习幼儿教育学的方法

第一章

幼儿教育概述

【学习目标】

1. 识记幼儿教育的概念、性质和意义。
2. 掌握幼儿园教育的目的和任务。
3. 掌握幼儿园教育的原则和特点。

第一节 幼儿教育的概念、性质和意义

案例导入

在幼儿园的办公室中，琳琳的妈妈正在和园长谈话。只听见琳琳的妈妈用略带急切的口吻说道："园长啊！你们幼儿园每天都带孩子们做什么呢？你说我女儿都快5岁了，10以内的加减法算得还是不太好，与朋友家同龄的小孩儿一比，我都不好意思了。你们有什么办法吗？能让我的孩子认识大部分汉字，能快速地掌握10以内的加减法，甚至更多的知识，交多少学费我都心甘情愿！"园长刚想耐心地解答，这时敲门声响了，原来是牛牛的妈妈，她是特意来感谢园长的，她说："我的孩子自从来到幼儿园以后，回家变得很有礼貌，能自己的事情自己做，还变得爱动脑筋了。园长！感谢幼儿园的老师，其实当我看到孩子会自己洗一双袜子的时候，比他会算多少道题还让我觉得高兴！"园长耐心地接待了两位家长之后，自己坐在办公室里，想："社会发展如此迅速，我们的教育意义到底是什么？"

知识概述

一、幼儿教育的概念

幼儿教育是指对3~6岁年龄阶段的幼儿实施有目的、有计划、系统的教育，是一个人教育与发展的重要而特殊的阶段。

幼儿教育有广义和狭义之分。广义的幼儿教育是指凡是能够影响幼儿身体成长和认知、

·5·

情感、性格等方面发展的、有目的的活动。如幼儿在成人的指导下看电视、做家务、参加社会活动等，都是幼儿教育。而狭义的幼儿教育则特指幼儿园和其他专门开设的幼儿教育机构，对幼儿实施有目的、有组织、有计划的活动。

二、幼儿教育的性质

幼儿教育是我国社会主义教育事业的组成部分，是我国基础教育的重要组成部分，是我国学校教育和终身教育的奠基阶段。

（一）基础性

教育是民族振兴的基石，是社会发展的基础。幼儿教育是基础教育的基础、终身教育的开端，是国民教育体系的重要组成部分，对于促进个体早期的全面健康发展、巩固和提高义务教育质量与效益，提升国民素质、缩小城乡差距、促进教育和社会公平具有重要的价值。这是幼儿教育基础性的体现。

（二）公益性

幼儿教育的公益性是指幼儿教育活动应当尊重社会全体成员的共同利益。《中华人民共和国教育法》明确规定，"我国教育是一项公益性的事业""教育活动必须符合国家和社会公共利益，任何组织和个人不得以营利为目的举办学校及其他教育机构"。坚持教育的公益性是我国教育事业健康发展的基本要求。

三、幼儿教育的意义

幼儿教育是整个教育的基础，是幼儿身心发育最快、获取知识最迫切的阶段。因此，针对幼儿进行幼儿教育有着极其重要的价值，主要体现在以下两个方面：一方面是对幼儿发展的意义；另一方面是对社会的意义。其中，幼儿教育的幼儿发展价值是幼儿教育的本体价值所在；幼儿教育的社会价值则通过幼儿发展价值来实现。

（一）幼儿教育对幼儿发展的意义

1. 促进生长发育，提高身体素质

幼儿教育根据幼儿生长发育的特点，着眼于幼儿身体素质的提高，有计划地为幼儿创设一个让其身心愉快的环境，在培养幼儿良好性格的同时，合理地安排营养保健和一日生活，科学地组织体育锻炼，培养幼儿良好的生活卫生习惯，增强幼儿对疾病的抵抗能力和对环境变化的适应能力等，帮助幼儿增强体质，健康地成长，为成为体魄健壮的社会成员打下基础。

2. 开发大脑潜力，促进智力发展

幼儿期是智力发展的关键时期。在幼儿阶段开发大脑的潜力，充分发挥智力，具有特别重要的意义。不少研究证明，幼儿期是语言、形状知觉、音感等发展的敏感期，在这一时期施以适宜的教育，将收到事半功倍的效果。推迟教育，效果将大打折扣。

小资料

智力发展

美国心理学家布鲁姆曾经追踪研究上千名幼儿到成年。他在研究的基础上，得出如下结

论：如果把17岁达到的正常人智力水平作为100%，那么从0~4岁发展了50%，4~8岁又发展了30%，8~17岁再发展20%。换句话说，在人生最初4年中，智力的发展等于随后13年的智力发展。

3. 发展个性，促进人格的健康发展

人的个性、性格、思想道德和行为习惯都是在一定的教育影响下逐渐形成和发展起来的。如果在幼儿期受到良好教育，那么就能形成许多好习惯，如爱清洁、懂礼貌、热爱学习、热爱劳动等，形成良好的性格，遵守符合社会要求的行为规范。

小资料

诺贝尔奖获得者的感悟

1978年，75位诺贝尔奖获得者在巴黎聚会。人们对诺贝尔奖获得者非常崇敬。有一位记者问其中的一位老者："在您的一生里，您认为最重要的东西是在哪所大学、哪所实验室里学到的呢？"这位白发苍苍的诺贝尔奖获得者平静地回答："是在幼儿园。"记者感到非常惊奇，又继续问道："为什么是在幼儿园呢？在幼儿园您学到了什么呢？"这位诺贝尔奖获得者微笑着回答："在幼儿园里我学会了很多很多。例如，把自己的东西分一半给小伙伴们；不是自己的东西不要拿；东西要放整齐；饭前要洗手；午饭后要休息；做了错事要表示歉意；学习要多思考；要仔细地观察大自然。我认为我全部学到的东西就这些。"所有在场的人对这位诺贝尔奖获得者的回答报以了热烈的掌声。

4. 培育美感，促进想象力、创造性的发展

由于幼儿思维、情感的特点，喜欢用形象、声音、色彩、身体动作等来思考和表达。因此，幼儿教育以美熏陶、感染幼儿，满足其爱美的天性，启发其美感和审美情趣，激发幼儿表现美、创造美的欲望，发展他们艺术的想象力、创造力，促进健全人格的形成。

(二) 幼儿教育对社会的意义

1. 幼儿教育通过服务于家长从而间接影响社会的发展

首先，幼儿教育的顺利开展有助于家庭的和谐发展。家庭是社会的组成细胞，每一个幼儿能否健康成长都是家长关注的焦点，决定了家庭生活的和谐幸福，进而牵动着整个社会。其次，家庭教育对幼儿的个人发展很重要，但却普遍缺乏针对性。而作为家庭教育的重要补充，幼儿教育可以纠正、弥补家庭教育的诸多不足。专业教育机构提供的物质环境、人文环境等是家庭教育所无法比拟的，而通过幼儿教师的专业教育活动，可以让幼儿在身心方面获得更大的发展。由专业教育机构开展的正规幼儿教育对于幼儿的发展具有很强的针对性，其对社会的和谐稳定与发展起到了积极的促进作用。

2. 幼儿教育通过影响幼儿的发展从而对社会经济的发展具有间接影响

幼儿是社会未来的潜在劳动力，要把潜在的劳动力转化为现实的劳动力，就必须依靠教育，要改变一个人的本性，使其获得一定劳动的技能和技巧，成为发达的专门的劳动力，就要有一定的教育和训练。潜在劳动力的转化工作实际上从人的出生日就开始了。虽然结束幼儿教育的幼儿，还不是现实的劳动力，但是幼儿教育为幼儿今后进一步地转

幼儿教育学

化奠定了基础。一个接受过良好幼儿教育的幼儿，会带着健康的身体、和谐的身心、初步的知识和经验、良好的行为习惯，走进小学、中学、大学。这对幼儿进一步的成长无疑会有积极的作用。

总之，幼儿教育作为我国教育体系的重要组成部分，是整个教育活动的开端环节，承担着其他教育形式所不可比拟的关键作用。幼儿教育，不仅关系到幼儿早期教育的全面展开，而且关系到家庭的和谐幸福，关系着社会的进步发展。因此，广大幼儿教育工作者必须深刻地领会到幼儿教育的重大意义。在终身教育观的指导下积极地提高教育教学水平，在理论和实践上推动幼儿教育的发展，全身心地为培养身心健康发展的幼儿而奋斗。

小资料

狼孩儿

1920 年，人们在印度丛林中发现两名由狼哺育长大的女孩儿，年龄大的七八岁，年龄小的约两岁。两人回到人类世界之后，都养育在孤儿院里。从她们的言语、动作、情绪反应等方面都能明显看出狼的生活痕迹。她们不会说话，发音独特，不是人的声音；她们不会直立行走，惧怕人，白天一动不动，一到夜间到处乱窜，并像狼那样号叫。人的行为和习惯几乎没有，而具有不完全的狼的特性。年龄偏小的女孩儿在回到人类世界没多久就去世了；年龄偏大的女孩儿在两年后才会发两个单词的音，直到十六七岁才学会 40 多个单词，而且没有真正地学会说话，其智力只相当于三四岁孩子的智力。

练一练

1. 什么是幼儿教育？
2. 简述幼儿教育的性质。
3. 结合实际，试论述幼儿教育的意义。

第二节　幼儿园教育的目的和任务

案例导入

在湖南卫视电视节目《爸爸去哪儿》第五期中，当几位爸爸踏上去云南普者黑的旅途时，王岳伦问女儿（王诗龄）最喜欢哪个小朋友，王诗龄说因为石头哥哥懂得分享所以最喜欢他。

据说，在石头小时候，家里来了小朋友做客，他开始也不愿意和小朋友一起玩玩具。有一天，一位小朋友来做客时，带了一件很稀奇的玩具。石头想玩对方的玩具，对方不愿意给石头，最后俩人都哭了。后来，在石头妈妈的启发下，石头采用分享的办法解决了这个问题。

在石头妈妈的教育下，石头学会了分享。相信在石头长大以后也会因为懂得分享而被周围人认可、接纳。

由此可见，对幼儿进行教育是十分必要的。如果培养目标决定了教育方式，那么幼儿教育的目的是什么呢？

· 8 ·

第一章 幼儿教育概述

知识概述

一、幼儿园教育的目的

我国幼儿园教育的目的："对幼儿实施德、智、体、美等全面发展的教育，促进其身心和谐发展。"

《幼儿园工作规程》规定，幼儿园保育和教育的主要目标如下：

（1）促进幼儿身体正常发育和机能的协调发展，增强体质，促进心理健康，培养良好的生活习惯、卫生习惯和参加体育活动的兴趣。

（2）发展幼儿智力，培养正确地运用感官和运用语言交往的基本能力，增进对环境的认识，培养有益的兴趣和求知欲望，培养初步的动手探究能力。

（3）萌发幼儿爱祖国、爱家乡、爱集体、爱劳动、爱科学的情感，培养诚实、自信、友爱、勇敢、勤学、好问、爱护公物、克服困难、讲礼貌、守纪律等良好的品德行为和习惯，以及活泼开朗的性格。

（4）培养幼儿初步感受美和表现美的情趣和能力。

二、幼儿园教育的任务

《幼儿园工作规程》规定，幼儿园的任务是贯彻国家的教育方针，按照保育与教育相结合的原则，遵循幼儿身心发展特点和规律，实施德、智、体、美等方面全面发展的教育，促进幼儿身心和谐发展；幼儿园同时面向幼儿家长提供科学育儿指导。幼儿园教育的双重任务体现了幼儿教育的独特之处。

1. 幼儿园为幼儿实施保育和教育

以幼儿园为代表的幼儿教育机构是我国对幼儿实施保育和教育的组织。"保教结合"是从幼儿年龄的特点出发，最深刻地反映了幼儿教育的规律与其他教育的根本区别。阐明了"保""教"两者结合的关系，相互渗透，保中有教，教中有保。因此，幼儿园通过对幼儿实施德、智、体、美等方面全面发展的教育，促进幼儿身心和谐发展。

2. 幼儿园面向幼儿家长提供科学的育儿指导

将促进幼儿良好的发展作为核心任务。多年来，我国幼儿园一直承担着促进幼儿发展和解放劳动力的双重任务。自 20 世纪 90 年代中期以来，随着经济体制改革和市场经济的推进，原有单位办园已经剥离、撤销或转制，其功能任务、招收对象均已改变。另外，在调研中也发现，幼儿家庭教养模式也发生了重要变化，即使孩子进入了幼儿园，大多数幼儿都有稳定的家庭照料者，幼儿园担负解放劳动力的任务不再具有普遍性。因此，为家长提供科学的育儿指导，共同促进幼儿良好的发展已成为当今幼儿教育的核心任务。

练一练

1. 简述幼儿园教育的目的。
2. 结合实际，试论述幼儿园教育的任务。

· 9 ·

幼儿教育学

第三节　幼儿园教育的原则和特点

案例导入

2013 年，浙江省温岭市发生一起女幼师虐童事件。此事件发生在温岭城西街道的一所民办幼儿园。该校教师颜某因"一时好玩儿"，在该园活动室里强行揪住一名幼童双耳向上提起，同时让另一名教师用手机拍下，之后该视频被传到社交网站上。通过该事件，你认为幼儿园教育的原则应有哪些？

知识概述

一、幼儿园教育的原则

幼儿园教育的原则是教师在向幼儿进行教育时必须遵循的基本要求。这些基本要求是根据幼儿园教育目标与任务、幼儿身心发展的特点以及幼儿教育实践经验而提出来的。幼儿园教育的原则应始终贯穿于幼儿教育工作的全过程。正确地掌握和运用幼儿园教育原则是幼儿园教育顺利进行和幼儿教育质量不断提高的重要保证。

幼儿园教育原则包括两个部分：一是教育的一般原则，是幼儿教育机构、小学教育、中学教育均应遵循的原则，它反映了对所有教育者的一般要求；二是幼儿园教育的特殊原则，是根据幼儿教育的特点提出来的，是幼儿教育对幼儿教师的特殊要求。

（一）教育的一般原则

1. 尊重幼儿的人格尊严和合法权益的原则

作为幼儿教育对象的幼儿，首先是一个人，是社会成员一分子。因此，幼儿享有尊严和权利。没有对幼儿的尊重，就谈不上真正的教育。

（1）尊重幼儿的人格尊严。幼儿从一出生就具有人格尊严，他与成人一样是独立的社会成员。教师要将幼儿作为具有独立人格的人来对待，尊重幼儿的思想、感情、兴趣、爱好、要求和愿望等。不能因为幼儿小而歧视，要杜绝对幼儿随意敷衍、盲目指责、任意羞辱的粗暴行为，更不能拿幼儿作为宠物玩耍，随意给幼儿起绰号，当众披露幼儿的缺陷。如果教师在言行中处处体现对幼儿的尊重，注意倾听幼儿的想法，尊重幼儿的意愿，那么就会使幼儿意识到自己是有价值、有能力、不可或缺的，从而建立起自信心，获得良好的自我意识，为自身的继续发展奠定基础。反之，如果教师随意呵斥、责罚、惩罚幼儿，让幼儿常常感受到委屈、羞辱，那么幼儿便会认为自己是无能的、被人看不起的，从而丧失基本的自尊和自信。这种消极的自我概念一旦形成，将会影响幼儿终身的发展。

（2）保障幼儿的合法权益。幼儿是不同于成人的，正在发展中的社会成员，享有不同于成人的许多特殊的权利，如生存权、受教育权、受抚养权、发展权等。这反映了人们对幼儿在社会中的地位和权利的认可与尊重。但是，幼儿毕竟是稚嫩、弱小的个体，对自己权利的行使还必须通过成人的教育和保护才能实现。家庭、幼儿教育机构、社会应当保障未成年人的合法权益不受侵犯。因此，教师不仅是幼儿的"教育者"，也应当是幼儿权益的实际维护者。

· 10 ·

2. 促进幼儿全面发展的原则

促进幼儿全面发展的原则是指教育者有针对性地采取最有效、最合理的方式促进幼儿在德、智、体、美等方面全面发展的要求。

（1）幼儿的发展是整体的发展而不是片面的发展。幼儿教育必须促进幼儿德、智、体、美等方面全面发展，不能偏废任何一个方面。单项发展再突出也不能说明一个完整的个性。幼儿园教育必须使德、智、体、美等教育相互渗透，有机结合，各育并重。幼儿教师在幼儿园进行教育活动的过程中，应充分考虑其中的各育因素，在渗透与结合中同时完成品德行为与情感上、智力上、身体上、美感上等各方面的教育，或有主有从地实现教育。另外，幼儿教育应避免德、智、体、美等教育的片面实施，以致幼儿丧失大量的接受全面教育的机会。值得注意的是，全面发展教育在实施过程中的渗透与结合并非人为地、机械形式地、面面俱到地结合，应从活动内容和活动方式中考虑全面的教育因素。

（2）幼儿的发展应是协调发展。要保证幼儿身心发展与其他各方面的能力发展均衡和大致协调。幼儿身心的发展与其他各方面的能力发展是相互制约的。因此，只有身心和谐发展，幼儿的整体素质才能得到提高。具体分析，协调发展包括以下几个方面：

① 幼儿身体的各个器官、各系统机能的协调发展。

② 幼儿各种心理技能，包括认知、情感、性格、社会性、语言等协调发展。

③ 幼儿的生理和心理协调发展。

④ 幼儿个体需要与社会需求之间的协调发展。

（3）幼儿的发展是有个性的发展。教育除了让每一个幼儿达到基本标准的发展之外，还应因材施教，允许根据每一个幼儿的特点和可能性去实现与众不同的发展，充分发挥幼儿各自的潜能，让不同的幼儿在不同的方面能够实现自己有特色的发展，使其成为具有独特个性的人，而不是千人一面。根据加德纳的多元智能理论，即在发展孩子多方面智能的同时，要允许、鼓励和培养孩子智能的优势领域，接纳和利用孩子智能各方面发展的特殊组合和家庭背景带来的影响。

3. 面向全体，重视个别差异的原则

在教育过程中，教育者在关注全体受教育对象的同时，还应重视幼儿的个别差异，因材施教，有针对性地采取最有效、最合理的方式促进每一位幼儿的发展。

（1）教育要促进每个幼儿的发展。教育必须面向幼儿全体，使每个幼儿都能达到教育目标的要求。幼儿教师不能只照顾优秀的幼儿，而应保证每个幼儿在学校里都有同等的受教育机会，必须平等地、一视同仁地对待所有的幼儿。

（2）教育要促进每个幼儿在原有水平上得到应有的发展。由于每个幼儿的需要、兴趣、性格、能力、学习方式等各有不同，因此，幼儿教师必须考虑每个幼儿的特殊需要，因人而异地进行教育，使每个幼儿都能发挥优点和特长，在自己原有的水平上得到应有的发展。

（3）多种组织形式促进幼儿的发展。集体活动是我国教育机构目前进行教育的主要形式，而小组活动、个别活动相对较少，这样不利于充分满足不同幼儿的不同需要。在教育过程中，幼儿教师可以采取多种组织形式，如灵活地使用集体活动、小组活动及个别活动相结合的教育形式促进幼儿的发展。

幼儿教育学

4. 充分发掘教育资源，坚持开放办学的原则

人们必须认识到幼儿自身、幼儿群体、家庭以及社会都是宝贵的教育资源，要充分发挥它们的教育作用。教育资源存在于幼儿的生活中，如家庭、社区、教育机构、街道、市场、田野。在幼儿自身和幼儿群体中，如看电视、听广播、交谈、游戏、旅游等各种活动中，都存在着丰富的教育资源，都在对幼儿发挥着强大的影响作用，其广泛性、灵活性、多样性、即时性，是幼儿教育机构难以比拟的。

现在，幼儿教育机构必须在与社会系统的合作中去完成自身的教育任务，发挥幼儿教育机构在幼儿成长中的导向作用。因此，在幼儿教育中，幼儿教育机构必须是"开放的"，必须与家庭、社区紧密结合。

5. 发展适宜性原则

发展适宜性原则是美国幼儿教育协会针对当时美国幼教界普遍出现的幼儿教育"小学化"等倾向而提出的。发展适宜性包含两个层次的含义：一是年龄的适宜性；二是个体适宜性。

幼儿教育的出发点和最后归宿点都是促进幼儿身心和谐发展。促进每一个幼儿在现有的水平基础上获得最大限度的发展。幼儿教师进行幼儿教育课程的设计、组织、实施都应着眼于促进幼儿的发展。所提出的教育目标，既不可任意拔高，也不能盲目滞后，注重幼儿的学习准备。按维果斯基的理论来说，幼儿教师要找准每个孩子的"最近发展区"，使每个孩子通过教学活动都能在原有的基础上有所提高，即"跳一跳，摘个桃"。幼儿教师应充分了解幼儿已有知识和理解能力、智力水平的基础，提出"略为超前"的适度的教育要求，把幼儿发展的可能性与积极引导二者辩证地结合起来，既不低估或迁就幼儿已有的水平，错过发展的机会，又不可揠苗助长，超出发展的可能性。

（二）幼儿园教育的特殊原则

1. 保教结合的原则

保教结合的原则，也称保教合一或保教并重，是指对幼儿保育和教育要给予同等的重视，并使两者相互结合，是我国幼儿园教育特有的一个原则。幼儿教师应从幼儿身心发展的特点出发，在全面、有效地对幼儿进行教育的同时，重视对幼儿生活上的照顾和保护，保教合一，确保幼儿真正能健康、全面地发展。与中小学教育不同，幼儿教育对幼儿的保育方面很重要。这是由幼儿的身心发展特点所决定的。贯彻这一原则应明确以下几点：

（1）保育和教育是幼儿教育机构两个大方面的工作。幼儿在幼儿园中的一日生活，包括晨检、晨间接待、晨间活动、教育活动、区域游戏活动、午餐、午睡、户外活动、离园等环节，每一环节都有基本的保育、教育任务和要求。保育主要是为幼儿的生活、发展创设有利的环境和提供物质条件，给予幼儿精心的照顾和养育，帮助其身体和机能良好地发育，促进其身心健康地发展；教育则重在培养幼儿良好的行为习惯、态度，发展幼儿的认知、情感、社会性等，引导幼儿学习必要的知识和技能。这两个方面的工作构成了幼儿教育的全部内容。保育员与幼儿教师良好的工作伙伴关系以及幼儿教师与幼儿良好的师生关系是实现保教合一的前提。

（2）保育和教育工作互相联系、互相渗透。幼儿园保育和教育不可分割的关系是由幼教工作的特殊性和幼儿身心发展的特点决定的。虽然保育和教育有各自的主要职能，但是并

·12·

第一章 幼儿教育概述

不是截然分离的。幼儿保育是指维护幼儿身心健康的活动；幼儿教育是指促进幼儿身心向前发展的活动。由此可见，教育中包含了保育的成分，保育中也渗透教育的内容。

（3）保育和教育是在同一过程中实现的。保育和教育不是分别孤立地进行的，而是在统一的教育目标指引下，在同一过程中实现的。有的保育员在护理幼儿生活时，忽视随机地、有意识地实施教育，结果无意识地影响了幼儿的发展。例如，区域活动结束后，保育工作包括检查玩具的安全性、注意幼儿情绪变化、整理玩具、维护区域卫生等活动。在这个过程中，如果保育员让幼儿以帮忙的形式共同完成，那么可以培养幼儿做事有始有终、保护环境和注重个人卫生的良好习惯，但如果不给幼儿锻炼的机会，活动结束了就各自离开也不整理玩具，这可能助长了幼儿的依赖思想，失去了锻炼自己能力的实践机会，也可能在无形中剥夺了幼儿发展自己的权利。

2. 以游戏为基本活动的原则

以游戏为基本活动的原则是指幼儿教师寓教育于游戏之中，根据不同的教育内容，组织开展各种各样的游戏活动满足幼儿的身心需求，使幼儿在玩中学，学中玩，愉快地学习，快乐地成长。游戏是幼儿教育机构的基本活动。游戏最符合幼儿身心发展的特点，是幼儿最愿意从事的活动，最能满足幼儿的需要，有效地促进幼儿发展。游戏具有其他活动所不能替代的教育价值。

（1）游戏是幼儿最好的一种学习方式。对于幼儿来说，游戏也是一种学习，是一种更重要、更适宜的学习。福禄贝尔说："幼儿早期的各种游戏，是一切未来生活的胚芽。"幼儿最自然的活动方式就是生动活泼的游戏。蒙台梭利说："游戏就是幼儿的工作。游戏是以过程为导向，以乐趣为目的，以内驱动机为主的活动。"陈鹤琴说："小孩子生性好动，以游戏为生命。"游戏是幼儿身心发展的需要，是促进幼儿身体、智能、道德品质、情感、创造性发展以及成长的重要手段。在游戏活动中，易于唤起幼儿的学习兴趣，使幼儿在玩中学，学中玩，学得轻松、愉快。

（2）游戏是内容和形式的结合。游戏既是课程的内容，又是课程实施的背景，还是课程实施的途径。游戏所涉及的内容应该与幼儿的兴趣相关联，与幼儿的行为相关联，与幼儿的主动、自发相关联。幼儿教师要充分发挥游戏对幼儿发展的作用，保证游戏的时间和空间，提供丰富的游戏材料，使幼儿充分自主、愉快地游戏，通过游戏促进幼儿身心发展。

3. 教育的活动性和直观性原则

（1）教育的活动性。活动性原则是指教师寓教育于各项活动之中，以活动贯穿、主导整个教育过程，以活动作为幼儿教育的主要内容和形式，以活动促进幼儿身心健康发展。幼儿园教育应从幼儿身心发展的特点和水平出发，以活动为基础展开教育过程。同时，活动形式应多样化，以便幼儿能在多种多样的活动中得到发展。

① 以活动为中介，通过各种活动促进幼儿的发展。幼儿认知直觉行动性与形象性的方式和特点，决定了他们不可能像中、小学生那样，主要通过课堂书本知识的学习来获得发展，而必须通过活动去接触各种事物和现象、与人交往、实际操作物体才能逐步积累经验、获得真知。幼儿教育机构的教育，不能只让幼儿静坐着看和听，而应该想尽各种办法，引导幼儿主动活动。对于幼儿来说，只有在活动中的学习，才是有意义的学习，才是理解性的学习。

· 13 ·

② 教育活动的多样性。幼儿教育机构的活动不是单一的。教育活动的内容、形式不同，在幼儿发展中的作用是不同的。幼儿教师要注意教育活动的多样性，才能有效地促进幼儿发展。从类型来说，有集中教育活动、游戏、日常生活活动、亲子活动、劳动等；从活动的领域来说，有健康、科学、社会、艺术、语言领域；从表现形式来说，有听说表达类、运动类、动手制作类、小实验等活动；从组织形式来说，有集体活动、小组活动、个别活动。幼儿教师要综合运用上述各种活动，使幼儿通过参与各种活动得到各方面的发展。

（2）教育的直观性。由于幼儿思维的具体形象性和第一信号系统占优势的特点，使得幼儿只有在获得丰富的感性经验的基础上，才能理解事物。幼儿主要是通过各种感官来认识周围世界的；是通过直接感知认识周围事物，形成表象并发展为初级的概念的。对幼儿的教育应考虑体现直观性、形象性。

① 教师要根据幼儿的身心发展水平，运用各种形式的直观教学手段，从实物向图片、模型、语言直观等过渡。

② 教师通过演示、示范、运用范例等直观教学手段，变抽象为形象，还可以辅以形象生动、声情并茂的教学语言，帮助幼儿理解教学内容。

③ 通过具体可见或可操作的活动，使幼儿比较容易直观形象地理解所学的内容，更快地获得各种知识经验。

4. 生活化和一日活动整体性的原则

由于幼儿生理、心理的特点，对幼儿的教育要特别注重生活化，并发挥一日活动的整体功能。

（1）教育生活化。生活化首先是指教育生活化，也就是说要将富有教育意义的生活内容纳入课程领域。例如，课程安排依照幼儿教育机构生活的自然秩序展开；课程内容可以依据节日顺序展开；或者依据时令、季节变化规律来组织课程等。加强教育与生活的联系，就是要将幼儿在各种情境中的经验加以整合。不论是日常生活中学习积累的，还是在非日常生活中应该了解和认识的，都纳入课程组织结构中加以整合。

（2）生活教育化。生活化还有一种含义是指生活教育化，也就是将幼儿日常生活中已获得的原有经验，加以系统化、条理化，在生活中适时引导，促进幼儿发展。在幼儿教育机构中，在成人看来并不重要的小昆虫、小石子、树叶等各种各样的自然物，都是幼儿眼中的宝贝。幼儿教师若能对幼儿的世界加以观察，并有效地将这些内容组织起来，将会使幼儿在感知生活的过程中得到发展。教育活动设计，不仅仅是课堂教学活动的设计，还应包括一日活动的各个环节，寓教育于一日活动之中，及时抓住机会对幼儿实施教育。通过帮助幼儿组织已获得零散的生活经验，使经验系统化、完整化。另外，教育活动的内容选择、实施等都要注意生活化。

（3）发挥一日活动整体功能。幼儿教育机构一日活动是指幼儿教育机构每天进行的所有保育、教育活动。它不仅包括由幼儿教师组织的活动，如幼儿的生活活动、劳动活动、教学活动等，还包括幼儿的自主自由活动，如自由游戏、区角自由活动等。幼儿教育机构应充分认识和利用一日活动中各种活动的教育价值。通过合理组织、科学安排，让一日活动发挥一致的、连贯的、整体的教育功能。幼儿园一日活动中的各种活动都是德、智、体、美等全面发展教育的需要，一日活动的组织应以活动目标指导各种活动的连接、协调、沟通，发挥一日活动整体的教育效应。一日活动流程在每日贯彻的过程中，还应注意：

① 一日活动中的各种活动不可偏废。在幼儿园的一日活动中，无论是幼儿吃喝拉撒等一类的生活活动，还是其他的教学活动；无论是有组织的活动，还是幼儿自主自由的活动，都各具重要的教育作用，对幼儿的发展都是不可缺少的。在幼儿教育实践中，较多地存在"重教学活动轻生活活动，重有组织的活动轻幼儿自由活动"的倾向，而生活活动和幼儿自由活动在幼儿期有特殊的意义。生活活动不仅是幼儿健康成长所必需的，也是幼儿最重要的学习内容和学习途径；自由活动对幼儿健康人格的发展是至关重要的。因此，有必要强调生活活动和幼儿自由活动的重要性。

② 各种活动必须有机统一，实现整体教育功能。幼儿园一日活动必须统一在共同的教育目标下形成合力，才能发挥整体教育功能。这是因为每种活动不是分离地、孤立地对幼儿发挥影响力。因此，如何把教育目标渗透到各种活动中，或者说每个活动怎么样围绕目标来展开，就成为幼儿教育实践中应当特别关注的问题。例如，培养幼儿独立性，就需要在生活中注意培养幼儿自己吃饭、自己穿衣、自己上厕所等自理能力；在教学活动中，指导幼儿独立思考，有困难自己多动脑筋，尽量自己完成学习任务；在自由活动中，鼓励幼儿自己设计游戏、自己想办法玩、主动与别人交往等。没有这样的有机统一，就不能实现整体教育功能。

二、幼儿园教育的特点

幼儿园教育的特点是由幼儿身心发展的规律、特点以及幼儿教育的性质决定的。

（一）启蒙性

幼儿教育的实质是启蒙教育。所谓"启蒙"，即开发启蒙，启蒙教育应该是简单的、通俗的、基础的，易于开启幼儿智慧和萌发优良个性的教育。幼儿教育的内容主要是一些生活经验和感性知识，教给幼儿的概念也只是一些表象水平的初级概念。例如，在生活方面，教给孩子的是吃、喝、拉、睡、盥洗等方面的知识和技能；在学习方面，发展幼儿的坐、立、走、跑等动作，让幼儿认识周围的环境。这些幼儿教育内容与小学、中学、大学的教育内容相比，是初级、浅显，但却具有启蒙性。

（二）生活化

幼儿学习目标的制定、学习内容的选择、学习过程的设计等都要紧密结合幼儿的生活经验，才能被幼儿理解和接受。因此，幼儿园课程具有浓厚的生活化特征，即课程的内容来自幼儿的生活，课程实施应贯穿于幼儿的每日生活。幼儿在生活中学习生活，在交往中学习交往，即使是认知方面的学习，也要紧密结合幼儿的生活经验，才能被幼儿理解和接受。

（三）游戏性

游戏符合幼儿的年龄特征，能够满足幼儿的各种身心需要，是幼儿园的基本活动，也是幼儿园教育的基本原则之一。从本质上来看，游戏是幼儿的一种自由自发的主体性活动，对幼儿的发展有着多方面的价值。游戏是幼儿的基本活动形式，也是幼儿基本的学习方式。因此，游戏在幼儿园教育中占居非常重要的位置。

（四）活动性

幼儿主要通过各种感官来认识世界、理解事物，通过各种感性的经验才能对事物形成相对比较抽象概括的认识。幼儿的这种具有行动性和形象性的认知方式和认知特点，使得幼儿园课程必须以幼儿主动参与的教育性活动为其基本的存在形式和构成成分。对于幼儿来讲，只有在活动中的学习才是有意义的学习。

（五）潜在性

幼儿教育是有目的、有计划的教育过程，幼儿园课程也有明确的课程目标和基本的学习领域，但是由于幼儿身心发展和学习的特点，使得幼儿园课程只能体现在生活、游戏和其他幼儿喜闻乐见的活动形式中。也就是说，幼儿园课程蕴含在环境、材料、活动和幼儿教师的行为中，潜移默化地对幼儿起到作用。

小资料

学前教育影响儿童发展研究案例

基尔斯曾在 1939 年做过一次实验，对象是孤儿院的儿童。他将这些年龄为 7~30 个月的儿童分为实验组和控制组两个组。实验组的幼儿随机选取，送往托儿所教养；控制组的幼儿仍然留在孤儿院。四年之后，实验组的幼儿智商得到明显的提高，大部分孩子完成了中学学业，甚至还有 1/3 的孩子考上了大学。而控制组的幼儿平均学历不过小学 3 年级，欠缺独立生活的能力，有些孩子依然留在孤儿院内。

北京首都医科大学宣武医院的研究者把在该院自 2000 年 1 月至 2001 年 12 月出生的100 名正常新生儿随机分成了早期教育组和常规教育组。由儿科医生对早期教育组家长讲明0~3 岁学前教育的大纲和意义，指导家长对其婴儿进行早期教育，待 4 个月后测试婴儿。结果表明，早期教育组婴儿智力发育指数和心理运动发育指数明显高于常规教育组的婴儿智力发育指数和心理运动发育指数，两组最大的差异在于动手能力。从而可以得出结论，早期教育的效果是明显的。

古今中外的研究均表明了学前教育对幼儿发展的重要性和必要性。高质量的学前教育会给幼儿带来非常积极的影响。同时，也应该考虑对处于弱势的幼儿提供补偿性的干预和支持。

练一练

1. 简述幼儿园教育的特点。
2. 结合实际，试论述幼儿园教育的原则。

本章小结

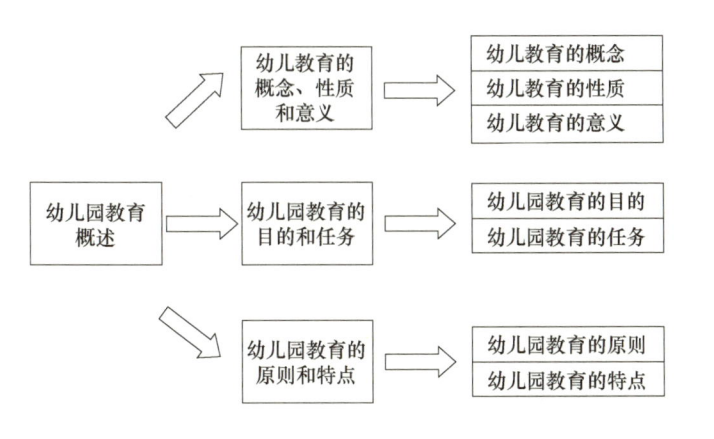

第二章

儿童与幼儿教师

【学习目标】

1. 了解儿童观的含义。
2. 了解儿童观的演变历史。
3. 掌握"育人为本"的儿童观。
4. 理解幼儿教师的职业认识、职业角色。
5. 掌握幼儿教师职业的工作特征。
6. 识记幼儿教师专业素质的基本结构。
7. 识记幼儿教师专业发展的阶段、途径及方法。

第一节　儿　童

案例导入

　　幼儿们在画画，有的画得快，有的画得慢。幼儿老师忙着指导和批改作业，后排有两名幼儿这时趁机打闹，待老师批好了作业，老师对他们进行教育。幼儿老师说："刚才老师指导李平画画时，你们为何打闹？"两名幼儿回答："我们没打闹。"两名幼儿竟然不承认，老师问其他小朋友有没有看到，大家都说看到了，并大声说"老师，罚他们站！不许吃点心！"等等。看他们的神情个个欢呼雀跃，异常兴奋，老师不禁陷入了思考……为什么幼儿们会有这种幸灾乐祸的心理？

知识概述

一、儿童观的概念

　　儿童观是人们对儿童的根本看法和态度。对儿童的看法不同，对儿童的态度、教育方法也随之不同。儿童观对幼儿教育的影响是巨大的。没有正确的儿童观就不可能产生优质的幼

·17·

幼儿教育学

儿教育。

二、儿童观的演变历史

（一）古代社会的儿童观

1. 权益和人格上的依附

古代社会是以成人为本位的社会，一切活动都围绕着成人展开，儿童只是成人的附属品，对成人具有依附关系。儿童自身的兴趣、爱好、愿望根本得不到重视和理解，一切要听从于成人的安排。

2. 国家和家族的延续

儿童被看作是国家和家族的财富，是未来的兵源和劳动者，同时又被看作是家族香火的延续。

3. 发展上的可塑

儿童被认为是无知无能的个体，但可以通过教育来培养和训练他们。

4. 性别上的不平等

古代社会是以男性为中心的社会，男女不平等。由于男孩被视为家族香火的延续，将来可以支撑门户，男孩在家族中的地位要高于女孩在家族中的地位。

（二）近代社会的儿童观

随着社会的进步，特别是人们对儿童的进一步认识以及儿童期的确立，近代的儿童观具有了新的特点。

1. 独立平等观

随着文艺复兴运动的发展，"以人为本"的观念深入人心，儿童的命运也出现重大转机。热爱儿童、尊重儿童、平等对待儿童，把儿童当作独立的个体存在成为人们对儿童的基本观点。

2. 潜能观

随着科学技术的进步，人们对儿童的特质有了进一步的认识。人们不再把儿童看作是无知无能的依附物，而是生来就蕴藏着道理、理智、能力等特质的，具有无限潜能的人。

（三）现代社会的儿童观

1. 联合国《儿童权利公约》的基本原则

（1）无歧视原则。无歧视原则是指每一个儿童都平等地享有公约所规定的全部权利，儿童不应因其本人及其父母的种族、肤色、性别、语言、宗教、政治观点、民族、财产状况和身体状况等受到任何歧视。不管儿童的社会文化背景、出身高低、贫富差别、男女性别、身体健康或残障等，都应得到平等对待，不受歧视或忽视。儿童所享有的权利也不应因其父母、监护人和家庭成员的身份、活动、信仰和观点而受到影响。

（2）儿童最大利益原则。儿童最大利益原则是指涉及儿童的一切事物和行为，都应首先考虑以儿童的最大利益为出发点。以儿童最大利益为目标是《儿童权利公约》中的首要考虑。

· 18 ·

（3）尊重儿童基本权利的原则。尊重儿童基本权利的原则是指所有儿童都享有生存和发展的权利，应最大限度地确保儿童的生存和发展。

（4）尊重儿童观点的原则。尊重儿童观点的原则是指任何事情涉及儿童，均应听取儿童的意见。所有儿童，无论他们出生在哪里，属于哪个种族或民族；无论是男孩还是女孩，富有还是贫穷，都必须得到充分的尊重，使其成为社会有用的成员，并且必须享有发言权，儿童的声音也必须获得倾听。

2. 现代社会六大新型儿童观

从联合国《儿童权利公约》到我国《未成年人保护法》，其精神实质可以归纳出新型的儿童价值观、儿童权利观、儿童亲子观、儿童健康观、儿童发展观、儿童学习观。

（1）儿童价值观。儿童是世界的未来，他们具有无限的潜能，有全面的个人存在的权利和意义，生来就应获得人的尊严。儿童与成人是平等的，具有同等的价值。但儿童毕竟是弱小的，需要成人的支持才能全面享有他们的权利。儿童有能力在有关他们的发展事物中采用积极的、主动的态度。性别既是生物的，也是文化的，男孩和女孩具有同样的生存和发展价值。

（2）儿童权利观。儿童的权利是与生俱来的。儿童是权利的主体，而不是客体。作为权利的主体，儿童有参与家庭、文化和社会生活的权利。儿童的一切权利都应该得到承认和尊重。

（3）儿童健康观。儿童的健康是指儿童身心和谐发展的健康权，不应该忽略儿童的心理健康权。如果喂养不当、营养不良以及生存在紧张的生活心理气氛中，则对儿童的智力和人格有不良的影响。

（4）儿童亲子观。儿童的权利是天赋人权，不是父母和他人所赐，任何成人，包括父母不能居高临下地对待儿童。作为儿童的父母，不但需要养育儿童，更需要教育儿童。父母教育儿童的方式不仅要言传，更要身教。

（5）儿童发展观。每个儿童都是人类集体中的个体，具有发展的共性和特性。成人需要重新界定评价儿童的标准。从多元智力、多元文化、多种发展方式上评价儿童的发展。

（6）儿童学习观。据研究表明，幼儿从出生就开始了他的学习，并且他随时都在学习。幼儿的学习与成人的喂养、亲抚、谈话、关心有关。儿童学习主要依靠触觉、听觉、嗅觉、味觉等丰富的感官知觉。游戏对于幼儿和儿童来说，就是学习和生活。

三、"育人为本"的儿童观

人是教育生成、教育行为存在的前提，是推进发展的"思想内涵和逻辑内核"，因此，教育应以人的发展为出发点和基石。例如，要考虑到儿童发展的需要，遵循儿童的生理特点、心理特点和发展规律；设计适合儿童学习的课程；在教学中以儿童为主体，实现儿童的和谐发展。

（一）儿童是发展中的人

儿童是发展中的人是指儿童有发展的潜能和发展的需要，儿童成长的过程是不断发展的过程。儿童正处于发展之中，有自己独特的认识方式、成长特点。儿童有巨大的发展潜能和被塑造与自我塑造的潜力。儿童需要时间去成长和发展。在教育工作中，要提供与儿童身心

· 19 ·

幼儿教育学

发展水平相适应的生活，让童真童趣、童稚得到自由发展。

1. 儿童的身心发展具有规律性

个体身心发展的规律包括顺序性、阶段性、不平衡性、互补性和个别差异性。个体的身心发展遵循这些规律，这些规律制约着教育工作。遵循并利用这些规律，可以使教育工作取得良好的效果；反之，则可能事倍功半，甚至影响儿童的发展。因此，在教育工作中，要从教育对象的实际出发，针对不同年龄段的儿童提出不同的具体任务，采用不同的教育内容和方法，要遵循由具体到抽象、由浅入深、由简到繁、有低级到高级的顺序，循序渐进地前进，要发现并研究个体间的差异特征，然后在此基础上根据儿童的个别差异和不同特征等实际情况，做到"因材施教""长善救失"，使每个儿童都能迅速切实地提高。

2. 儿童具有巨大的发展潜能

从本质上讲，儿童处于人生发展的特定阶段，具有很大的不稳定和可塑性。教师应避免只关注儿童的现实情况，而要挖掘儿童可能出现的各种情况，实现对儿童成长的全局性把握，坚信每个儿童都是可以积极成长的，是有培养前途的，是可以获得成功的，对教育好每一位儿童充满信心。同时，尊重儿童的理性思维能力，尊重儿童的自由意志，把儿童看作是独立思考和行动的主体，相信每一个儿童都具有发展潜力，维护每一个儿童的人格与权利。

3. 儿童身心发展具有未定型性、幼稚性和全面性

儿童身心的发展速度极快，变化很大，因此，具有未定型性。儿童身心的各方面都是可以改变的。教师不能以静止的观点看待儿童现有的身心特点和水平，而要以发展的眼光看待儿童。

儿童身心的发展速度尽管很快，但毕竟还处在人生发展的初期，因此，具有幼稚性。儿童身心的各个方面都非常不完善，极易受到伤害。因此，教师应努力地呵护、照料和关心儿童。

儿童机体的各个部分相互联系、不可分割。儿童心理的各个方面也相互影响、相互制约。儿童的生理和心理是完整和谐地发展。因此，教师必须高度重视儿童在身体、认知、品德、情感、个性等方面的全面发展。

(二) 儿童是独特的人

1. 儿童是一个完整的人

儿童是一个完整的人，不是单纯的学习者，而是有着丰富个性的人。在教育活动中，作为完整的人而存在的儿童，不仅具备智慧和人格力量，而且体验着全部的教育生活。要把儿童作为完整的人来对待，就必须反对那种割裂人的完整性的做法，还儿童完整的生活世界，丰富儿童的精神生活，给予儿童发展的时间与空间。

2. 儿童是独一无二的人

由于遗传、环境、教育等方面的影响，每个儿童身心发展的速度都各不相同，其身心素质的组合特征也不同。每个儿童与外界相互作用的方式、风格等不同，都有其优势领域和劣势领域。教师应当将儿童看成独特的个体，因材施教，促进儿童的全面发展。

3. 儿童和成人之间存在巨大的差异

儿童和成人之间是存在很大差别的。儿童的观察、思考、选择和体验，都与成人有明显不同。因此，"应当把成人看作成人，把孩子看作孩子。"在教学活动中，教师往往用自己的视角和观念思考和评价儿童的想法和行为，不但不能达到预期的教学效果，反而会扼杀儿

· 20 ·

童的想象力，伤害儿童的心灵。

（三）儿童是学习的主体，是具有能动性的教育对象

儿童是受教育的对象，但儿童在受教育过程中并不是对教师的完全盲从，而是在教育活动中具有主观能动性和自我教育的可能性。在现代教育观中，强调儿童既是教育的客体，也是实施教育的对象，同时也是教育的主体。在教育活动中，儿童具有主观能动性和自我教育的可能性，他们的学习和发展是儿童主动建构的一个过程。

小资料

经典儿童观

1. 儿童是"小大人"

持有这种观点的人认为，儿童是"缩小"版的大人，儿童是"小大人"。儿童和大人没有什么区别，即使有区别，那也只是身高和体重的不同而已。用成人的标准去要求儿童，儿童被期待像成人一样去行动，充当童工、童农、童商等，使之过快、过早地生长发育。儿童的特点、儿童期的意义则被完全忽视了。

2. 儿童是"白板"

"白板"即空白的板或擦过的黑板。持这种观点的人认为，儿童刚生下来时，其心灵就像一块白板，成人可以任意将其塑造成各种各样的"东西"；儿童就像是一张白纸，洁白无瑕，成人可以在上面画最新最美的图画；儿童就像是一个空容器，成人可以任意填塞，把各种知识经验灌输进去，而不考虑儿童的需要。儿童的发展仅仅是周围环境的产物，是消极被动地接受外界刺激的结果，完全忽视了儿童的主观能动性。

3. 儿童是"有罪的"

持有这种观点的人认为，儿童一生下来，就充满了罪恶，是有罪的"羔羊"，卑贱无知，成人应该对他们严加管制、约束，使儿童能不断地进行赎罪。儿童体内的各种毒素，是儿童犯罪的根源，容易导致儿童的错误行为，而严酷的纪律则会减轻、消除儿童的这种行为，可以责骂、鞭打儿童，对儿童施行体罚是合法的。儿童承受了各种肉体的、精神的折磨，遭受到成人的轻视，任何带有创新乃至尝试意识的行为都会受到指责，儿童人格被严重摧残。

4. 儿童是"花草树木"

文艺复兴运动对人权的倡导，使人们从全新的角度来审视儿童，在儿童观上有了一个大的飞跃，开始把儿童看作一个有独立存在价值的实体，儿童有自己的权利、思想、情感、需要。提出不应用成人的标准要求儿童，儿童应该像个"儿童"，要倍加珍惜童年的生活。尊重儿童具有的纯洁美好、独立平等的自然本性。儿童的生长发展是按自然法则进行的，教育者的作用就像是"园丁"，活动室就像是儿童逐步成熟的"花园"，每个儿童的成熟都有内部的时间表，在恰当的时间学习特别的任务，而不能强迫儿童去学习。儿童的成熟过程至少和儿童的经验同等重要。

5. 儿童是"私有财产"

持有这种观点的人认为，儿童是父母婚姻的结晶，产生于母体，归父母所有，是父母的隶属品。父母可以左右儿童的命运，控制儿童的生活，决定儿童的一切事情，要求儿童学习

许多并不感兴趣的课程，把儿童培养成为父母认为的最理想的人，压服儿童，让儿童唯命是从。儿童，特别是男童被认为是家庭的希望、家族香火的延续，开始重视儿童、关心儿童，但儿童仍然被视为家庭和家族的附属品、父母的私有财产，没有独立自主的人格和地位，与其抚养人之间的关系只是一种依附关系。例如，"老子打儿子"被认为是天经地义的，是家庭的私事，别人无权干涉。

6. 儿童是"未来的资源"

持有这种观点的人以为，儿童是国家最宝贵的财富，是国家潜力最大的资源、未来的兵源和劳动力。对儿童进行教育，就是对未来进行最有价值的投资，这种投资利国利民。多投资，才能高产出。

7. 儿童是"有能力的主体"

人类的童年期长于动物的童年期，为儿童以后的发展奠定了良好的基础。儿童在体力、智力、情感、社会性、道德等诸多方面，都不同于成人，儿童是正在成长中的人。不能因为儿童弱小，需要保护，就轻视他们，使其被动发展。儿童是有能力的、积极主动的权利主体，应有主动发展自己潜能的机会。在儿童出生、成长、发育的过程中，成为自主的行动者，能表达自己的主张和意见，充分行使自己的权利。

上述各种儿童观既有时代的烙印，有些又并存于同一个时代；既有非理性、不科学的方面，也有较为合理、科学的因素，实事求是地进行分析，批判性地加以继承与借鉴，将有利于正确地认识儿童。

练一练

1. 什么是儿童观？
2. 结合实际，试论述"育人为本"的儿童观。

第二节 幼儿教师

案例导入

李老师对小（一）班进行教学活动时，用球拍拍打正常玩耍的幼儿头部。李老师的这一行为碰巧被小明看到，他也学着李老师的样子，举起球拍向阅读区的小丽头上拍打。小明要不是在到达小丽跟前摔倒，恐怕就拍到小丽的脸上了，后果可能很严重。李老师对这一现象也没有制止。李老师在哪些方面的素质还需要进一步改善？

幼儿教师在组织教学活动时，不仅教学内容要符合幼儿身心发展的需要，还要具备随时应对一些突发事件的能力。

知识概述

一、幼儿教师的职业认识

（一）幼儿教师的概念

幼儿教师是受过专门训练的专业教育工作者。幼儿教师是在履行保育和教育的职责，对幼儿身心实施特定影响的专业教育工作者。幼儿教师根据社会的要求和幼儿身心发展的特点，把人类社会积累起来的精神财富，以最适合幼儿的方式传授给幼儿，为幼儿入学及终身发展奠定坚实的基础。

（二）幼儿教师职业的性质

1. 幼儿教师是专业人员，幼儿教师职业是一种专门职业

社会学者常常把职业划分为专门职业与普通职业。其中，幼儿教师职业属于专门职业，幼儿教师是从事教育教学工作的专业人员。如同医生、律师等，幼儿教师是从事专门职业活动的，必须具备专门的资格，符合特定的要求，即要达到规定的学历，具备相应的知识，符合与其职业相称的其他有关规定。1966 年，联合国教科文组织在《关于教师地位的建议》中提出，应该把幼儿教师工作视为专门职业，而不是普通职业。1986 年我国也将幼儿教师列入了"专业、技术人员"这一类别。

2. 幼儿教师是教育者、支持者、引导者，幼儿教师职业是促进个体社会化的职业

个体从自然人发展成社会人，是在学习、接受人类经验，消化、吸收人类文化的社会化过程中逐步实现的。在个体社会化过程中，承担教化任务的是幼儿教师，他们根据一定社会要求向年青一代传授人类长期积累的知识经验，规范幼儿的行为品格，塑造幼儿的价值观念，引导幼儿把外在的社会要求内化为个体的素质，实现个体的社会化。

二、幼儿教师的职业角色

幼儿教师担任着多重角色，最大特点是职业角色的多样性。

（一）幼儿教师是幼儿学习活动中的支持者

幼儿是学习的主体，其主体性的发挥在于其与环境的主动适应，甚至改造中。传统上认为，幼儿教师是幼儿知识的传授者，幼儿则是知识的接受者。据研究表明，幼儿是学习的主动发起者，有经验的幼儿教师应该是为幼儿学习创造适宜环境，能为幼儿提供有效学习支持的支持者。

（二）幼儿教师是幼儿学习活动中的合作者

师幼是平等的合作伙伴，师幼之间的关系是对话关系，师幼之间的交往主要是以幼儿感兴趣的话题、项目为内容。在幼儿学习活动中，幼儿教师以幼儿能接受的身份、角色参与活动，直接或间接地抛给幼儿一些问题，与幼儿一起深入探讨，要比幼儿教师居高临下地"教给"，更有利于促进幼儿的学习与发展。幼儿教师应"放下架子"主动与幼儿合作，形成合作探究式的师幼互动关系。

（三）幼儿教师是幼儿学习活动中的引导者

在幼儿园的一日活动中，幼儿随时都可能会产生许多问题，但由于幼儿年龄的特点和经验有限，幼儿往往不会归纳事物的特点，这时就需要教师及时介入和引导，使其探索深入下去，从而促进幼儿的主动学习。教育过程好比"在幼儿与社会建设人才之间架起一座桥梁，幼儿教师要引导幼儿自己走过桥，首先把幼儿放在一个主动迈步的位置，始终注视着幼儿的脚步，有时在前引，有时在旁扶，有时在后促，让幼儿一步一个脚印地走过桥"。这样做，幼儿教师虽然很辛苦，但是幼儿却获得了主动的发展。

幼儿教育学

（四）幼儿教师是幼儿的倾听者、观察者

幼儿教师要注重一日活动中的观察，捕捉幼儿一瞬即逝的现象和变化过程，了解幼儿的个体差异，获得"第一手材料"。倾听、观察幼儿，还体现在教师要关注幼儿的已有经验，即幼儿现有的认知能力和生活经验。

（五）幼儿教师是课程的建设者和开发者

"幼儿园新课程标准"要求幼儿教师具有强烈的课程意识和参与意识，改变以往学科本位的观念和被动实施课程的做法。幼儿教师要整体理解基础教育课程的结构系统，熟悉国家课程方案，理解国家课程、地方课程、校本课程的关系；理解课程实施中从"专家课程"到"现实课程"的转变过程，正确地认识教材在课程中的地位和功能，改变过去习惯的"教教材"为"用教材教"。创造性地使用国家课程教材，积极地进行国家课程地方化、校本化的实践探索。同时，幼儿教师要积极参与地方课程和校本课程的建设，培养开发课程、评价课程、主动选择和创造性地使用新课程教材的能力。

（六）幼儿教师应成为研究者、学习者、创造者

在幼儿教育飞速发展的时代，幼儿教师能广泛接触到最新研究成果以及国外教育教学经验。幼儿教师要理解先进的教育理念与模式，"取其精华、弃其糟粕"也需要具有一定的科研能力。在信息时代，幼儿教师要成为终身学习者，通过不断地学习和成长，实现自身的可持续性发展。在新时代，创造力就是生命力，是一切知识与财富的来源。众多研究表明，幼儿时期是创造性与创造能力发展的最佳时期。因此，发展、培养幼儿的创造性与创造力是幼儿教育的一个重要目标，而这首先要求幼儿园教师必须成为创造型教师。

三、幼儿教师职业的工作特征

幼儿教师职业的工作特征是在幼儿教师职业活动过程中形成和体现出来的，并且在很大程度上反映的就是幼儿教师职业的特点。幼儿教师的工作与其他工作相比，具有其自身的特点。

（一）教育对象的幼稚性

幼儿教师工作的对象是3~6岁的幼儿，幼儿在身体和心理上正处于生长发育中，其机体各部分的机能发育尚不成熟。同时，幼儿用自己的目光来看待周围的一切，充满着天真、幼稚。幼儿不是"小大人"，幼儿所想的和成人想的差距很大。幼儿教师要了解幼儿，尊重幼儿的兴趣和愿望，从幼儿的角度出发来考虑教育的内容和方法，才能很好地引导幼儿从原有的水平向前发展。例如，有些幼儿不爱吃海带，在进餐前，教师可以告诉幼儿有一种病叫作大脖子病，脖子粗粗的，连气都喘不过来，身上一点儿力气也没有，可难受了。有一个办法可保证不生这种病，这就是吃海带！

（二）工作任务的全面性和细致性

幼儿教师工作任务是根据教育目的和培养目标，向幼儿进行德育、智育、体育、美育等方面的教育，使其身心健康地成长，为幼儿入小学打下良好的基础。幼儿教师要全面负责幼儿的整个活动，不仅要照料幼儿的生活起居、饮食睡眠，指导幼儿进行身体锻炼，关心幼儿的身心健康，还要指导幼儿开展游戏、上课、劳动、散步等各项活动，促进其

·24·

在智力、情感、社会文化等方面的发展。幼儿教师工作任务的全面性，还表现在既关心本班的全体幼儿，又针对幼儿不同的个性，关心和引导他们，使集体中的每个幼儿都能得到健康的发展。

幼儿教师工作不仅是全面的工作，还是非常细致的工作。幼儿独立生活能力比较差，幼儿教师要细致地照料他们的生活起居。例如，在幼儿洗手时，要把幼儿袖子卷起；激发幼儿对周围环境的兴趣和求知欲；通过幼儿教师的具体示范、反复说明和提醒逐步培养幼儿的品德和行为习惯；幼儿身体健康情况以及情绪变化，也需要幼儿教师细心观察并及时处理。由此可见，幼儿教育工作是一项非常细致的工作。

（三）教育过程的创造性

具体来讲，幼儿教师教育过程的创造性体现在以下三个方面：

第一，因材施教。幼儿教师教育的对象具有差异性，幼儿教师必须根据每个幼儿的特点开展教育工作，使每个幼儿都能扬长避短，健康发展。

第二，教学方法不断更新。幼儿教师要创造性地制订本班的教育活动计划，选择和设计适合的教育内容和方法。在一日活动过程中，还面临着一系列的问题，需要幼儿教师创造性地处理。

第三，幼儿教师需要"教育机智"。"教育机智"是幼儿教师处理教育教学过程中突发或偶发事件的一种特殊能力。针对教育教学过程中的随机事件或意外情况，幼儿教师应做出迅速而正确的判断，随机应变，因势利导，及时采取恰当而有效的教育措施解决问题。

（四）教育手段的示范性

幼儿的智能、品德、行为习惯很大一部分是通过直接模仿和感染而获得的。幼儿教师和幼儿朝夕相处，与幼儿一同活动、一同游戏，幼儿教师的知识、智能、思想感情、道德风貌，以及其一言一行、一举一动都是幼儿的榜样，有力地熏陶着、影响着幼儿，因此幼儿教师自身的活动和言行是重要的教育手段。

（五）教学行为的自主性

教学行为的自主性是指教师有权依据自己的专业知识和能力从事与教学有关的工作，能自由做决定，不受他人干扰。幼儿教师在教学过程中，可以根据幼儿的身心发展特点和国家对幼儿教育的要求，自行制订教学计划，选编教育内容，选择教育活动的形式和方法，安排教学进程等。因此，幼儿教师的教学行为具有较强的自主性。

四、幼儿教师专业素质的基本结构

教师是人类灵魂的工程师，必须努力提高自己的思想政治素质和业务水平；热爱教育事业，教书育人，为人师表；精心组织教学，积极参加教育改革，不断提高教学质量。

（一）幼儿教师的教育理念与师德修养

教师的教育理念是教师对教育基本问题的认识、理解，是教师对教育问题的基本观念。其中，包括教师的教育观、学生观和教师观。教师的师德修养是建立在教师个人良好品德基础上的职业道德修养，它包括教师在职业活动中必须遵循的职业道德规范和个人的道德修养。

幼儿教育学

（二）幼儿教师的专业知识结构

1. 本体性知识

本体性知识是指教师所具有的任教学科的知识。例如，语文教师所具有的语言文学知识，数学教师所具有的数学知识。也有的研究者把这部分知识称为"学科内容知识"。

2. 条件性知识

条件性知识主要是指教师必须具备的教育学和心理学的知识。这类知识是用来支撑学科内容的本体性知识的，为教师的教学设计和实施提供教育学和心理学的基础。

3. 实践性知识

实践性知识是教师在实现有目的的教学行为中所具有的课堂情境知识以及相关的学科教学法知识。这类知识包含对具体教学目标、教学情境、教学策略和教学方法的相互关系的认识，帮助教师解决"具体怎么教"的问题。

4. 文化知识

文化知识是教师专业知识结构的基础，是指教师应具备的一般的人文知识、社会科学和自然科学知识，以及基本的艺术素养。

（三）幼儿教师的专业能力结构

1. 幼儿教师从事教师职业所必须具备的基本能力

教师从事教师职业所必须具备的基本能力包括阅读理解能力、逻辑思维能力、信息处理能力、口头表达和书面表达能力。这些能力是构成教师专业能力的基础。

作为一名幼儿教师，要具有较强的语言表达能力。口头语言是幼儿教师和幼儿交往、传达信息及组织和教育幼儿的手段。同时，幼儿时期是幼儿语言迅速发展的时期，模仿是学习语言的主要形式。因此，幼儿教师必须具有良好的语言表达能力。

为了适应幼儿教育工作的需要，幼儿教师的口头语言应符合要求。幼儿正处在身心发展的最初阶段，知识经验和理解水平都比较差，幼儿教师对幼儿说的口语应清楚简洁、浅显易懂，符合幼儿水平，易为幼儿所接受。幼儿的思维带有直觉行动性和具体形象性，注意力容易分散，教师的口语必须生动形象，富有感情色彩，引人入胜，并伴随着表情、手势以及运用实物等。同时，幼儿老师还应做到说普通话，语音标准、语调亲切、速度适当。另外，幼儿教师还要注意言语信息输出的状况，根据幼儿的反馈，及时控制或调节语言的内容。在语言教育活动中，要求幼儿教师掌握艺术语言，生动地讲述故事，有感情地朗诵儿歌或诗歌，富有想象力地和幼儿一起编故事结尾等。

书面语言表达能力有助于幼儿教师写教育日记、经验总结或科研报告，也是幼儿教师应具备的基本能力。

2. 幼儿教师专业活动的实践能力

幼儿教师专业活动的实践能力包括教育教学活动的规划设计能力、组织实施的能力和检查评价能力。

（1）设计能力。幼儿教师的设计能力，主要指的是幼儿教师设计幼儿教育计划的能力。它包括设计教育幼儿的计划和一日活动的计划的能力；幼儿教师的设计能力与其对幼儿过去

· 26 ·

第二章　儿童与幼儿教师

的了解能力和对幼儿未来发展的预测能力密切相连，制约着幼儿的发展水平和幼儿园的教育质量。

幼儿教师在设计教育幼儿的计划中，首先，需要阐明具体的教育目标，例如，是认知方面的目标，还是情感方面的目标，或是社会性方面的目标；是为了丰富幼儿的知识经验，还是为了培养幼儿的兴趣爱好，或是为了提高幼儿的能力。其次，需要说明实现这些目标的主要过程和步骤。例如，幼儿教师在为大班幼儿设计"热爱祖国"的教育计划中，安排了如下的活动过程：参观名胜古迹、游览动物园、学唱京剧、欣赏民乐、听四大发明的故事、看国徽图片、画国旗、唱国歌等。

幼儿教师在设计一日活动计划时，需要对幼儿园日常生活的各个环节加以分析，根据幼儿的发展水平，准备丰富的活动材料，提供充足的活动时间与空间，确保一日生活的科学化、合理化。

幼儿教师在制订好幼儿教育计划之后，还应处理好稳定性与灵活性之间的关系。保证计划的稳定性，有利于塑造幼儿良好的个性特征和行为习惯，符合幼儿成长发展的要求；与此同时，还要注意教育计划的灵活性。因为幼儿教育活动并不以幼儿教师的意志为转移，它受到多种因素的影响，而且幼儿的身心也是在不断发展变化的，所以幼儿教师只有敏锐地对这种变化做出反应，调整、修改原有的计划，制订出新的计划，才能适应幼儿继续发展的需要。例如，幼儿园为幼儿安排的午睡时间为 2~2.5 小时，有的幼儿不需要这么长的睡眠时间，很早就醒了，幼儿教师应从每个幼儿的实际情况出发，让其轻轻地起床，允许幼儿提前到户外去活动。

（2）组织能力。幼儿教师是教育教学活动的组织者。要使幼儿一日活动有秩序地进行，幼儿教师必须具有组织各种活动的能力，如谈话活动、盥洗活动、教学活动的能力。

现行幼儿园班级规模都较大，不论是集体活动，还是小组活动或者是个人活动的顺利开展，都要求幼儿教师拥有较强的组织能力，否则，就无法胜任本职工作。例如，幼儿教师在组织幼儿小组活动和个别活动时，要根据幼儿的兴趣爱好、知识经验、言语动作、思维想象等方面的差异及活动内容的变化，灵活地对幼儿进行分组，使幼儿的组合始终处于一种动态过程之中，并从幼儿个性、年龄差异和活动特点的不同实际出发，指导幼儿的小组活动和个人活动。又如，在分组活动时，幼儿教师既要监督玩水区的幼儿不喝水池里的水，又要注意到木工区的幼儿不被锤子锤到手。另外，幼儿教师还要兼顾注意积木区的幼儿不用积木打人等。

（3）评价能力。在幼儿教育中，幼儿教师是最主要的、最有权威的评价者。因此，幼儿教师的评价能力就显得格外重要。幼儿教师的评价能力，主要指的是教师判断、评估幼儿教育价值的能力，具体表现在：①教育目标的评价上。例如，教师评价幼儿教育的目标是否已经实现，幼儿在哪些方面已经得到了发展，后续目标是什么，是否符合幼儿的兴趣、需要，如何实施等。②教育策略的评价上。例如，教师评价幼儿教育的途径是否适当，是否有利于幼儿教育内容的完成，是否适合幼儿的年龄特点和个体差异，幼儿教育的方法是否多种多样，具有实效。③教育活动的评价上。例如，教师评价幼儿教育活动的内容是否丰富多彩，活动的材料是否十分充足，幼儿是否有自由选择活动的权利与机会，个人充分自由活动的时间有多长。

幼儿教师在进行幼儿教育评价时，可采用以每日评价为主，每周评价、每月评价及每

·27·

幼儿教育学

年评价为辅的方法来进行，以深入地了解本班教育工作情况和效果，不断地总结经验，改进工作。

3. 幼儿教师反思和研究的能力

幼儿教师反思和研究的能力是教师提高教育教学质量，改进教育教学工作，实现专业发展必不可少的重要能力。

（1）教育反思能力。波斯纳曾经指出，如果一个教师仅仅满足于获得经验，不对经验进行深入的思考，那么，即便有"20 年的教学经验，也许只是一年工作的 20 次重复。"他提出一个教师成长的公式：经验＋反思＝成长。反思性教学是教师专业成长的重要途径，通过幼儿在活动中的反应和表现，幼儿教师就能够分析出主题的选择是否符合幼儿的兴趣与需求，所确定的教育目标、教育内容和所采用的材料是否适宜，教育组织形式和幼儿教师的指导是否有助于幼儿主动参与活动并获取知识经验等。幼儿教师反思的过程，就是幼儿教师自我学习、自我提升的过程。

（2）教育研究能力。研究是教育者对待未知事物的一种态度。面对着全体幼儿，幼儿教师对所要教授的内容早已熟知，但是幼儿怎样理解，却是每个人、每种不同情境下都不相同的。因此，教育工作永远充满着未知的因素，永远需要教育者进行研究。

幼儿教师的教育研究以解决教育中的实际问题为主，主要有两个方面：一方面是教育理论的研究，包括学习新理论以及如何运用理论指导教育实践；另一方面是知识技能的研究，以回应幼儿的需求和好奇心为目的，更新现有知识，利用点滴时间去学习。

（四）教师的心理素养

1. 良好的情感特征

真诚的热爱、对教育事业的热爱。幼儿教师热爱和关心幼儿的程度对幼儿的发展影响极大。爱心是教育的前提。

2. 积极稳定的情绪特征

幼儿教师的工作性质使得其情绪波动会直接影响幼儿，因此，幼儿教师在任何时候都应以积极稳定的情绪状态投入教育活动中，积极调适不良情绪。

3. 良好的性格特征

幼儿教师应该保持积极乐观的人生态度、开朗豁达的良好性格和对己对人的宽容精神。

五、幼儿教师专业发展的阶段

福勒和布朗根据教师的需要和不同时期所关注的焦点问题，把教师的成长划分为关注生存、关注情境和关注学生三个阶段。

1. 关注生存阶段

这是教师成长的起始阶段，处于这个阶段的一般是新手型教师，非常关注自己的生存适应性。教师经常注重自己在学生、同事以及学校领导心目中的地位，出于这种生存忧虑，教师会把大量的时间用于处理人际关系或者管理学生。

2. 关注情境阶段

当教师认为自己在新的教学岗位上已经"站稳了脚跟"后，会将注意力转移到提高教

· 28 ·

学工作的质量上来。例如，关注学生学习成绩的提高，关心班集体的建设，关注自己备课是否充分等。一般来说，有教学经验的教师比新教师更关注这个阶段。

3. 关注学生阶段

在这一阶段，教师能考虑到学生的个别差异，认识到不同年龄阶段的学生存在不同的发展水平，具有不同的情感和社会需求，教师应该因材施教。也可以说，能否自觉关注学生是衡量一个教师是否成熟的重要标志。

六、幼儿教师专业发展的途径

教师专业发展是终身的，教师要获得专业的终身发展，就必须终身学习。教师专业发展中的终身学习至少有三个方面，即正规专业教育、非正规专业教育和校本专业发展。

1. 正规专业教育

正规的专业教育，是指在专门的教师教育机构中进行的、全日制的、系统的教育，并且专业教育的结果是获得相应的学历、学位及教师资格。

2. 非正规专业教育

教师非正规的专业教育，是指不是由教师教育机构所提供的以最终获得学历、学位为目的的教育，而是直接谋求教师专业发展的教育。

3. 校本专业发展

所谓"校本"，就是以学校作为教师专业发展的机构，在任教学校的教育活动中促进教师的专业发展。这就是教师的校本专业发展。

七、幼儿教师专业发展的方法

1. 观摩和分析优秀教师的教学活动

课堂教学观摩可分为组织化观摩和非组织化观摩。组织化观摩是有计划、有目的的观摩，非组织化观摩则没有这些特征。为培养、提高新手型教师和教学经验缺欠的年轻教师可以进行组织化观摩；非组织化观摩要求观摩者有相当完备的理论知识和洞察力。

2. 开展微格教学

微格教学是指以少数的学生为对象，在较短的时间内（5~20分钟），尝试做小型的课堂教学，可以把这种教学过程摄制成录像，课后再进行分析。这是训练新手型教师、提高教学水平的一条重要途径。

3. 进行专门训练

要想促进新手型教师的成长，人们可以对其进行专门化的训练。其中的关键程序有：每天进行回顾；有意义地呈现新材料；有效地指导课堂作业；布置家庭作业；每周、每月都进行回顾。

4. 进行教学反思

教学反思是指教师以自己的教学活动过程为思考对象，对自己所做出的某种教学行为、决策以及由此所产生的结果进行审视和分析的活动。布鲁巴奇等人1994年提出四种

· 29 ·

幼儿教育学

反思的方法：第一，反思日记。在一天教学工作结束后，要求教师写下自己的经验，并与指导教师共同分析；第二，详细描述。教师相互观摩彼此的教学，详细描述看到的情景，并对此进行讨论分析；第三，交流讨论。来自不同学校的教师聚集在一起，首先提出课堂上发生的问题，然后共同讨论解决办法，最后得到的方案为所有教师共享；第四，行动研究。为弄清课堂上遇到的问题的实质，探索改进教学的行动方案，教师以及研究者进行调查和实验研究。

5. 行动研究

行动研究就是实践者为了改进工作质量，将研究者和实践者、研究过程与实践过程结合起来，在现实情境中通过自主的反思性探索，解决实际问题的一种研究活动。教育行动研究是在实际情景中，由实际工作者和专家共同合作，针对实际问题提出改进计划，通过在实践中实施、验证、修正而得到研究结果的一种研究方法。

小资料

与幼儿沟通的技巧

（1）熟记每个幼儿的名字。与幼儿说话时，如能叫出他们的名字，幼儿会感到自己受重视，倍感亲切，从而对幼儿教师的提问做出积极地回应。

（2）说话的语调和速度要恰当。语调自然，有时可以用高低缓急等表达方式来使语言形象化；音量不要大得令人听起来不舒服或细微得听不到，在重要的地方要加强语气；有时也可以运用停顿，幼儿听到幼儿教师停下来不说话，会觉得好奇，这就达到了制造悬念、吸引幼儿注意的效果。

（3）说话态度要友善。幼儿教师说话时，态度要友善，尽量用言语表达自己对幼儿的支持，例如，"我很喜欢听你的描述，相信小朋友也会喜欢""××这次说得比上次进步多了""你这次说得很清楚"等。

（4）注意与幼儿的目光接触。没有教学经验的教师可能因紧张而没有望向幼儿，切勿让它形成习惯。目光接触本身便是一种沟通方式，幼儿教师要保持与幼儿的目光接触，而且不要只停留在个别幼儿脸上，要使每一个幼儿都感到教师在注意他（她）。与幼儿说话，要尽可能蹲下来，使彼此的目光接触保持同一水平。进行教学时，教师站立着就不太恰当，因为幼儿要仰起头，才能看到教师的脸孔，这会使他们感到不舒适，教师坐下来会较适合。

（资料来源：幼儿课程. 香港理工大学学前教育系列教材［M］.

北京：北京师范大学出版社，2004. 有改动）

练一练

1. 简述幼儿教师的职业角色。
2. 结合实际，试论述幼儿教师职业的工作特征。
3. 结合实际，试论述幼儿教师专业素质的基本结构。
4. 简述幼儿教师专业发展的阶段。

本章小结

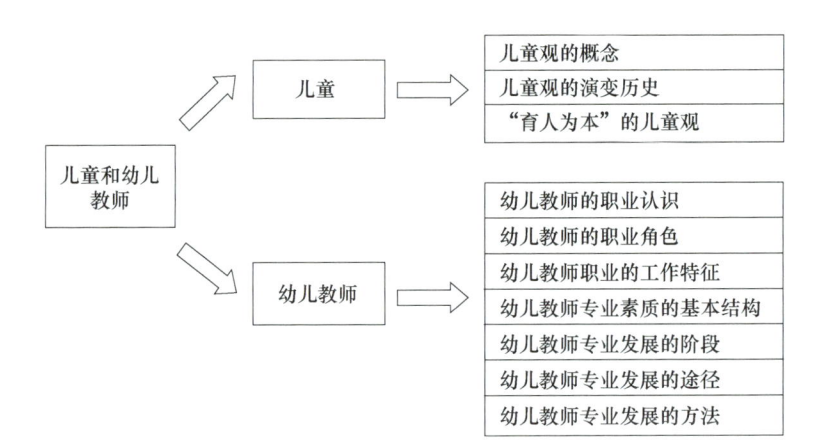

第三章

幼儿园环境

【学习目标】

1. 识记幼儿园环境的概念、分类与特点。
2. 掌握幼儿园环境创设的方法、原则与意义。
3. 了解幼儿园物质环境创设分类。
4. 掌握幼儿园心理环境创设的意义与要求。
5. 理解心理环境对幼儿发展的影响。
6. 理解幼儿教师言行在幼儿心理环境形成中的重要作用。

第一节　幼儿园环境概述

案例导入

在小、中、大三个班使用的专用游戏室里，摆满了游戏材料和玩具。半开放的分隔区域，把教室分成七八块空间，每一块空间里都有一些大大小小的纸箱、积木、小条形桌子和几只凳子。活动室门边的玩具柜里，一目了然地分放着一小盒的橡皮泥、珠子、纸片、玻璃瓶、硬纸板、剪刀、水彩笔、橡皮筋、毛线，以及各种构造材料，还有形象玩具、家具、厨房用品、医院用品等。幼儿可以根据游戏的需要自由取用。

大班幼儿游戏结束了，小班幼儿来了。教师亲切地说："小朋友，你们想玩什么就玩什么好吗？"只见幼儿一个个走走、看看、摸摸。有的幼儿坐坐凳子，又站起来；有的幼儿拿起纸盒又放下，有的幼儿围着门边的玩具柜，好像不知道干什么好。

幼儿教师非常不理解地说："咦？刚才我还看见大班玩得热热闹闹的呢，我班的小朋友怎么回事？"

请分析小班幼儿玩不起来的原因。

·32·

第三章　幼儿园环境

知识概述

一、幼儿园环境的概念

环境是人类赖以生存和发展的各种条件的总和。对于幼儿园教育而言，幼儿园环境有广义与狭义之分。广义的幼儿园环境是指幼儿园教育赖以进行的一切条件的总和，它包括幼儿园内部小环境，又包括园外家庭、社会、自然、文化等大环境。狭义的幼儿园环境是指在幼儿园中，对幼儿身心发展产生影响的物质与精神的要素的总和。

二、幼儿园环境的分类

幼儿园环境按其性质可分为物质环境和精神环境两大类。

（一）物质环境

广义的物质环境是指对幼儿园教育产生影响的一切天然环境与人工环境中物质要素的总和，包括自然风光、城市建筑、社区绿化、家庭物质条件、居室空间安排、室内装潢设计等。

狭义的物质环境是指幼儿园内对幼儿发展有影响作用的各种物质要素的总和，包括园舍建筑、园内装饰、场所布置、设备条件、物理空间的设计与利用、各种材料的选择与搭配等。

（二）精神环境

广义的精神环境是指对幼儿园教育产生影响的整个社会精神因素的总和，主要包括社会的政治、经济、文化、艺术、道德、风俗习惯、生活方式、人际关系等。

狭义的精神环境是指幼儿园内对幼儿发展产生影响的一切精神因素的总和，主要包括教师的教育观念与行为、幼儿园人际关系、幼儿园文化氛围等。

小资料

多维分类

（1）从活动形式来划分，幼儿园环境应包括语言环境、运动环境、劳动环境和游戏环境。

（2）从幼儿园强调保教结合，保教并重的特点划分，幼儿园环境又可分为保育环境和教育环境。

（3）从幼儿的生活、安全、活动和交往的需求来划分，幼儿园环境应包括生存环境、安全环境、活动环境和交往环境。

（4）从幼儿园课程的结构及特征来划分，幼儿园环境包括物质空间环境、组织制度环境和文化心理环境。

（5）从幼儿园一日活动的主要类型来划分，幼儿园环境可分为生活活动环境、游戏活动环境和学习活动环境。

三、幼儿园环境的特点

（一）环境的教育性

幼儿园作为专门的幼儿教育机构，其环境创设与其他非教育机构有显著区别。它是根据

· 33 ·

幼儿园教育的目标及幼儿的发展特点，有目的、有计划、有组织地精心创设的。

在幼儿园教育中，环境创设不仅是美化的需要，更是教育者实现教育意图的重要中介，教育者把教育意图隐含在环境中，"让环境去说话"，让环境去引发幼儿应有的行为。因此，幼儿的环境具有教育功能，是为实现教育目标服务的。例如，幼儿园场所布置的目的之一，在于向幼儿说明在什么地方该做什么事情。在图书角铺上柔软的地毯，放上舒适的坐垫，矮架上整齐地排列着各种图书，这样的环境布置无声地告诉幼儿，他可以坐在地毯上悠闲地读书，但不能大声喧哗，而且读后应把书整齐地放回书架。如果图书角的地上杂乱无章地散落着一些图书，则意味着幼儿看完书后可以随意乱丢。又如，在幼儿园里，幼儿教师蹲下来与幼儿谈话，幼儿教师就是在用自己的行为向幼儿表明：他与幼儿虽然在年龄、阅历、身高等方面都有差异，但在人格上是平等的，让幼儿体验到幼儿教师对他们的尊重与关爱。

（二）环境的可控性

幼儿园内的环境与外界环境相比具有可控性，即幼儿园内环境的构成处于教育者的控制之下。具体表现在两个方面：一方面，社会上的精神、文化产品，各种儿童用品等在进入幼儿园时，必须经过精心地筛选甄别，"取其精华，去其糟粕"以有利于幼儿发展为选择标准。如社会文化中的一些积极因素，如服务大众、救危济困等公益活动，教师及时地把它们作为教育内容组织到各种活动中去，利用这些因素对幼儿进行教育。另一方面，幼儿教师根据教育的要求及幼儿的特点，有效地调控环境中的种种要素，维护环境的动态平衡，使之始终保持在最适合幼儿发展的状态。如幼儿教师精心观察活动角中幼儿的活动，发现幼儿对某个活动不感兴趣，原因是这个活动角的操作材料过于简单。于是，幼儿教师把材料换掉，一下子就引起了幼儿的兴趣。幼儿教师通过对环境的调控，为幼儿的发展创造了条件。

四、幼儿园环境创设的方法

（一）讨论法

讨论法是指幼儿教师引导全班幼儿通过讨论的方法，选择或确定环境创设的主题和内容以及与环境材料互动的方法等。

（二）探索法

探索法是让幼儿自己在环境中发现问题，独立地解决问题，同时获得知识。这种方法可以培养幼儿学习的内在动机，提高幼儿与环境、材料交往的积极性。

（三）操作法

操作法是幼儿教师指导幼儿动手操作，让幼儿掌握知识，形成技能技巧和习惯的基本方法，操作法的运用依赖于操作材料。

（四）评价法

幼儿园环境的评价是对环境质量的评价，包括对幼儿适应环境的评价，对幼儿的环境创设和互动行为的评价，对幼儿的环境创设效果的评价等。幼儿园环境评价贯穿环境创设的整个过程。它不仅能了解幼儿发展状况，还能了解环境与幼儿行为的互相影响。同时，环境评价对教师的行为具有明显的导向作用，评价过程的信息反馈能强化教师的教育行为，从而更好地完善和优化环境创设。

五、幼儿园环境创设的原则

幼儿园环境创设的原则，是指教师创设幼儿园环境时应遵循的基本要求。这些要求是根据幼儿园教育的原则、任务和幼儿发展的特点提出来的。这些原则贯穿于环境创设的各项工作之中，对环境创设的每一步都具有指导作用。在环境创设的过程中，只有认真贯彻这些原则，才能更好地发挥环境的教育价值。

（一）与教育目标相一致的原则

与教育目标相一致的原则是指环境的创设要体现环境的教育性，即环境设计的目标要符合幼儿全面发展的需要，与幼儿园教育目标相一致。幼儿园教育目标是使幼儿获得有益于身心发展的经验，促进幼儿的全面发展。因此，在环境创设时要目标明确，与教学内容、教学计划相一致。幼儿园教育目标是促进幼儿全面发展，在环境创设上要注意德、智、体、美等方面，健康、语言、社会、科学、艺术五大领域就不能重此轻彼。凡是幼儿发展、教育目标所涉及的领域，就应有相应的环境布置。另外，要根据学期计划和月计划、周计划的不同，设计与之相适应的环境，形成系统的、系列的环境布置，促进教育目标的完成。

例如，创设环境时偏重智力发展，而忽视幼儿社会性、情感、意志等方面的发展是不可取的。如果教室里的活动区都是幼儿独自活动的内容，如计算、画画、折纸、看书、穿珠子等，而没有幼儿可以相互交往的区域和相应的活动条件，那么对于发展幼儿的语言和社会性就是非常不利的。因此，在创设环境之前，首先应考虑的是创设的环境是否有利于教育目标的全面实现。另外，对于一切干扰环境教育性的外来因素，如商业化倾向、不良文化产品等要予以坚决地抵制，以保证环境的教育性。

（二）与幼儿发展相适宜的原则

与幼儿发展相适宜的原则是指幼儿园环境创设要符合幼儿的年龄特点及身心健康发展的需要，促进每个幼儿全面、和谐地发展。不同年龄阶段，幼儿身心发展存在着年龄差异。环境创设必须适应不同年龄幼儿的特点，通过不同层次的环境和不同的材料来达到教育目的。即使是同一年龄段的幼儿，在感觉、兴趣、能力等方面也存在很大差异，幼儿教师要注意到这些差异，适应这种差异。好奇、探究是幼儿的天性，如果环境布置总是一成不变，不仅不能给孩子以新鲜感，久而久之也会使孩子的主动性、积极性随之下降。因此，创设新鲜的、动态的环境是幼儿教育的艺术之一。

例如，同是娃娃家游戏，为小班幼儿提供的玩具应该是数量较多的主题玩具，如小铲子、小锅、娃娃等。这是因为小班幼儿的角色游戏多是模仿动作，而且幼儿之间的相互模仿性也很强，平行游戏也很多。而大班幼儿的娃娃家游戏需要的多为富有创造性的或能一物多用的材料。大班幼儿接触面广了，知识经验丰富了，在游戏中对社会生活的反映范围扩大了，内容也就丰富了。如果玩具材料的功能比较单一，会限制幼儿的想象和创造。幼儿教师要对幼儿的年龄特征有充分的认识和了解，才能为幼儿提供有利于其发展的环境。

（三）幼儿教师与幼儿共同参与的原则

幼儿教师与幼儿共同参与的原则是指幼儿园环境的创设过程是幼儿与幼儿教师共同合作、共同参与的过程。幼儿园环境的教育性不仅蕴含在环境之中，而且蕴含在环境创设的过程之中。陈鹤琴先生指出："通过儿童的思想和双手布置的环境，可使他对环境中的事物更加了解，也更加爱护。"环境创设特别是室内环境创设，应充分让幼儿参与，征求幼儿的意见。让幼儿参与设计、提供材料与作品、参与布置，然后利用环境进行的主动活动。虽然幼儿参与环境创设比幼儿教师本人独立完成费时费力，但环境的创设过程是一个积极的教育过程。

环境创设过程本身的教育意义主要体现在：

（1）培养幼儿的主体精神，发展幼儿的主体意识。让幼儿参与环境创设这一事情本身，就是在向幼儿传递一个重要的，甚至对其终身发展都有用的信息："我们是这个环境的小主人，我们有能力影响自己的生活！"

（2）培养幼儿的责任感。幼儿参与环境的创设，能切实地体验到自己做的事对集体的影响。

（3）培养幼儿的合作精神。环境的创设要依靠大家的力量，幼儿能够实际地去感受集体的力量，发展合作意识，并实际地提高互相合作的技能和能力。

总之，幼儿在参与创设幼儿园环境的过程中，得到发展、学习、创造、合作的机会。这是对幼儿最好的教育，其效果绝不亚于教师创设的现成环境。

（四）开放性原则

开放性原则是指创设幼儿园环境，不仅要考虑幼儿园内环境要素，也要重视园外环境的各要素，两种要素有机结合，协同一致地对幼儿施加影响。利用开放的教育环境对幼儿进行教育，是教育者应该树立的大教育观。因为科学技术发展所带来的信息量给幼儿的刺激可以说是全方位的，幼儿的成长受到多方面的影响，所以幼儿园不能关起门来办教育，脱离幼儿园园外环境进行园内封闭式的教育成效有限。

要充分发挥幼儿园、家庭、社会三个方面的教育功能，在做好幼儿园内工作的同时，营造和谐的幼儿园外环境。通过多种形式主动与家长联合，对家长进行科学育儿知识的培训，使之配合幼儿园教育，也可以请特殊岗位（如交警、记者等）和有特长的家长到幼儿园给孩子们讲课。在保证安全的前提下组织社会实践活动，多带孩子到大自然、到健康有益的活动场所参观学习、接受教育。

（五）经济性原则

经济性原则是指幼儿园物质环境的创设要坚持低费用高效益的原则，考虑幼儿园自身经济条件，勤俭办园，因地制宜办园，力求以最小的投入，发挥最大的经济效益。

所有的幼儿园都应当发扬艰苦奋斗的精神，勤俭办教育。给幼儿提供物质条件时，应以物质条件对幼儿发展的功能大小和经济实用性为依据。同时，幼儿园的环境创设应考虑幼儿园自身的特点和条件，不提倡"大手大脚"购置物品，而要多使用废旧材料布置环境、制作玩教具。这一点不仅适合农村幼儿园，对城市幼儿园也有很重要的意义。总之，创设幼儿园环境应考虑实际情况，做到因地制宜、就地取材、废物利用、一物多用、不浪费、不盲目攀比。

（六）安全性原则

安全性原则主要是指幼儿园的园舍建筑、设施设备、活动场地、玩教具等有形的物质条件必须要符合国家颁布的相关卫生标准和安全标准，对幼儿的身体或心理没有危险和安全隐患，不造成幼儿畸形发展。幼儿园环境的安全主要包括物质环境的安全和精神环境的安全两个方面。

1. 物质环境的安全

物质环境的安全是保障幼儿人身安全的基础。首先考虑园舍的安全问题，坚决不能有危房，包括围墙、厕所。幼儿园中地面要平坦，不能坑坑洼洼、磕磕绊绊。在幼儿园中，花草既要漂亮，又要无毒、无危险，如夹竹桃、仙人球之类的花草不宜在幼儿园种植。室内、寝室要安装紫外线灯或随时用消毒水消毒。电器、电线布置要合理，用电插销不能离孩子的床铺太近。吊扇使用前对其稳定性要进行检查。玩具安全，室内外玩具都不能有危险性。室外大型玩具有相当一部分是铁制的，边角都要圆滑。幼儿在玩耍时，幼儿教师一定要看护好。室内玩具的购置也要注意：如尖锐的、细小的、发射的等玩具都具有危险性，不能购置；一些"三无"塑料玩具也有安全上的问题，也不能购置。

2. 精神环境的安全

精神环境的安全是保证幼儿获得心理安全的重要条件。精神环境创建的中心是建立融洽、和谐、平等、健康的人际关系。《幼儿园教育指导纲要（试行）》提出："幼儿园教育应尊重幼儿的人格和权利，尊重幼儿身心发展的规律和学习特点，以游戏为基本活动，保教并重，关注个别差异，促进每个幼儿富有个性的发展。"其中，提到两个尊重，一个并重，一个关注。实际上，孩子很多的心理问题是从幼儿期形成的，如孤独感、自卑感、攻击行为等。幼儿教师的态度和教育方式，团结、和谐的同伴关系，有助于形成幼儿安全、温馨的心理环境，形成健康的人格。尊重幼儿的人格和权利，把幼儿当成有思想、有个性的人。幼儿的身体是相对脆弱的，幼儿的心理同样是脆弱的，这就需要幼儿教师的充分尊重。幼儿教师的一个眼神、一个动作，可能都会对幼儿的心理产生巨大的影响，所以幼儿教师一定要时时提醒自己，不能轻易地批评孩子，不能过分地批评孩子。尊重幼儿身心发展规律和学习特点，就要从幼儿的特点出发，用幼儿能够接受的方式去教育幼儿，教给幼儿能够理解和接受的知识，不能搞小学化的东西。关注个别差异，因材施教，特别要关注那些与众不同的幼儿，如少数民族、单亲家庭、智障残疾、外来务工、心理障碍等方面的幼儿。

六、幼儿园环境创设的意义

1. 提供发展保障

在幼儿园中，幼儿要进行吃饭、睡觉、游戏等活动，只有提供相应功能的建筑、空间设备，才能使幼儿感到安全、方便、舒适和愉悦。

2. 促进幼儿身心健康

据研究表明，宽敞的空间、齐全的设备可以使幼儿的肌体得到锻炼；整洁、优美的环境会给幼儿美的享受；具有探索性的环境可满足幼儿的好奇心，激发幼儿的探索热情，培养幼儿的探究能力。

3. 激发幼儿创造潜能

幼儿不是环境创设的消极旁观者和享用者，而是环境创设的积极参与者和互动者。在环境创设的过程中，幼儿会参与设计构思、材料搜索、动手制作和布置的全过程，从而激发幼儿创造潜能。

练一练

1. 幼儿园环境的分类有哪些？
2. 结合实际，试论述幼儿园环境创设的原则。
3. 简述幼儿园环境创设的意义。

幼儿教育学

第二节　幼儿园物质环境创设

案例导入

　　小红花幼儿园坐落在某市的市中心，幼儿园环境布置和建筑风格富有创造性，环境温馨，设施安全，功能齐备。例如，幼儿园设有丰富的专用活动室供资源共享，有安全的运动场地，每个班级享有独立空间，活动室设备齐全，独立配备餐厅、盥洗室、卧室……在开园不到两年的时间里，入园人数众多，发展较快。幼儿园为家长服务的范围不断地扩大，如全天服务、全年教学等。

知识概述

一、幼儿园户外环境的创设

　　我国幼儿园户外环境一般可以划分为三大区域：集体活动区、器械设备区、种植养殖区。集体活动区主要供幼儿集体做操、上体育课，进行各种体育游戏，要求场地宽阔平整；器械设备区要能放置各种大、中型体育活动器械与设备，以供幼儿练习与发展基本动作，锻炼身体活动能力；种植养殖区能供幼儿种植蔬菜、花草，喂养一些小动物。

（一）地面

　　户外环境是幼儿进行奔跑、跳跃、攀登等较剧烈运动的场所，因此，户外环境的创设首先要注意地面的安全适用。一般来说，每位幼儿的活动空间不少于 $2\ m^2$，地面以坚实平坦的土地、沙地、草地为宜。

（二）器械设备

　　器械设备要符合幼儿的身材高度与活动能力；以木材、轮胎、绳网、塑钢等材料为宜。另外，器械设备要安装牢固，定期检修维护；器械设备的数量与场地面积之间要保持合理的比例。

　　例如，大肌肉活动的目的，除了促进幼儿的肌肉机能发展外，还可锻炼幼儿强健的体魄和矫健、灵活、遇事机敏的身手。因此，在选购大肌肉活动的设备时，必须注意设备的安全、坚固耐用和可变组合。同时，也应以刺激幼儿进行探索、发掘和体验作为大前提。

（三）游戏场地的结构

　　每班的游戏场地面积不应小于 $60\ m^2$；室外共有的游戏场地面积为 $[180+20\ (N-1)]\ m^2$，其中，N 为班级数。游戏场地可设置不同的区域：大型玩具区、园艺区、种植区、动物区、操持区等。

　　在设计游戏场地时，应该考虑活动的动静交替和每个幼儿的不同需要。在安静的、活动量较小的区域，可以放置水箱、沙坑、钻圈、拱形门等设备和器械；在吵闹的、活动量较大的区域，可放置滑梯、跷跷板、秋千等器械。同时，要尽量利用地形、地貌的自然特点，尽量减少不必要的人工修饰，让幼儿在接近大自然的环境中愉快地游戏。

　　幼儿园的游戏场地，应当在促进动作和运动能力发展的同时，促进幼儿智力的发展，尤

· 38 ·

其是想象力、创造性的发展。例如，场地中的设备和器械应由多种材料（如木头、塑胶、绳、铁等）制成，能给幼儿以多种感知觉体验。

（四）绿化

户外环境要进行适当的绿化，一方面可以美化环境，改善幼儿园小气候；另一方面也为户外活动场地提供遮阴，使幼儿在夏天也能到户外活动。

二、幼儿园室内环境的创设

（一）活动室面积与空间利用

足够的空间是幼儿在户内开展各种活动的必要条件。在面积既定的情况下，要充分利用空间，尽量减少不必要的家具、设备，为幼儿腾出活动空间。

（二）室内环境的结构

环境的结构是环境各部分之间形成的相互关系与联系，对空间的有计划的合理安排与利用可形成良好的环境结构，并对幼儿的行为产生积极的影响。一个结构良好的室内环境应符合的标准是：活动区数量、面积适宜；各活动区的活动减少干扰；设备的摆放应方便幼儿取用和走动；幼儿有独处的地方；各活动区应该遵守的活动规则要清楚、明确。

（三）材料的投放

1. 按目标投放材料

材料是为目标服务的，需完成的目标决定着投放的材料。在投放材料时，还要考虑远期目标和近期目标的结合，即为幼儿将来具备某方面的能力，而提供一些操作材料，完成一些近期目标，进而实现远期目标。

2. 按主题投放材料

主题内容是由若干个相关目标构成的。例如，中班以"我爱春天"为主题，分为认识春天、描绘春天、歌唱春天三部分。认识春天，可以在认知区中投放春天的各种图片；描绘春天，可以在美工区中投放各种画笔；歌唱春天，可以在表演区中投放各种磁带、唱片、道具。

3. 投放不同层次的材料

由于不同年龄班幼儿的发展水平不同，同一年龄班幼儿的发展也存在着差异。因此，投放的材料要有一定的层次性。只有这样，材料的投放才能满足不同年龄班幼儿，或是同一年龄不同幼儿发展的需要。

4. 分期分批投放材料

材料是幼儿在活动区活动的物质支柱，是幼儿学习的基本工具。创设每个活动区时，教师都会为它准备很多种类的不同材料，但切勿全部投放到区域中，而应根据各个阶段的教育目标及目标的完成情况分阶段、分批、由易到难地进行投放。一个教育目标完成了，材料就要随之进行更换和调整。

5. 有些材料需随时投放

出现随时投放材料这种情况，一方面可能是幼儿的临时需要；另一方面也可能是活动进行不下去，需要提供一种新材料以促进活动情节的发展。因此，需要教师细心观察，根据幼

幼儿教育学

儿的临时需要及时投放材料或补充材料使活动顺利进行。

（四）壁面布置

壁面布置应配合课程内容，体现一定的教育目的。让幼儿参与布置壁面活动，壁面主要观众是幼儿，应注意形象、色彩、形式、空间等造型要素之间的和谐性。考虑幼儿的审美趣味，富有童趣，壁面要定期更换，并保持整洁、清新。

小资料

满眼沙土地和泥洼地的日本幼儿园园区环境

"一旦你跨进了幼儿园的大门，进入视野的却是满眼的沙土地以及因为雨水或者是人为加工而形成的泥洼地，与近乎一尘不染的街道形成了鲜明的对比……"在日本，幼儿园里专门采用土作为地面的建筑材料，再在此基础上辅助以沙与草坪。在日本幼儿教育工作者看来，土地与草坪是最适合幼儿活动与发展的，在户外活动时间里，孩子们可以随意在上面跌爬摔倒，而不必担心摔伤、磕破。更关键的是，幼儿还可以利用随处可抓的泥土与沙子去搓泥球、搭建城堡，可以到草丛里抓蝴蝶或是爬行的虫子。日本幼教工作者认为：自然的环境是最有益于孩子发展的，他们总是尽可能扩大幼儿的户外活动空间，并且，即便经济条件允许，他们也希望幼儿园里的水泥、瓷砖、塑料等越少越好。

——选自 ［刘晶波．日本幼儿园环境建设观感［J］．早期教育，2001（7）：6］

练一练

1. 结合实际，试论述幼儿园户外环境的创设。
2. 结合实际，试论述幼儿园室内环境的创设。

第三节　幼儿园心理环境创设

案例导入

大班开展了一项活动——"友谊桥"。教师在教室的主题墙上画了一座"友谊桥"，在本次活动中，要求幼儿自选好朋友，然后在纸上画上好朋友的形象，共同贴在"友谊桥"上。

活动刚开始，教室里一阵骚动，明明、小舟、轩轩……幼儿们叽叽喳喳地叫喊着自己的好朋友，或两人，或三人。幼儿们手拉手，找合适的地方画画了。片刻，教师看了看活动现场，幼儿们基本上都三三两两地开始画了起来，只剩下康康孤独地四处张望。平时，他喜欢和小宇、天天一起玩耍，但是今天小宇、天天在一起，没有带上他。他终于发现了他的好朋友，就兴奋地搬起小椅子过去，说："我可找到你们啦！"小宇和天天看了看康康，小宇说："我们以前是好朋友，现在我只和天天是好朋友，不和你做好朋友了。"天天说："我也是！"

康康刚刚兴奋起来的脸马上变得沮丧，他搬走椅子，将头埋向交织在一起的胳膊中。老师看见了没有朋友的康康，走过来说："我愿意做你的好朋友，你就画我吧，康康！"康康沮丧的脸上绽开了微笑，快速地打开自己的画笔盒，为"好朋友"画起像来……

· 40 ·

第三章　幼儿园环境

知识概述

一、幼儿园心理环境创设的意义

（一）有利于幼儿适应幼儿园生活

幼儿从家庭走向了社会，这对每一个幼儿来说都是一种转折，这种转折往往是痛苦的。教师要为新入园幼儿做好全方位的准备，而心理上的准备又是至关重要的。教师的首要任务是用自己的爱心、耐心及宽容接纳每一个幼儿，稳定幼儿的情绪，帮助幼儿适应并喜欢幼儿园的集体生活，帮助幼儿克服第一次离开父母、家人忧虑、紧张和不安的情绪，使其形成安全感和信任感，帮助幼儿体验到幼儿园集体生活的乐趣。

（二）有利于幼儿形成良好个性，适应社会生活

幼儿社会化是个体社会化的初级阶段，并为个体进一步社会化奠定基础。良好的幼儿园心理环境为幼儿提供同伴之间共同游戏和学习的机会，有利于幼儿与同伴、集体之间互动的进行。教师有意识地将幼儿置身于幼儿园的各种人际环境之中，通过幼儿易于接受的民主、科学的教育形式和方法，帮助幼儿理解社会行为规范，适应社会生活，同时培养孩子合群、组织性、纪律性、利他、勇敢和顽强等优良的性格特征，克服孤独、自私等不良的性格特征。

（三）有利于幼儿园教职工的成长与发展

心理环境能使人在不知不觉中受到感染和熏陶。良好的心理环境，有利于形成协调的人际关系，使教职工乐于从事自己的学习和工作；相反，不良的心理环境，只能使人感到处处受压抑，导致各种不良个性品质的形成，使教职工情绪低落，养成消极的思想方法和行为习惯。

二、幼儿园心理环境创设的要求

（一）创设良好的物质环境

物质环境应该具有安全、舒适、卫生、实用等特点，环境布置应做到绿化、美化、净化、儿童化和教育化。幼儿园内设备和材料应丰富多彩，能够满足不同幼儿的不同需要和多种需要。幼儿只有在这种良好的物质环境中活动，才能产生积极向上的情感和愉悦的情绪，在自由的探索中主动去发现周围世界的奥秘。

（二）创设宽容理解的环境

教师要真挚地关心幼儿，充分地与幼儿进行沟通，知道和理解幼儿的想法与感受，并让幼儿知道和理解教师的一些想法，让幼儿在教师的关心和爱护下，健康快乐地成长。教师要站在幼儿的角度看待其思维和行为，始终以宽容之心来看待幼儿的各种心理行为，公正、客观地对幼儿进行评价，并要以正面激励为主，使幼儿敢想、敢说、敢探索、敢创造。

（三）建立良好的幼儿群体

建立良好的幼儿群体，是幼儿园心理环境的重要内容。它能促进幼儿个体心理的发展。因此，教师初建班集体时，应坚持正面教育和集体教育的教育态度，使幼儿个体的才能在集体中得到充分表现，逐渐使幼儿产生自信和自主感。

· 41 ·

幼儿教育学

（四）建立良好的人际关系

幼儿园建立良好的人际关系，可使幼儿教师之间保持相互友爱，合作共事；幼儿在这样的人际关系里，能受到幼儿教师的尊重，扮演成功的角色，满足多方面发展的需要。因此，建立良好的人际关系，对幼儿的心理健康具有十分重要的作用。

师幼关系是幼儿教育过程中最基本、最重要的人际关系。建立良好的师幼关系是创设幼儿园心理环境的主要方面。

1. 师幼关系及其在幼儿教育中的意义

师幼关系是幼儿教师与幼儿在共同的教育教学活动中，通过相互的认知和情感的交往而形成的一种人际关系。

（1）良好的师幼关系有助于幼儿获得关爱。幼儿教师的基本要求和责任就是关爱幼儿，幼儿可以体验到来自幼儿教师的关爱，从中获得精神需要的满足，是良好师幼关系的体现。因此，良好的师幼关系是幼儿获得真正关爱的基础和保障。

（2）良好的师幼关系有助于幼儿获得安全感。幼儿的安全感主要是指心理上的安全感，一般而言，幼儿的安全感多来自幼儿可信赖的人。在幼儿教育活动中，幼儿教师即为幼儿最可信赖的人，可以使幼儿更安全、自信、从容地进行活动。

（3）良好的师幼关系有助于幼儿之间建立同伴关系。良好的师幼关系有助于幼儿教师帮助幼儿建立良好的同伴关系，而不良的师幼关系可能破坏幼儿之间的同伴关系。

（4）良好的师幼关系有助于幼儿教师的职业成长和发展。师幼关系直接影响教师对幼儿行为的理解和关注，良好的师幼关系有利于教师顺利地开展教育教学活动，提高教育质量，促使幼儿教师在教育教学活动中不断地进行反思，而后在反思中提高自己，从而实现幼儿教师职业的完善和发展。

2. 构建良好师幼关系的策略

（1）树立新型的教育观念。幼儿教师要树立适合新时期幼儿成长且与幼儿心理相适应的新型教育观。幼儿教师教育观念的变化一定会带来教育行为的变化。幼儿教师应该设身处地地体验并理解幼儿的所作所为，以真诚、友爱和关怀的态度对待每一名幼儿。

（2）科学定位幼儿教师的角色。科学定位幼儿教师角色，要求幼儿教师在日常的教学、游戏和交往互动中，注意体现幼儿真正的主体性、独立性和创造性。

（3）尊重幼儿的人格尊严。幼儿教师在教育过程中，要充分考虑幼儿身心发展及兴趣的需要，尊重幼儿人格的独立，保护幼儿的自尊心。让幼儿根据自己的主观愿望和需要，用自己喜欢的方式，主动积极地参与活动，获取成就感。同时，注意这种尊重和需要不是无原则的迁就和放任自流。

（4）提高幼儿教师素养，实现师幼之间的有效互动。幼儿教师素养的高低会直接影响到师幼之间的互动效果。为了实现师幼之间的有效互动，幼儿教师对幼儿的观察领悟能力，对自身行为的反思能力都必须提高，这样才能避免仅根据表面现象、主观意识去判定幼儿的行为。与此同时，幼儿教师还要对幼儿在活动中的兴趣、动作，与同伴的交往进行观察和记录，及时调整自己的工作方式以促进师幼互动关系的健康发展。

（五）形成良好的幼儿园风气

良好的幼儿园风气要靠全体教职工经过长期培养才能逐渐形成，而一旦形成，则对全体成员具有潜移默化的影响作用。因此，幼儿园领导应重视园风的建设工作，使生活在其中的

· 42 ·

幼儿教师和幼儿,身心都能和谐健康地发展。

三、心理环境对幼儿发展的影响

良好的心理环境能使幼儿产生积极愉悦的情绪,有助于幼儿形成活泼、开朗、信任和自信的性格特征;有助于幼儿思维的活跃和智力的开发;有助于幼儿整个机体的化学物质和免疫系统处于平衡状态,进行正常的吸收、消化和代谢,增强对疾病的抵抗力。反之,不良的心理环境会使幼儿情绪不佳,幼儿整天生活在紧张和恐惧的气氛中,从而导致生理功能的障碍和紊乱,影响幼儿的身体健康,更重要的是会使幼儿形成孤僻、抑郁、胆怯、不信任等性格特征,极大地扼杀幼儿的童真和天性,扼杀幼儿的想象力和创造力,甚至对幼儿今后的一生的健康和幸福产生深远的影响。

四、幼儿教师言行在幼儿心理环境形成中的重要作用

良好的心理环境是使幼儿积极活动的基础,幼儿教师是幼儿心理环境的重要创设者。

(一)幼儿教师的言行对幼儿安全感的影响

幼儿教师要善于发现每个幼儿的优点,并开展多种形式的活动,为每个幼儿提供平等的表现机会和获得表扬的机会。每当有幼儿的眼睛与幼儿教师相对视时,应对每个幼儿报以同样的热情和亲切,让每个幼儿都能从幼儿教师微笑的面容、和善的目光中感受到对幼儿真诚的爱,从而增强幼儿对幼儿教师的信任,有助于幼儿产生对生活的安全感。

(二)幼儿教师的言行对幼儿自我价值形成的影响

幼儿教师要消除偏爱心理,如果经常对那些聪明、乖巧、漂亮的幼儿进行赞扬,那么就容易使这类幼儿产生骄傲情绪,形成自私、任性、以自我为中心等不良心理品质,那些有创意、顽皮的幼儿就会感到压抑,对其他幼儿产生忌妒心理,甚至为了引起幼儿教师的注意产生攻击性行为;那些相貌一般、智力平平的幼儿常常会被幼儿教师忽视、被训斥,逐渐觉得老师不喜欢自己,在心理上确认自己是无能的,容易建立起消极的自我概念;那些胆小、孤僻的幼儿也易认为人与人之间都是不友善的,不愿意与人交往,加深退缩性行为。幼儿教师的言行会影响到幼儿积极情绪情感的发展和自我价值感的形成。

(三)幼儿教师的言行对幼儿独立人格形成的影响

幼儿教师要尊重幼儿,把幼儿看作独立的人、有表达自己情感权利的人,既有优点又有缺点,并且有自己愿望和期待的、需要别人尊重和注意的独立个体。幼儿教师应尊重幼儿的人格,保护幼儿的自尊心。

小资料

教育环境的设计

幼儿每天要接触各种各样的学习环境,因此,在开发环境中的教育因素,可以使幼儿受到潜移默化的教育影响。

1. 要重视幼儿在教育环境中的主体地位

幼儿的年龄虽然小,但是作为有思维能力的个体,对教育环境有自己的要求。因此,要按照幼儿身心发展的特点设计环境。幼儿既然是学习的主体,幼儿教师创设的环境就要符合

幼儿的年龄特点，符合幼儿的心理需要。例如，玩具柜的高矮应该与幼儿的身高相适应，教室的墙壁设计应该富有童趣等。幼儿园是属于幼儿们自己的，要重视幼儿的个性发展，就应该让幼儿参与幼儿园各种环境创设，如让幼儿自己画一些画，贴到墙壁上，组织幼儿为游戏角做一些玩具等。这样，幼儿不仅可以锻炼自己的能力，还可以从创设活动中体验到成功的喜悦。由被动地参与环境的创设，发展到主动参与的层次，并且由学习的客体转化为学习的主体，幼儿是幼儿园的主人，在教育活动中应该鼓励幼儿自己管理环境，以发展幼儿的主动性和创造性。过去，幼儿从入园到离园的全天活动都由幼儿教师管理，幼儿很少有自由活动的空间，极大地抑制了幼儿个性的发展。如果把活动的空间和时间交给幼儿自己管理，幼儿会充分利用环境中的各种条件，全身心地投入自己愿意干的事，不仅能够发展幼儿的个性，而且还能够培养他们的独立性和责任心，促进其社会交往能力的发展。例如，有一段时间幼儿们玩完游戏后，由于没有按规律摆放玩具，玩具箱盖不上，经过幼儿教师启发，幼儿们自己找到了正确地摆放玩具的规律后，学会按不同类型分开摆放的方法，同时也让幼儿自己学会了管理环境的条理性和顺序性。

2. 创设有教育作用的环境体系

在一次美术活动中，一名幼儿画了一块肥皂，边画边说："看！我画的肥皂多好看！"而另一名小朋友却画了一块带有小白兔图案的肥皂，还有好几名幼儿也都画了同样的肥皂。幼儿教师经过研究发现，是保育员在卫生间换了一块粉红色的并有小白兔图案的新香皂，吸引了幼儿们的注意力。这说明环境对幼儿有较强的刺激作用。基于这件事情的启发，幼儿教师在设计幼儿的活动区域时，应着重体现出环境的教育性和系统性，让幼儿有充分的条件和更多的时间在活动区内学习，以发展幼儿的智力和创造力。幼儿园的活动区建设要有不同的层次，要注意动静交替，要体现出活动区域教育内容的系统性。

练一练

1. 简述幼儿园心理环境创设的意义。
2. 结合实际，试论述幼儿园心理环境创设的要求。

本章小结

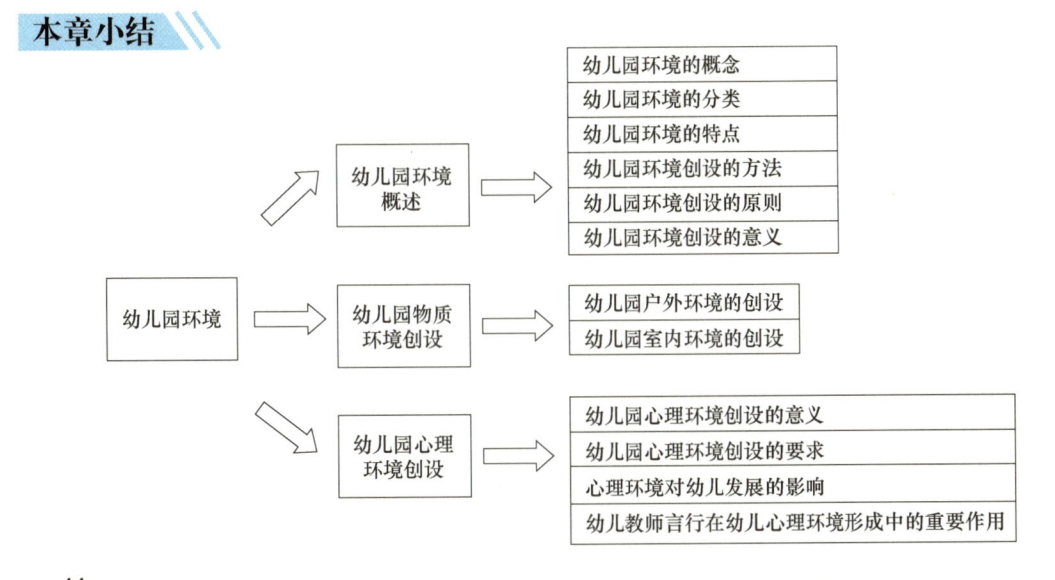

· 44 ·

第四章

幼儿园课程

【学习目标】

1. 识记幼儿园课程的含义、种类、性质、特点。
2. 理解幼儿园课程目标的制定依据与层次。
3. 理解幼儿园课程内容的形式、范围与编制。
4. 掌握幼儿园课程计划的制订。
5. 了解幼儿园课程计划与课程实施的关系。

第一节　幼儿园课程概述

案例导入

一天早上晨间户外活动时，风很大，杨柳树哗啦啦地响。有个孩子说："好凉快！快来快来，叫风吹吹！"于是，老师趁机招呼那些在太阳下走来走去"叫卖冷饮的人"过来乘凉兼售卖冷饮。另外，这阵子天气变热后，幼儿园里已经取消了做操时的排队要求，而代以"找个凉快的空地方做操"的要求。活动开始了，故事中角色的"求助"一下子引起了孩子的"助人为乐"情怀。有人提议："洗个澡！"——老师把这个大水龙头拧开，他们就哗啦啦地洗开了。……有人提议："先学大象冲冲身，再学猴子搔搔痒。"有人提议："钻到冰里！"老师稍一顿，随之就成了"猫和老鼠"里那只汤姆猫，"咯咯咯咯……"牙齿直打战，说话直哆嗦："太，太……凉，凉……快了吧！吧！"逗得孩子们哈哈大笑。这么多冰还钻进去？怎么办？有人转过来了："冰放可乐里！"好的，几位临时"服务员"马上为"顾客"的橙汁、雪碧、可乐、牛奶杯里加"冰块"。还好，有人要了1块、有人要了2块，检查下来没有"肚子疼"的。这个节目就结束了。紧接着，有人说："到树底下去！"于是，男生就扮演成一棵棵大树让女孩子们"乘风凉"。有人说："撑一把太阳伞。"于是，女孩子们变成"美丽的太阳伞"为男孩子"遮太阳"。

本案例体现了幼儿园课程哪些特点？

·45·

幼儿教育学

知识概述

一、幼儿园课程的含义

幼儿园课程是实现幼儿园教育目的的手段，是帮助幼儿获得有益的学习经验，以促进其身心全面和谐发展的各种活动的总和。对于这个概念，可以从以下几个方面理解。

（一）幼儿园课程是"活动"

"活动"，既指明了幼儿受教育的主要途径，也反映了幼儿学习的本质特征。"活动"包含了主体（幼儿）和对象（学习内容）两个方面，将幼儿园课程的两个方面——幼儿和学习内容联系起来。幼儿教育活动是以幼儿为中心，着眼于幼儿的兴趣和动机，关注幼儿的兴趣和需要，把幼儿的直接体验置于课程的中心地位，并贯穿于幼儿的整个生活过程。

（二）幼儿园课程以促进幼儿身心和谐发展、获得有益经验为目的

只追求幼儿智力的发展是片面的，身体、情感、价值观等方面的发展对幼儿同样重要。2001年教育部颁布的《幼儿园教育指导纲要（试行）》将幼儿园课程分为健康、语言、科学、社会、艺术五大领域，明确指出各个领域对幼儿的全面和谐发展都起着重要的作用。它们相互结合与渗透，帮助幼儿达到学习与发展的目标。同时，幼儿园课程是有目的的，有系统地、有组织地帮助幼儿获得有益于身心发展的学习经验。

（三）幼儿园课程是全部活动的总和

教育课程的形式，不仅是幼儿园的教学活动，还渗透在幼儿一日生活的各种活动中。幼儿教育活动是各种活动的总和，形式是多种多样的。课程，不仅是"上课"或集体教学活动，还应包括幼儿的生活活动、交往活动和游戏活动等；它不仅是显性的课程，还包括隐性的课程。只要是能帮助幼儿获得有益的学习经验，有助于课程目标实现的活动，都应成为幼儿园课程的有机组成部分。

二、幼儿园课程的种类

幼儿园课程，依据不同的标准可以分出不同的种类。从隐蔽性和显露性这两个维度出发，可以将幼儿园课程划分为公开课程和隐蔽课程两类。

（一）公开课程

公开的幼儿园课程，即显在的、正式的幼儿园课程。公开课程包括幼儿教育工作者为实现教育目标而精心设计的一切教育活动。这种课程的主要特点是：涉及全体幼儿，并有利于其全面发展；考虑到每个幼儿的知识、经验、技能、能力及个性倾向；反映出幼儿教育机构、家庭、社区及社会的各种特征与要求；承认人类的知识宝库来源于各种文化资源，并从中发展起来。

（二）隐蔽课程

隐蔽的幼儿园课程，即潜在的、非正式的幼儿园课程。它一般体现在托幼机构和班级的环境中，既包括建筑物、设备、器械、游戏材料、玩具等物质环境，也包括活动室的布置、各种活动区的设立、班级的规章制度等文化环境。另外，还包括保教人员之间的关系、幼儿

· 46 ·

教师和幼儿之间的关系、幼儿同伴之间的关系等人际环境。

隐蔽的幼儿园课程是一种无计划、无意识的学习活动，是幼儿获取信息不可缺少的形式，具有潜在性和非预期性的特点。这种课程并不包括在幼儿教育的计划中，也没有通过正规的幼儿教育活动形式来进行，是以潜移默化的方式来促进幼儿教育目标的实现的。无论是对幼儿知识与技能的形成、能力的发展，还是对其情感的陶冶、意志与行为的塑造所产生的影响均如此。例如，幼儿教师以蹲下身来的方式和颜悦色地与幼儿讲话，就容易缔造民主平等的师生关系，使幼儿喜爱幼儿教师，乐于接受幼儿教师的教诲，从而提高教育的成果、效果；如果幼儿教师总是站着、双手掐腰、声色严厉地与幼儿讲话，就容易产生对立的师生关系，使幼儿畏惧幼儿教师，"敬而远之"，从而降低教育的效果。

（三）两种课程之间的关系

幼儿教育的公开课程和隐蔽课程两者之间存在很大的差异，对幼儿的发展具有不同的作用。自 20 世纪 90 年代以来，我国幼儿教育工作者日益重视隐蔽课程的作用。例如，在幼儿园里，特别注意班内外环境的美化、绿化、洁化、幼儿化。

幼儿教育的两种课程在一定条件下也可以相互转化。例如，当幼儿对交通工具发生兴趣时，从公开课程的角度来看，幼儿教师就要为幼儿设计有关"火车""飞机""轮船"等课程；从隐蔽课程的角度来看，幼儿教师就要通过创设一定的环境，陈列交通工具的模型、玩具，张贴相关的图画、图片等形式，来对幼儿进行"暗示"教育。在"轮船"主题活动中，当幼儿对"水"和"海洋"产生了浓厚兴趣时，幼儿教师为幼儿组织相应的教育活动等，以满足幼儿不断发展的需要。适时地把隐蔽课程转化为公开课程，能进一步发挥幼儿园教育课程在幼儿成长中的积极效应。

三、幼儿园课程的性质

（一）幼儿园课程是基础教育课程的基础部分

基础是指幼儿园课程内容是一切课程内容的基础，是学校教育的开端，课程内容涉及人发展的基本问题。

从教育体制的角度看，幼儿园教育是学制的最初环节，幼儿园课程是整个学校教育课程大厦的基石。《幼儿园工作规程》总则第二条规定："幼儿园是对3周岁以上学龄前幼儿实施保育和教育的机构。幼儿园教育是基础教育的重要组成部分，是学校教育制度的基础阶段。"还规定："幼儿园教育是基础教育的重要组成部分，是我国学校教育和终身教育的奠基阶段。城乡各类幼儿园都应从实际出发，因地制宜地实施素质教育，为幼儿一生的发展打好基础。幼儿教育应为幼儿的近期和终身发展奠定良好的素质基础。"课程是教育的支柱，教育的衔接客观上要求课程的衔接。幼儿园教育课程在整个课程体系中，客观地处于基础位置，是基础教育课程的基石。这种特殊的位置，决定了幼儿园课程的基础性。

从人的发展角度看，幼儿园课程的对象是 3 ~ 6 岁的幼儿，幼儿园课程是促进幼儿身心发展的基础。幼儿的身心发展有着不同于其他年龄阶段的特征，幼儿发展阶段性与连续性有机统一必然要求幼儿园课程是基础性的，如德、智、体、美等各方面，是知、情、意、行各方面的，是全面的基础性。这种基础性，孕育着以后发展的巨大潜能，其中的秩序不可更改、不可逆转。

·47·

幼儿教育学

（二）幼儿园课程是非义务教育课程

非义务是指幼儿园课程不是适龄幼儿必须学习和完成的"任务"，不具有强制性和普遍性。

义务教育是依照我国法律规定，全体适龄儿童和少年必须接受的，国家、社会、学校和家庭必须予以保证实施的国民教育，具有强制性。义务教育课程是适龄儿童必须学习和完成的课程，因此，也具有强制性。由于幼儿教育是对3～6岁幼儿进行的教育，是非义务教育，幼儿园课程具有非义务性。这客观上使幼儿园课程具有了灵活性。幼儿园课程虽然具有很大的灵活性，但并不是随心所欲的，而是以国家的有关教育政策为指导，以幼儿发展与学习的规律、特点为依据，这也给课程工作者创造性地展开工作提供了更为广阔的空间。

（三）幼儿园课程是终身教育的根基课程

幼儿园课程的特殊对象是幼儿，幼儿处于人生的起跑线上，其获得的经验，所受的教育不仅会影响到青少年期，而是会贯穿其一生。幼儿园课程具有开端性、启蒙性，是终身教育的根基课程。

终身教育需要终身教育课程，终身教育课程要求人时刻学习，"活到老、学到老"。终身教育课程是一个有机整体，幼儿园课程是这个整体的起始部分，它的设计需要从终身教育的总目标出发，致力于全人格发展和全人生教育，致力于人的终身学习和人生幸福。

（四）幼儿园课程是适宜发展性课程

幼儿教育的任务，就是要创造良好的教育条件，促进幼儿身心和谐健康发展，为其以后的人生发展奠定良好的基础。为此，幼儿教育必须适宜于幼儿发展。幼儿园课程作为幼儿教育的核心支柱，自然承担着促进幼儿适宜性发展的重任。因此，幼儿园课程必须是适宜发展性课程。

适宜发展性课程突出两点：一是适宜性；二是发展性。当然两者是紧密相关的，是幼儿健康发展和社会发展的客观要求。幼儿园课程更多地受制于幼儿身心发展的内在秩序和成熟水平。如果课程超出幼儿接受能力，脱离幼儿园发展实际，就不利于幼儿健全发展。但是，教育的宗旨是要促进发展，促进幼儿向高级阶段发展。因此，幼儿园课程不能迁就幼儿现状，不能停留于幼儿的自发活动和自由兴趣上，而应使幼儿的经验系统化，兴趣结构化，行动有目的性，促进幼儿主动学习，持久性发展。也可以说，适宜性是"手段"，发展才是目的。

四、幼儿园课程的特点

3～6岁幼儿有自己独特的认识世界的方式，幼儿身心发展的需要、规律和特点是制约幼儿园课程的核心因素。与其他学段相比，幼儿园课程有鲜明的特点，这些特点主要表现在以下几个方面：

（一）课程目标的全面性

幼儿的发展是一个整体，任何一个方面的学习和发展状况都必然会影响其他方面。因此，幼儿园课程必须充分关注并运用这种关联性来规划幼儿的学习活动，以实现幼儿在身体、认知、情感、个性、社会性等方面的全面、和谐发展。幼儿的全面发展与其他年龄段的

· 48 ·

第四章　幼儿园课程

学习者相比有特殊之处，在幼儿发展的诸方面中，身体的发展是首要的目标。因此，幼儿园课程应充分遵循教育和保育相结合的原则。

（二）课程内容的生活性

幼儿处在身心发展的特殊时期，其思维是感性、直观的。对于幼儿来说，最有效的学习内容就是幼儿感兴趣的、可感知的、具体形象的内容。这种学习内容主要源自幼儿的现实生活。幼儿园课程应贴近生活，从生活中汲取养料，一切幼儿感兴趣的事物、生活中有教育意义的事件都可以随机而灵活地纳入课程，幼儿园课程应融合在幼儿一日生活的各种活动与环节之中。当然，现实生活是多层次的、复杂的，生活中有有益的经验，也有无益的或有害的经验。因此，必须对生活进行过滤，才能使之成为幼儿园课程内容。

（三）课程结构的整体性

生活是一个整体，既然幼儿园课程内容要贴近幼儿生活，就应以生活的逻辑安排课程结构，体现整体性的特点，注重课程内容之间的有机联系，而不是把现实生活人为地割裂为各个学科知识系统。另外，幼儿不是以某一学科的内容与环境对话，而是以整个身心，以"完整人"的形象与环境发生作用的。幼儿各方面的发展是相互联系、相互促进的，它们构成了一个有机的发展整体。不要用学科、领域这种人为划分知识的方式来划分幼儿园课程内容。

（四）课程实施的活动性

皮亚杰认为，2~7岁的幼儿思维处于"前运算阶段"，这一阶段的幼儿思维具有具体性和直观形象性的特点。因此，对于幼儿来说，只有在活动中的学习才是有意义的学习，幼儿必须借助于具体的情境和事物在活动中学习。幼儿的心理特点和学习特点，还决定了幼儿园课程的实施经常需要利用游戏这种手段。游戏是幼儿园课程实施的重要途径，它可以为幼儿提供形象的经验和广泛的学习机会，帮助幼儿认识外部世界，表达思想和感情，发展与同伴之间的社会关系。幼儿园课程实施的关键就是创设适宜幼儿身心发展的情境，使幼儿在活动中主动探究，获得经验和发展。

小资料

蒲公英

在户外活动时，小朋友们正玩得起劲儿。"李老师，快看！我抓到一个小毛毛。"随着喊声，小朋友们都拥到李老师面前。"什么东西？我看看！"小朋友们像发现了奇宝，都争抢着看。李老师走到小朋友们中间，李老师把幼儿攥紧的小手松开了，原来是一颗蒲公英种子。李老师问小朋友们："这是什么？""羽绒服里的小毛毛""迎春花""棉花""小鸟身上的羽毛"……小朋友们你一言我一语。李老师告诉小朋友们小毛毛是蒲公英的种子。同时，引导小朋友们仔细观察它的形状与颜色，小朋友们认真地看着。小朋友们说："它像小伞。""它是白色的。"……李老师说："小朋友们说得很好，它是由伞形的绒毛组成的，每一缕绒毛下都有一粒种子，容易被风吹散，随风飘落到陌生的地方生根发芽，长成新的蒲公英。"在小朋友们的提议下，李老师将这颗蒲公英种子放回空中，小朋友们望着飞舞的"小毛毛"甭提有多高兴了。

在案例中，李老师能够根据小朋友的反应，很好地把握教育机会，体现出教育的生活化

· 49 ·

幼儿教育学

和教育形式的灵活性。在户外活动的同时，小朋友们还认识了蒲公英，增长了知识。

练一练

1. 简述幼儿园课程的性质。
2. 简述幼儿园课程的特点。

第二节　幼儿园课程目标

案例导入

为迎合家长的要求，开发幼儿智力，某幼儿园制定了"幼儿园小班的幼儿学会十以内的加减法"的课程目标，你觉得合理吗？

知识概述

幼儿园课程目标是幼儿园教育工作者对幼儿在一定学习期限内获得发展的预期，是幼儿园教育目的的具体化。在课程设计中，目标起着非常重要的导向作用。它既是课程设计的起点，也是课程设计的归宿；既是选择课程内容、课程组织方式和教学策略的依据，也是课程评价的标准。幼儿园课程目标在幼儿教育目的与幼儿园课程之间起到了衔接的作用，使幼儿园特定的价值观能在课程中得以体现。

一、幼儿园课程目标的制定依据

一般认为，幼儿发展、社会生活和学科知识是制定幼儿园课程目标的依据，也是幼儿园课程目标的来源。因此，要科学地制定幼儿园课程目标，就必须研究幼儿、研究社会、研究学科知识，从三个方面的研究信息中寻求支持。

（一）研究幼儿

幼儿园课程是为支持、帮助、引导幼儿学习，促进其身心的全面和谐发展而设置的，课程目标是对其在一定期限内的期望。因此，课程编制者必须关注幼儿的发展，尤其要关注幼儿的实际水平、发展需要与兴趣，关注幼儿的认知发展、情感萌发、社会化过程及个性形成等方面的规律与特点，以使课程目标能有效率地引导与促进幼儿学习与发展。

（二）研究社会

幼儿是社会中的人。幼儿不仅生活在幼儿园中，也生活在家庭、社区与社会之中，幼儿的成长过程实质上是一个不断社会化的过程。因此，幼儿园课程目标的制定，除了要考虑幼儿自身的需要外，还应顺应社会对幼儿成长的期望和要求，使幼儿积极适应社会的发展。

（三）研究学科

幼儿园课程的一个重要职能是传递社会文化，使幼儿从一个自然人发展为掌握一定知识经验的社会人。而学科知识是文化最重要的支柱，文化的基本构成和集中体现即是分门别类的学科。因此，学科知识是确立课程目标的重要依据与来源。

· 50 ·

二、幼儿园课程目标的层次

幼儿园课程目标的层次是指课程实施在总体的课程目标的指导下，对不同年龄阶段、不同时间段内幼儿要达到的知识和能力发展水平的要求。目标层次的整体结构就像一个金字塔，越往上越抽象，下层目标则越来越具体，可操作性越强。具体来说，幼儿园课程目标可划分为四个层次。

（一）总目标

幼儿园课程总目标，即幼儿园教育目标。这类目标从宏观上对幼儿园课程五大领域提出了总体的发展要求。表述上较为抽象、概括，在课程体系中起到提纲挈领的作用。

例如，《幼儿园教育指导纲要（试行）》中规定的语言领域的目标为：

（1）乐意与人交谈，讲话礼貌。

（2）注意倾听对方讲话，能理解日常用语。

（3）能清楚地说出自己想说的事。

（4）喜欢听故事、看图书。

（5）能听懂和会说普通话。

（二）年龄阶段目标

年龄阶段目标也称学年目标。由于不同年龄段幼儿的身心发展特点不同，因此，对于每一领域，各年龄班的目标要求是不同的。各年龄段目标是课程总目标依据幼儿年龄特征的分步实施，彼此之间又承上启下、相互衔接。以语言领域为例，小、中、大班的阶段目标分别如下：

1. 小班

（1）愿意在熟悉的人面前说话，能大方地与人打招呼。

（2）基本会说本民族或本地区的语言。

（3）愿意表达自己的需要和想法，必要时能配以手势动作。

（4）能口齿清楚地说儿歌、童谣或复述简短的故事。

2. 中班

（1）愿意与他人交谈，喜欢谈论自己感兴趣的话题。

（2）会说本民族或本地区的语言，基本会说普通话。少数民族聚居地区幼儿会用普通话进行日常会话。

（3）能基本完整地讲述自己的所见所闻和经历的事情。

（4）讲述比较连贯。

3. 大班

（1）愿意与他人讨论问题，敢在众人面前说话。

（2）会说本民族或本地区的语言和普通话，发音正确清晰。少数民族聚居地区幼儿基本会说普通话。

（3）能有序、连贯、清楚地讲述一件事情。

（4）讲述时，能使用常见的形容词、同义词等，语言比较生动。

幼儿教育学

（三）单元目标

单元目标是年龄阶段目标的进一步分解。可以以时间为标准划分单元，如学期目标、月目标；也可以以内容为标准划分单元，如在一定时间内围绕特定主题开展的教育活动。例如，幼儿园小班以"我爱秋天"为主题活动的目标：

(1) 引导幼儿认识秋天的天气特征。

(2) 使幼儿知道秋天树叶会从树上飘落。

(3) 与幼儿一同探索、认识秋天可以吃到的水果。

(4) 认识颜色：橘色、黄色、绿色。

（四）教育活动目标

具体教育活动目标属于微观层面上的目标，是对单元目标的分解及具体化，是单元目标在每日教学中的具体反映，是实现课程总目标的最小单位。这一层次的目标直接与具体的教学活动相联系，因此，要求制定得非常具体、清晰。人们可以把上述案例中的主题活动目标细化为一个个具体的活动目标。

活动一：橘子写生。

活动目标：

(1) 培养幼儿进一步加深对秋天水果——橘子的认知。

(2) 培养幼儿对写生画法的兴趣。

(3) 认识颜色：橘色、黄色、绿色。

活动二：树叶变黄了。

活动目标：

(1) 激发、鼓励幼儿在大自然中探索、发现的兴趣。

(2) 引导幼儿了解秋天树叶会变成黄色，并会飘落。

……

练一练

1. 简述幼儿园课程目标的制定依据。

2. 简述幼儿园课程目标的层次。

第三节　幼儿园课程内容

案例导入

午后散步，某幼儿园大班教师带幼儿到户外小花园玩耍。幼儿在草丛、小树旁发现了蜗牛。幼儿对蜗牛产生了浓厚的兴趣，纷纷跑去寻找。幼儿教师及时开展"寻找小蜗牛"的实践活动。幼儿把找到的小蜗牛带回教室放在自然探索区，一连几天都跑去观察。"小蜗牛从硬壳里爬出来了。""小蜗牛有两对触角。""小蜗牛爬过的地方有一条长长的白线。""小蜗牛会吃树叶，它是不是害虫？"……幼儿教师还将这些话题拓展成一个主题活动，与幼儿一起全面搜寻关于蜗牛的资料，建成一个主题网络，开展全面的探索活动。

· 52 ·

第四章 幼儿园课程

知识概述

幼儿园课程内容是以促进幼儿身心和谐发展为目的，根据幼儿园课程目标选择和组织的一切直接经验与间接经验的总和。幼儿园课程内容是实现幼儿园课程目标的手段。对于幼儿教师和幼儿而言，主要解决的分别是"教什么"和"学什么"的问题。

一、幼儿园课程内容的形式

目前，一般将幼儿园课程内容分为三种形式：静态形式、动态形式、动静融合形式。

（一）静态形式课程内容

把课程内容作为静态形式，课程内容实际上是教材或教科书上的内容，是教学内容的一种变体，是静态的知识或知识体系。这是幼儿教育界的一种普遍看法。

（二）动态形式课程内容

有人提出了"课程内容是动态的"这种观点，认为幼儿在实际操作中获得经验，经验是"结果"，而不是课程内容，即课程内容就是实际存在的活动过程。动态的课程内容有两种表现形式：一是文字表述的潜在的动态内容，如化学中的实验方案、教育中的游戏活动方案等；二是生动的现实状态的活动、事件、现象，如幼儿的实地参观、现场观察等。

（三）动静结合形式课程内容

课程内容既有动态形式，也有静态形式。在教育实践中，更多的是将两种形式交织在一起的课程内容。例如，体育课的内容，既有关于走、跑、跳等运动的知识，即"静态"的课程内容；又有实际的走、跑、跳等动作，即"动态"的课程内容。

在一般情况下，在进行课程内容的安排时，尽管关于课程内容的动态性和静态性比例的多少，难做统一量化，但人们普遍认同的是，学习者的年龄越小，课程的动态性内容越多，所占比例越大。随着年龄的增长，课程内容的动态性减弱，静态性增强。

二、幼儿园课程内容的范围

（1）关于周围世界（包括自己）的浅显而基本的认知经验。例如，幼儿自我保护的知识、遵守规则的知识、为以后学习打基础的基本知识等。

（2）关于基本活动方式的行动经验（"做"的经验）。例如，幼儿怎样穿衣服、吃饭，做手工，做体育锻炼等。

（3）关于发展智力、提高能力的经验。幼儿的智力和能力主要是在活动中，在"做"中得到发展和锻炼。

（4）对待世界（包括自己）和活动的情感态度。例如，兴趣、自信、合作、尊重等。

小资料

幼儿园课程内容的分类

① 按教学科目划分，可分为体育、语言、常识、音乐、计算、美术共六科。

② 按基本学习课题或问题领域划分，可分为健康、语言、科学、社会、艺术五个领域。我国 2001 年颁布的《幼儿园教育指导纲要（试行)》就是以这种标准划分的。

· 53 ·

③ 按幼儿的主要活动形式或围绕关键经验的活动划分，可分为游戏、工作、律动、感觉训练、故事、实物观察、烹饪等。

④ 按幼儿心理发展领域划分，可分为自我意识、社会能力、文化意识、交际能力、动作与感知能力、分析与解决问题的能力、美感与创造意识七个发展领域。

三、幼儿园课程内容的编制

不同的课程内容编制方式背后隐含着不同的课程理念，并在教育教学活动中体现出不同的倾向。目前，幼儿园所采用的课程内容的编制方式一般有以下三种。

（一）分科课程方式

分科课程是以科目为单位对课程内容进行编制的一种方式。一般有两种划分方法：一是采用分学科组织的方式，如按数学、语言、常识、音乐、计算、体育等学科来组织；二是分领域组织的方式，如按健康、语言、科学、社会、艺术等领域来组织。

分科课程的编制方式，有利于幼儿获得系统的知识，但由于科目的分化，容易造成忽视各科目间的联系以及组织教育教学活动时，忽视幼儿的生活经验和兴趣等问题。

（二）核心课程方式

核心课程有两层含义：一是指各种课程中最基本、核心的课程；二是指轮形课程，即以生活中的主题为轴心设计的课程。这里是指后者。

核心课程又称生活中心课程或单元课程，是指在一定时期内，幼儿的学习有一个中心，所有学习活动都围绕着这个中心来进行，这个中心即"核心"。在幼儿园，核心课程通常是从幼儿能接触到的自然、社会现象中，选取其中的重要课题为中心组织课程内容，其他科目则环绕它并与之搭配。"主题综合课程"即是如此。核心课程有利于幼儿获得完整的生活经验，但不利于幼儿掌握系统的知识。

（三）活动课程方式

活动课程又称经验课程，在课程内容的组织方面，它强调以幼儿的活动为中心，以幼儿的兴趣、需要和能力为编制的起点，重视依据幼儿的兴趣、需要和能力的变化不断调整和组织课程内容。"方案教学""探索性主题课程"即是如此。这种方式虽然有利于幼儿的个人直接经验的发展，但是通常容易忽视学习内容本身的知识体系以及传统文化的价值。

上述三种课程内容的编制方式各有利弊，无论选择哪种方式，都应在充分发挥该方式优势的基础上尽量克服其自身的缺点，并吸取其他方式的优点。

小资料

意大利瑞吉欧课程

瑞吉欧·艾米利亚是意大利北部的一个小镇。在过去多年里，建立了一个公共的儿童保教体系，形成了一套特殊的、创新的教育哲学和教育理念、学校的管理方法以及环境设计的想法，成为一个有机的整体，被视为欧洲教育改革的典范，并在当今对世界各国的学前教育产生了重要的影响。

瑞吉欧没有明确规定的课程内容，更没有固定的"教材"或预先设计好了的"教育活

第四章　幼儿园课程

动方案"。课程的内容来自周围的环境，来自生活中儿童感兴趣的事物、现象和问题，来自他们的各种活动。

日常生活是取之不尽的课程内容资源。瑞吉欧的课程实践表明，并非经验的新颖或奇异决定儿童的兴趣和学习的意义。恰恰相反，充分地揭示日常生活的意义对幼儿更具深刻的价值和趣味。例如，广场上的狮子雕像、城市中的雨和雨中的城市、人群、影子……都是适合儿童探索的好素材。

练一练

1. 简述幼儿园课程内容的形式。
2. 简述幼儿园课程内容的编制。

第四节　幼儿园课程实施

案例导入

有一次，在某大班集体教学中，教师出示了一张画着一只老虎在吃几只兔子的图画，请小朋友想办法帮助兔子。一个小朋友说："赶快给猎人打电话，让猎人来打老虎！"，一个男孩马上站起来反对："不行！老虎是一级保护动物！不能打！兔子还不是一级保护动物呢，连二级也不是！""对！应该让老虎吃一只兔子，不然，老虎会饿死的！"另一个男孩大声附和。瞬间班里"炸了锅"。小朋友们的情绪一下子高涨起来，围绕"该不该让老虎吃兔子"的辩论赛热烈地展开了。这时，教师大声说："好了！好了！都别争了！咱们刚才的任务是什么来着？想办法帮助兔子！我看谁想的办法好！李强，你来说！"教室里的声音小了下来，但争论却没有停息。挑起论战的小朋友一直在嘟囔："老虎是吃肉的，必须吃小动物，什么都不让吃还不饿死了，怎么保护？"换位思考，如果你是教师，那么你会怎么做？

知识概述

幼儿园课程实施是一个动态的过程，是教师有目的、有计划、有步骤地组织教育过程，通过开展不同的活动将课程计划付诸实践，以达到预期目的和课程目标的过程。

一、幼儿园课程计划的制订

幼儿园课程的实施要制订幼儿园教育计划，即指依据课程目标，对一定时段内的教育工作，系统地进行设计和安排。与各层次课程目标和各时段相对应，幼儿园课程计划分为年龄班（全年）计划、学期计划、月（周）计划、具体教育活动计划。

（一）年龄班（全年）计划

年龄班（全年）计划是一个整体性规划，一般由幼儿园领导者组织有关教师集体制订。年龄班（全年）计划是在说明各年龄班的课程目标、对幼儿园的教育资源做出统筹安排、考虑幼儿园全年重大活动的基础上，对各年龄班全年的课程范围和进度做出计划。

（二）学期计划

学期计划由班级教师共同制订。它是依据年龄班的课程目标和年龄班计划订出学期的课

· 55 ·

程目标和学期各月（周）的活动安排。实质上，学期计划是将全年计划按学期进行划分。

（三）月（周）计划

月（周）计划同样由班级教师共同制订。它是在学期计划的指导下，制订出月（周）的教育要点，并将教育教学活动安排到月（周）内的每天当中。

（四）具体教育活动计划

具体教育活动计划包括一日活动安排和活动设计，也由班级教师共同制订。

一日活动安排是对一天的各个具体时段中的活动做出安排。这种安排一般要注意：各种类型的活动要综合考虑、平衡安排；遵循动静交替的原则；尽量减少环节的转换，并使用相对稳定的日程表以形成制度。

活动设计是对具体教育活动的展开过程进行设计。活动设计以教案呈现，它阐明在预定时间内要做什么、怎么做、达到什么目标等。活动设计具体内容包括：活动目标、活动内容、活动环境创设、活动步骤和方法及教师指导。

上述各层次计划之间的关系与课程目标各层次之间的关系是一致的，上位计划对下位计划具有指导和约束作用，下位计划是执行上位计划的措施。前三类阶段性工作计划，其内容要包含幼儿园所有的教育工作，要对所有活动做出统筹组织和安排，特别要处理好各领域活动之间的平衡关系，保持在组织与指导上述各类活动之间的适当比例。而具体教育活动则是更多地结合班级幼儿的实际情况制订课程计划，是幼儿直接参与的活动。只有具体教育活动才与幼儿发生直接关系，因此，具体教育活动计划是幼儿园课程计划拟订的重点。

二、幼儿园课程计划与课程实施的关系

课程实施担负着将幼儿园课程计划付诸实践的职责，是达到预期课程目标的基本途径。也可以说，没有课程实施这一环节，课程就不可能真正成为联系教育理论和实践的中介。

1. 课程计划是课程实施的前提

课程实施以课程计划为依据，大部分课程实施都是按照课程计划进行的。为了使课程计划能更好地为课程实施服务，幼儿教师不仅要制订课程计划，而且要制订得全面、周密，还要考虑各种可能性，多制订几套方案，以便在课程实施中能应对不同状况。

2. 在尊重课程计划的前提下，教师可根据具体情况做适当调整

课程实施应是对课程计划的执行，而不应是机械地执行。在课程实施过程中存在很多不确定的因素，这些决定了课程实施不可能按部就班地进行。课程实施不是一门技术，而是一门艺术。幼儿教师在遵照原有课程计划的基础上，可根据个人主观的理解、具体教学情境的变化及幼儿的反应进行微调。

3. 课程实施过程是师幼共建，不断创生的过程

课程实施不是幼儿教师单方面的活动，而是实施者及参与者在具体教育情境中生成新的教育经验的过程。课程计划只是为这个教育经验创生过程提供的平台而已。课程是幼儿教师与幼儿在实践中共同创造的经验，知识是不断发展、变化的。尽管课程计划在课程实施之前已经存在，但是真正赋予课程意义的是幼儿教师和幼儿的实践。幼儿教师和幼儿才是课程知识的真正创造者，课程实施过程就是师幼共同合作，不断生长、生成经验的过程。

练一练

1. 简述幼儿园课程计划的制订。
2. 简述幼儿园课程计划与课程实施的关系。

本章小结

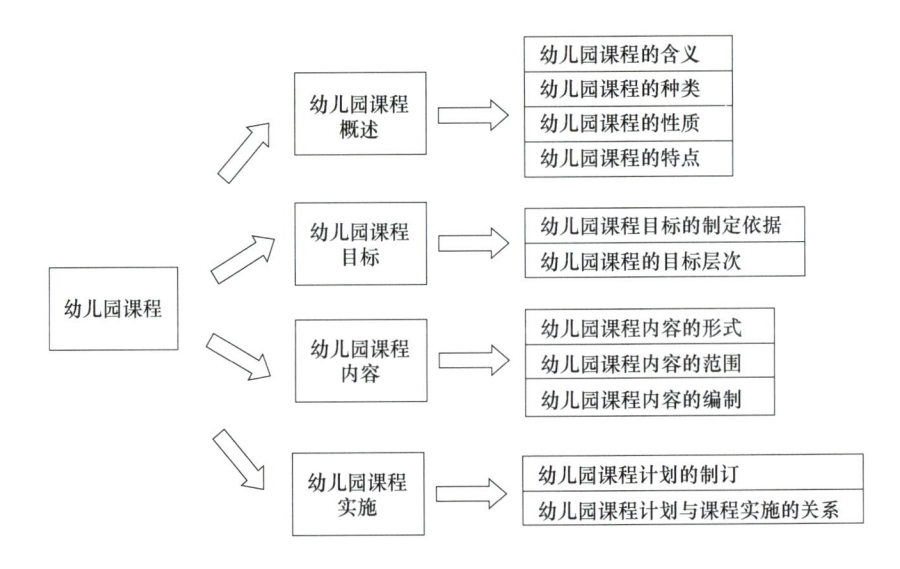

第五章

幼儿园全面发展教育

【学习目标】

1. 了解幼儿园全面发展教育的含义与意义。
2. 了解幼儿德育、智育、体育、美育的概念。
3. 掌握幼儿德育、智育、体育、美育的目标。
4. 掌握幼儿德育、智育、体育、美育的内容。
5. 了解幼儿德育、智育、体育、美育的途径。
6. 识记实施幼儿德育、智育、体育、美育应注意的问题。

第一节 幼儿园全面发展教育概述

案例导入

美国"神童"赛达斯曾经名噪一时。赛达斯6个月时，会认英文字母，两岁能看懂中学课本，4岁已发表了3篇解剖学论文，12岁破格进入哈佛大学。然而14岁的赛达斯因患精神病住进了医院。21岁的赛达斯则成为商店里一名普通的店员。

在本案例中，为什么一位"神童"最终患上精神病而成为一名普通的店员呢？

知识概述

一、幼儿园全面发展教育的含义

幼儿园全面发展教育是指以幼儿身心发展的现实性与可能性为前提，以促进幼儿在德、智、体、美诸方面全面和谐发展为宗旨，根据国家的幼儿园教育目标和任务，结合社会的需求和幼儿身心发展规律而专门设计的，有目的、有计划加以实施的，着眼于培养幼儿基本素质的教育。对幼儿实施全面发展教育是我国幼儿教育的基本出发点，也是我国幼儿教育法规所规定的幼儿教育的任务。

第五章　幼儿园全面发展教育

"全面"并不是指幼儿在德、智、体、美等方面均匀而平衡地发展，而是指根据幼儿个人潜能和特性在德、智、体、美等方面有所侧重地"全面发展"，即在"面面俱到"中做到"重点突出"，因人而异、因材施教就是"全面发展"。

二、幼儿园全面发展教育的意义

（一）德育可以帮助幼儿适应社会生活，促进个性品质的健康发展

幼儿德育是以增进幼儿的道德认知、激发道德情感、引导道德行为为主要内容的教育。幼儿期是个性和社会性开始形成的关键时期，对幼儿实施德育是幼儿形成良好个性的需要，更是全面发展的需要。在幼儿的德育过程中，幼儿教师要帮助幼儿学会理性地认识与探索客观世界，还要认识到自己和客观世界的关系，学会表达真诚与善意，领会人性之美。幼儿德育，还可以培养幼儿健康的个性心理，引导幼儿形成积极心态、明辨是非，学会正确地处理人际关系，引导幼儿快乐健康地生活。若立足于全民族的利益来看，对幼儿实施有效的德育，也是提高全民族道德素质、促进我国社会主义精神文明建设的重要途径。

（二）智育可以满足幼儿的认知需要，促进幼儿智力的发展，并为以后的学习打下良好的知识与智力基础

从宏观上来讲，对幼儿进行智育，既是人类社会进步的要求，也是幼儿全面发展的需要。幼儿期是大脑发展的黄金期，对幼儿进行智育，不仅能引起其好奇心，也能激发幼儿的求知欲。这个时期幼儿的表达能力、计算能力、想象能力、记忆能力等发展十分迅速。幼儿智育重点在于开发幼儿智力品质，通过幼儿"动眼、动脑、动手、动口"的方式，激发幼儿对知识探索的兴趣与欲望，为其今后不断主动地获取新知识、创造新知识打好基础，使幼儿将来的学习、生活和工作更富有效率。

（三）体育能促进幼儿身体的正常发育，全面增强体质，并为幼儿其他方面的发展奠定良好的基础

在幼儿个体发展过程中，生命的健康存在是幼儿全面发展的基础和前提。幼儿身体的各个器官、系统处于不断发育的过程中，其机体组织比较柔弱，发育不够成熟，机能不够完善，机体易受损伤、易感染各种疾病；幼儿大脑皮质的兴奋过程占优势，兴奋易扩散，抑制过程较弱，神经细胞较脆弱、易疲劳，大脑对氧的需求量相对较大；幼儿肌肉的力量较弱、耐力较差，动作不够平稳、准确、灵敏和协调等。幼儿这些发育迅速但未完善的生理特点、天真纯洁而容易受到伤害的心理特点、活泼好动而自我保护能力欠缺的活动特点等，决定了幼儿体育必将成为幼儿园全面发展教育的重要组成部分。因此，幼儿体育是促进幼儿身体健康的基本保证，是幼儿获得初步的全面发展的重要条件。幼儿体育是以实现幼儿的身心健康为目标，为培养幼儿的良好习惯所实施的教育。幼儿体育直接决定幼儿未来的健康成长和发育，也是幼儿形成良好情感、个性、社会性等的基础，目的是为幼儿未来的健康生活奠定坚实的基础。而且，幼儿的健康水平从一定程度上影响着一个国家和民族的健康水平，也是提高全民族身体素质，促进民族兴旺发达的基本前提之一。

（四）美育可以陶冶幼儿的心灵，促进其审美能力的发展

幼儿美育主要是对应于幼儿园的艺术教育，包括音乐、美术、文学等多种形式。一般多采取情感启迪、情感交流、情感表达等手段，符合幼儿的思维水平和认知特点。幼儿美育不

· 59 ·

幼儿教育学

仅可以提高幼儿的审美能力和艺术表现、创造能力，而且通过艺术作品和艺术形象的魅力，给予幼儿心灵潜移默化的感染和熏陶，使幼儿在欣赏美、感受美的同时，培养幼儿的美感，挖掘幼儿的兴趣和爱好，并使幼儿掌握简单的艺术活动技能。总之，幼儿美育不仅仅是全面发展教育的一部分，也是全面发展教育的基础。幼儿能在美育的引导下，发展积极向上的精神和活泼开朗的性格，产生美好的情绪体验，形成健全的人格，对德育、智育、体育都起到了极大的促进作用。

综上所述，在幼儿的发展中，德育、智育、体育、美育具有独特的作用，具有各自不同的价值，不能相互取代。四个方面统一于幼儿个体的身体结构之中，"德、智、体、美"任何一方面的发展都与其他方面的发展相互促进、相互渗透、相互制约、不可分割。对于幼儿的全面发展来说，不能偏废任何一方面，任何一方面的偏废都将影响其他方面的发展。

练一练

1. 什么是幼儿园全面发展教育？
2. 结合实际，试论述幼儿园全面发展教育的意义。

第二节　幼儿德育

案例导入

在幼儿园的活动中，李老师发现小丽经常抢其他小朋友的玩具，而当自己有了新玩具，其他小朋友想玩时，她却不肯让给其他小朋友玩。即使其他小朋友和她商量，她都不肯，反而会找出很多不让其他小朋友玩的理由。如果你是李老师，面对小丽这种情况，你会怎么做呢？

知识概述

一、幼儿德育的概念

幼儿德育主要是指品德教育，是教育者根据一定的社会要求，有目的、有计划地对幼儿施加教育影响，通过幼儿日常生活中的各个环节的教育来培养幼儿良好的行为习惯和个体品德的教育活动。

二、幼儿德育的目标

幼儿德育旨在启发幼儿爱祖国、爱家乡、爱集体、爱劳动、爱科学的情感，培养诚实、自信、友爱、勇敢、勤学、好问、爱护公物、克服困难、讲礼貌、守纪律等良好的品德和行为习惯，以及活泼开朗的性格。

幼儿德育的目标强调从情感入手，符合幼儿品德形成和发展的规律，可以从两个维度来理解：一是社会关系的维度，包括幼儿与自身的关系，如自信、主动、坚持等；幼儿与他人的关系，如友爱、合作、同情；幼儿与群体或集体的关系，如爱集体、爱护公物；幼儿和社会的关系，如爱祖国、爱家乡等。二是心理结构的维度，包括认知、情感态度和行为技能。两个维度的结合，构成幼儿德育的社会性、个性发展的目标。

· 60 ·

三、幼儿德育的内容

（一）发展幼儿社会性

社会化过程是个体了解社会对自己有哪些需要与期望、规定了哪些行为规范，并使自己逐步实现这些期待的过程，是个体适应社会的漫长的发展过程。幼儿社会性发展是通过自身的社会化过程实现的。发展幼儿社会性主要包括培养爱的情感；形成必要的社会行为规范；学习人际交往技能和能力。

（二）发展幼儿个性

幼儿德育要培养幼儿的良好个性品质。例如，良好的性格，有自信心、主动性、独立性，诚实、勇敢、意志坚强等。

四、幼儿德育的实施

（一）实施幼儿德育的途径

1. 日常生活是实施幼儿德育最基本的途径

日常生活对幼儿品德的形成有多方面的影响，并且为幼儿提供了行为练习与实践的机会。幼儿德育应贯穿于幼儿的日常生活之中。在一日生活中，在与同伴、成人交往的过程中，幼儿不断了解人与人之间、人与社会之间、人与物之间的关系，了解一定的行为准则，并且进行各种行为练习，日积月累，循序渐进，逐步形成某些良好的行为品质。

2. 专门的德育活动是实施幼儿德育的有效手段

专门的德育活动是指幼儿教师根据幼儿的年龄特征与德育的内容和要求，结合幼儿的实际情况、行为表现，有目的、有计划地组织的德育活动，也就是为实现某项德育内容而组织的教育活动。专门性的德育活动可以集体进行，也可以分组、个别进行；活动内容应以幼儿周围熟悉的现象或以幼儿生活中的事例为主；多采用幼儿自己解决问题的方式；活动时间长短依据活动内容而定，可以在一日生活的任何时间内进行；活动应当尽可能采用游戏的形式进行。

3. 利用游戏培养幼儿良好的道德行为

游戏是幼儿园的基本活动，也是德育的基本形式。由于游戏伴随着愉悦的情绪，游戏中反映了幼儿的现实生活，反映了道德、行为准则、人际关系、情感等，因此幼儿教师利用游戏进行道德品质的教育，很容易被幼儿接受。

（二）实施幼儿德育应注意的问题

1. 尊重关爱与严格要求相结合

对幼儿进行德育，首先要爱与尊重幼儿。爱幼儿是向幼儿进行德育的前提，对幼儿进行德育过程是促进幼儿品德积极转化的过程。幼儿教师只有尊重幼儿，与幼儿平等交往，幼儿才会积极主动地接受幼儿教师的教导，促进幼儿品德的积极转化。幼儿也只有被幼儿教师尊重，才能产生自尊和尊重人的欲望。

幼儿教师在对幼儿进行德育的过程中，尊重不是指一味地妥协，而是对幼儿提出合理并

幼儿教育学

严格的要求，形成规矩。幼儿教师只有对幼儿提出高于幼儿原有品德水平的德育要求，才能激起幼儿的适宜行为，引导幼儿不断进步。当然，严格要求不同于严罚，否则将有损幼儿的人格尊严。

2. 遵从德育的规律实施德育

人的每一种品德都由道德认识、道德情感、道德意志、道德行为四个要素构成。在幼儿品德形成的过程中，四个要素的发展不是同步的，幼儿的道德认识、道德意志等发展较慢。因此，幼儿德育必须从情感入手，重点放在道德行为的形成上。具体应注意以下三个方面：

（1）由近到远，由具体到抽象。必须从培养幼儿对周围的人和事物、对周围生活的爱入手，由近及远，逐步扩大范围。

（2）直观、形象，切忌说教、空谈。由于幼儿思维能力的局限，德育必须直观、形象、具体，才容易被幼儿所理解和接受。在幼儿德育中要坚决反对形式主义，空洞的说教，除了让幼儿鹦鹉学舌似的学会一些道德词语之外，是不可能有真正的效果的。

（3）注意个别差异。幼儿在个性品质的发展上存在着个别差异，因此，德育应当有针对性地进行，以保证每个幼儿的个性健康发展。

3. 重视指导幼儿行为的技巧

有目的地改变幼儿的行为是幼儿德育的重要任务。它不仅需要教师的热情，而且需要一定的技巧。常用的技巧主要有：

（1）强化行为的技巧。强化有利于形成、巩固幼儿的正确行为。幼儿教师对幼儿正确行为的表扬、肯定、鼓励和对消极行为的批评、惩罚等都是强化。

（2）预估行为的技巧。预先估计到幼儿行为的发生而提前干预，有利于激发幼儿的积极行为，避免消极行为。

（3）转移行为的技巧。转移是指把幼儿的注意力从当前的活动转移到另一项活动上，以引导幼儿行为向积极的方向发展。

（4）让幼儿理解行为后果的技巧。幼儿的一些错误行为是因为不能预见到自己行为的后果、不理解规则而造成的。因此，要让幼儿改变行为，巧妙地让他们看到自己行为造成了什么影响，是一个很有效的办法。

小资料

幼儿园德育教育案例

在幼儿园这个大家庭里，幼儿们在一起游戏、学习的机会是很多的，如在一起操作、绘画、玩娃娃家、搭积木、看图书等。幼儿教师也想办法为幼儿们创造并提供与同伴分享物品的机会，让学前儿童在实践中学会分享。有一天午饭后，幼儿们在走廊的椅子上看书。萧萧看到小波在看一本新书，她对小波说："小波，你的书借我看一下好吗？"小波说："不行！我还没看完呢！"萧萧听了摸了摸脑袋说："大家一起看，就行了！"小波听了说："对！对对！我们俩一起看就可以都看到书了！"话说完，小波和萧萧开心地在一起捧着书看了起来。看到他们俩津津有味看书的样子，幼儿教师开心地笑了！

通过这次看书事件，萧萧小朋友体验到了被人拒绝的伤心、失望，与人分享时的开心、满足，从而深受启发。

第五章　幼儿园全面发展教育

反思：一个人生活在社会中，如果没有别人的帮助与合作，那么将寸步难行。为了让幼儿更好地适应社会，幼儿教师还将通过儿歌、故事、移情表演、游戏等各种幼儿喜欢的形式来培养其自发的分享行为，学会与别人共处，充分体验分享带来的快乐与满足。

练一练

1. 简述幼儿德育的内容。
2. 结合实际，试论述实施幼儿德育应注意的问题。

第三节　幼儿智育

案例导入

实习生刘芳组织幼儿园大班进行诗歌教学活动。诗歌内容是"小草爱做梦，梦是绿绿的；小花爱做梦，梦是红红的；露珠爱做梦，梦是圆圆的；小朋友爱做梦，梦是甜甜的"。在教学活动中，刘芳首先朗诵诗歌，朗诵完提问："诗歌中有小草、小花、露珠和小朋友，是不是？"其次刘芳带小朋友反复诵读诗歌，小朋友分组跟幼儿教师诵读，然后小朋友自己读诗歌，最后进行背诵诗歌比赛。

在本案例中教师的教学内容很好，但是在教学过程中，没有处理好知识与智力的关系，过于注重知识的传授，而不注重在传授知识的过程中发展孩子的思维力、想象力和创造力。怎样才能更好地对幼儿实施智育呢？

知识概述

一、幼儿智育的概念

幼儿智育是在成人有目的的影响下，促使幼儿学习粗浅的知识，发展智力，练习技能，培养他们对周围事物的求知兴趣的教育活动。

智力是人认识事物的能力，包括感知观察力、注意力、记忆力、思维能力、想象力和创造力等要素。其中，思维能力是智力的核心。知识与智力是不同的概念，获得了知识不等于就发展了智力，但智力的发展离不开知识。

二、幼儿智育的目标

幼儿智育旨在发展幼儿智力，培养幼儿正确地运用感官和运用语言交往的基本能力，增进对环境的认识，培养有益的兴趣和求知欲望，培养初步的动手探究能力。

幼儿智育的目标是以发展幼儿的智力为核心，智力发展水平的高与低，制约着幼儿在各方面的学习与发展。发展幼儿正确地运用感官的能力，也就是发展幼儿正确地运用视觉、听觉、触觉等感觉器官来感知外部世界的能力。语言能力的发展与思维的发展有着密切的关系，幼儿的语言理解、表达能力对其智力活动的水平影响很大。有益的兴趣和求知的欲望，是幼儿学习与发展的动力，是主体性、积极性的表现。有益的兴趣包括探索的、创造的、动手动脑的兴趣以及对周围环境中各种事物与现象表现出来的兴趣等。动手能力与人的智力发展有着密切的关系，多动手能促进大脑的发育，幼儿的许多知识技能都是在操作活动中学会

· 63 ·

的，其思维是在操作活动中发展的。

三、幼儿智育的内容

（一）发展幼儿智力

发展幼儿智力包括三个方面：促进幼儿认知能力的发展，如发展幼儿的感知觉、观察能力、语言能力、思维能力、想象能力和创造能力等；培养幼儿良好的智力品质，如思维活动的速度、灵活性，观察事物的准确性、敏锐性等；帮助幼儿尝试使用智力活动的方法和技能，如观察事物或现象的方法、分析解决问题的方法、操作的方法和技能等。

（二）引导幼儿获得粗浅的知识

幼儿学习的知识包括与幼儿生活密切相关的生活常识（衣食住行的知识）、社会常识（如周围的环境、人们的劳动）、自然常识（如天气、四季的知识），以及幼儿能够理解的科学技术知识、与国家政治生活有关的初步知识（如知道国家的名称，认识国旗、领袖）等。

（三）培养幼儿求知的兴趣和欲望以及良好的学习习惯

好奇心是幼儿求知欲望的最初表现，保护幼儿的好奇心，将之进一步发展为学习的兴趣和欲望是幼儿智育的重要内容。学习习惯是幼儿获得知识、发展智力以及今后继续学习的重要条件，它包括幼儿学习时能否集中注意力、能否积极克服困难、能否爱护文具、能否认真完成学习任务。学习习惯的培养必须从幼儿期开始。

四、幼儿智育的实施

（一）实施幼儿智育的途径

1. 组织多种形式的教育活动，发展幼儿智力

幼儿园的教育活动是发展幼儿智力的有效途径。幼儿亲自动手、动脑的实践活动是进行智育的主要途径。上课的教授方式，虽然能传授给幼儿不少知识，但是幼儿对言语的理解能力有限，又是间接知识，较难被幼儿把握。因此，上课应当与幼儿动手操作的活动相结合，尽量游戏化，防止幼儿教师"满堂灌"，以提高效率。幼儿园不宜以上课作为智育的主要手段。另外，日常生活活动也是对幼儿实施智育的重要途径。

2. 创设宽松、自由的环境，让幼儿自主活动

幼儿智力的发展与环境关系密切。只有在一个宽松的、自由的环境里，幼儿才能够自由思考、自由活动、自由表达自己的意见和要求、自由地想象和创造，才能自己选择、自己探索，智力才能得到发展。如果在一个压抑的环境里，幼儿只是被动地接受知识、被动地活动，那么他们将失去学习的兴趣和欲望，丧失自信心，懒于思考，变得唯唯诺诺，不可能发展自己的能力。

（二）实施幼儿智育应注意的问题

1. 处理好智力与知识、技能之间的关系

知识与智力有着密切的关系。知识、技能是智力发展的基础，智力发展又是获得知识与技能必备的条件。知识的贫乏与浅薄不利于智力的发展，而智力的高低决定掌握知识的深度

和运用知识的灵活程度。

2. 重视幼儿非智力因素的培养

非智力因素是指不直接参与认知过程的心理因素，包括情感、意志、性格、兴趣等方面。智力因素与非智力因素是智力活动的两个方面。它们虽然有相对的独立性，但是二者相互联系、相互影响、相互制约。只有二者均处在最佳状态，幼儿的智力活动才能取得成功。

3. 注意幼儿知识的结构化

如果幼儿的知识是零散的、杂乱的、琐碎的，那么幼儿很难凭借这些知识去解决问题，这些知识对幼儿思维的发展也没有多大的意义。也就是说，幼儿智力发展的重大进展不是取决于个别知识和技能的掌握，而是看这些个别知识能否结合成一个反映事物或现象之间的规律或联系的"结构"。

练一练

1. 简述幼儿智育的内容。
2. 结合实际，试论述实施幼儿智育应注意的问题。

第四节　幼儿体育

案例导入

小华3岁了，聪明好学，却因体质较差，不愿意参加集体的散步、幼儿体操等活动。李老师多次对小华进行说服教育，可是没有效果。经过李老师了解，小华非常任性，在家也没有锻炼的习惯。当家长让小华活动时，需要满足她的所有无理要求，否则就不听家长的话。

幼儿体育主要目的是增强幼儿体质，提高其适应能力。小华的父母对她过于溺爱，没有在生活中让她养成良好的习惯，造成小华在很多方面没有得到正确的发展。就幼儿体育而言，小华的父母应该怎样做，才能更好地配合学校体育方面的教学？

知识概述

一、幼儿体育的概念

幼儿体育是遵循幼儿身体生长发育规律，以增强幼儿体质、提高幼儿健康水平为目的的教育活动。

身体发育状况可以用"体质"来概括与评价。体质即人体的质量，是人体在体格、体能、适应能力和心理因素等各方面表现出来的相对稳定的特征，是身体发展状况的综合表现。"健康"包括两个方面的内容——生理健康和心理健康。

二、幼儿体育的目标

幼儿体育旨在促进幼儿身体正常发育和机能的协调发展，增强体质，促进心理健康，培养良好的生活习惯、卫生习惯和参加体育活动的兴趣。

促进幼儿身体正常发育，是保证幼儿各方面健康发展的前提。身体机能协调发展包括机

幼儿教育学

体组织、器官以及各生理系统的协调发展、生理机能和身体运动技能的协调发展等。幼儿适应环境和抵抗疾病能力的强弱是体质好坏的主要标志。心理健康是指幼儿心理发展达到相应年龄组的正常水平，情绪积极，性格开朗，无心理障碍，对环境有较快的适应能力，主要以情绪愉快、适应集体生活为主要特征。生活习惯包括生活自理能力，自我保护能力，有规律的生活及良好的饮食、睡眠习惯；卫生习惯包括幼儿个人卫生习惯及在公共场所应有的卫生习惯。幼儿参加体育运动的真谛不在于掌握体育的技能技巧，而在于通过体育提高其兴趣，发展基本的活动能力，促进其身心健康成长。

三、幼儿体育的内容

（一）促进幼儿健康成长

由于幼儿身体各器官、系统正在生长发育，还较柔弱，对环境的适应能力和对疾病的抵抗能力都比较差，又缺乏独立的生活能力，因此，在每一个生活环节都要有成人精心护理，保护幼儿生命安全，保证幼儿身体得到充分发育。幼儿教师要积极地开展各项体育活动，锻炼幼儿身体，提高幼儿身体各器官、各系统的生理功能，促进幼儿身体全面发展。

（二）发展幼儿基本动作

在日常生活和各项体育活动中，发展幼儿必须具备的身体基本能力，充分发挥幼儿的走、跑、跳、投掷、攀登和钻爬等动作，不仅可以锻炼身体，还可以促进幼儿独立生活与活动能力的发展，对促进幼儿智力发展也有着重要的意义。在练习各种基本动作的同时，教给幼儿一些锻炼身体的知识和方法。在活动中发展幼儿身体素质，使幼儿做出的动作有力量、有速度，灵活、柔韧、协调。

（三）培养幼儿良好的习惯

良好的生活习惯和卫生习惯是促进幼儿健康的必要条件。幼儿应该在成人的帮助和指导下逐步学会料理自己的生活，如穿脱衣服、盥洗、吃饭、睡眠以及如厕等，并在这些活动过程中逐步养成良好的习惯。这些良好的习惯，不仅直接影响着幼儿的身心健康，也有利于幼儿道德品质和良好行为习惯的培养。

（四）增强幼儿的自我保护意识

幼儿年幼，知识经验贫乏，还不具备对危险事物的预知能力和自我保护能力。因此，成人应当对幼儿进行必要的安全教育，从生活中常见的、与幼儿关系密切的安全知识教育入手。

四、幼儿体育的实施

（一）实施幼儿体育的途径

1. 为幼儿创设良好的生活环境，科学护理幼儿的生活

良好的生活环境，对幼儿进行科学、精心的护理是幼儿健康发展的必要条件。幼儿园应充分利用现有的条件，因地制宜，为幼儿的健康成长创设良好的物理和心理环境。

2. 精心组织各项体育活动，提高幼儿健康水平

体育活动是幼儿体育发展的重要组成部分。体育活动形式多样，主要有广播体操、体育课、体育游戏、户内户外体育活动等。幼儿园要重视各种体育活动，特别是户外体育活动。

· 66 ·

在正常情况下，幼儿户外活动时间（包括户外体育活动时间）每天不得少于 2 小时，寄宿制幼儿园不得少于 3 小时；高寒、高温地区可酌情增减。

（二）实施幼儿体育应注意的问题

1. 注重幼儿身体素质的提高

提高幼儿身体素质是幼儿体育培养的重中之重。幼儿身体素质的提高主要是体质的增强。影响幼儿体质强弱的因素有很多，如遗传、疾病、营养状况、生活环境、体育锻炼等。其中，科学的、适于幼儿的体育活动是增强幼儿体质最积极、最有效的因素之一。幼儿体育应以增强幼儿体质为核心，全面地、综合地为幼儿有一个强壮的、健康的身体创造条件。

在幼儿体育中，不能把目光放在技能技巧的训练上，更不能允许为比赛、表演，为幼儿园争名次、争荣誉等目的而进行有伤幼儿身体的任何活动；要充分考虑幼儿身体的特点，避免"小学化"教育；以游戏为基本活动形式，用丰富多彩的、轻松活泼的身体活动来促进幼儿体质的增强。

2. 重视培养幼儿对体育活动的兴趣和态度

体育活动的功能必须通过幼儿自身积极地参加才可能实现，体育活动成败的关键在于幼儿对体育活动是否喜欢、是否投入。因此，实施幼儿体育必须重视培养幼儿的兴趣和积极态度，不能为了达到计划的目标，生硬地强迫幼儿训练或完成某项运动，或因为幼儿不能达到教师的要求而给予惩罚、责备。另外，体育活动的难度、趣味性以及活动的设备、条件等也是教师要特别关注的。

3. 专门的体育活动与日常活动相结合

专门组织的体育活动是增强幼儿体质的有效途径，但并不是唯一的途径。因为幼儿体育的某些目标，如培养幼儿良好生活、卫生习惯的目标，仅仅靠体育锻炼是不能完成的，还必须通过日常生活中的培养和训练。因此，要实现体育的目标，必须通过多种途径，重视日常生活中的体育。

4. 注意体育活动中幼儿教师的指导方式

幼儿体育活动的形式是多样的。不同的体育活动，幼儿教师与幼儿相互作用的方式就不同。因此，幼儿教师在组织幼儿进行体育活动时，应采用不同的指导方式。例如，在早操活动中，幼儿教师的示范很重要；组织体育课，幼儿教师作为活动的指导者，要充分调动幼儿活动的积极性来实现活动目标；体育游戏中则要充分保证幼儿的自主性；户外体育活动中要保证幼儿自由、安全地活动。

练一练

1. 简述幼儿体育的内容。
2. 结合实际，试论述实施幼儿体育应注意的事项。

第五节　幼儿美育

案例导入

某幼儿园教师在进行美术教育——绘画多彩的秋天。教师带着幼儿开展了各种丰富多彩

幼儿教育学

的活动，充分地调动幼儿的各种感官，通过让幼儿看看、摸摸、听听、尝尝、做做等探索活动帮助幼儿发现秋天的美，让幼儿明白秋天是一个丰收的季节，是一个劳动的季节。然后让幼儿根据自己的想象绘画自己心目中的秋天。

试评价教师的行为，并说明原因。

知识概述

一、幼儿美育的概念

幼儿美育是根据幼儿身心特点，利用美的事物和丰富的审美活动来培养幼儿感受美、表现美的情趣和能力的一项教育。

美的基本形态包括自然美、社会美和艺术美。大自然中有自然美，人类社会中有心灵美、语言美、行为美、环境美，艺术美是自然美和社会美的一种反映。

二、幼儿美育的目标

幼儿美育旨在培养幼儿初步感受美和表现美的情趣和能力。在幼儿自身主动投入审美活动的基础上，培养他们相应的表现能力，特别是想象力、创造力。

幼儿美育就是要培养幼儿健全、完善的人格，美好、和谐的情感，丰富的创造力。幼儿美育的目标不能仅仅停留在教授简单的艺术知识和技能上，而应该上升到一定的高度，帮助每个幼儿建造一个精神家园，提升到美好、和谐的精神境界。

三、幼儿美育的内容

（一）培养幼儿的审美情感

提供给幼儿美的事物，让幼儿能够理解美的形式所包含的美的意义，激发幼儿的情感体验，让幼儿从直觉开始，产生最初的审美情感，并将此情感一直贯穿于幼儿的整个审美活动中。

（二）培养幼儿的审美感知

审美感知是审美活动的开端和基础。培养幼儿的审美感知就是积极引导幼儿亲身感受、体验现实生活和周围自然环境中的美，使其感知活动对美变得敏感起来，能在平常的事物中、生活中发现美、感受美。

（三）培养幼儿的审美想象和创造

幼儿在感受美的基础上，在情感的驱动下，会产生表现美的欲望和行动，幼儿表现美的核心是幼儿的想象和创造，即幼儿以自己的方式，带着自己的特点，表现自己对美的独特体验和理解，创造出新的形象、新的想法。

四、幼儿美育的实施

（一）实施幼儿美育的途径

1. 艺术教育是幼儿美育的主要途径

幼儿园的艺术教育主要通过音乐活动、绘画活动、手工制作、文学作品欣赏、表演活动

· 68 ·

第五章 幼儿园全面发展教育

等来实施。在这些活动中，发展幼儿的听觉、视觉、触觉、身体感觉等的综合审美感知，让幼儿被歌曲、旋律、舞蹈、绘画、工艺品、诗歌、童话、故事等感染，产生情感体验，并激起幼儿用节奏、色彩、线条、形体等来表达美、创造美的欲望和行动。

2. 幼儿的日常生活是美育的重要途径

美育的实施不应仅仅局限在艺术活动方面，日常生活是向幼儿进行美育的极好机会。幼儿最初的美感是从日常生活开始的，在日常生活中的美是幼儿最接近、最熟悉、最容易感知的。因此，幼儿审美教育应当贯穿在幼儿的整个生活中，与幼儿的生活密切结合在一起，幼儿教师应注意引导幼儿发现、认识周围生活中平凡的人和事物的美。

3. 大自然、大社会是幼儿美育的广阔天地

自然界是幼儿美育内容的天然宝库，它为幼儿提供的审美对象是丰富多彩、千变万化的。自然界的美是真实的美，具体、直观、生动、形象，很容易为幼儿所感知。引导幼儿观察和感受大自然的美是幼儿美育的重要途径。

(二) 实施幼儿美育应注意的问题

1. 幼儿美育是面向全体幼儿的

幼儿美育的目的是培养每一个幼儿美的情感、美的心灵，促进每一个幼儿人格的健全发展，而不是为了培养艺术家，也不是为了培养少数艺术小天才。当然，由于幼儿在艺术天赋上的个别差异，有些幼儿的某些艺术潜能需要早期培养，但不应以牺牲其他幼儿应有的发展为代价。在幼儿美育中，必须贯彻面向全体、注意个别差异的原则。

2. 重视通过美育培养幼儿健全的人格

幼儿美育应当着眼于引导幼儿人格向积极方面发展，特别是幼儿情感的发展，这本来也是美育最重要的一种价值。但是，长期以来，美育受重智力、轻情感的倾向影响，出现了许多值得注意的错误偏向。

3. 重视培养幼儿的想象力和创造力

在美育中，幼儿表现美的灵魂是幼儿的自由想象和创造，而绝不仅仅是依样画葫芦似的模仿。培养幼儿艺术创造的主动性是美育的重要目标。为此，在幼儿园艺术活动中，必须克服过分强调表现技能、技巧的偏向；在教师的指导方法上，必须注意启发式而非命令式，克服以教师为中心的倾向。

小资料

幼儿园秋天主题活动反思——秋天的图画

天气渐凉，树叶变黄。主题活动——《秋天的图画》也快结束了，可幼儿们探索的热情仍有增无减。

幼儿们经过一年多幼儿园的生活，动手能力已有很大的提高。他们的友谊已经开始萌发，对外界新鲜的刺激能产生兴趣，容易进入情境中。为了组织引导和把握活动的深度和广度，让幼儿们更加深入地了解秋天，根据本班幼儿们的认知特点，注重活动的游戏化，加强游戏活动中的情感体验，初步培养幼儿们创造性地解决问题的能力，幼儿教师设计了很多与主题相关的内容。例如，在语言活动中，幼儿教师设计了"散文《落叶》以及诗歌《秋天

· 69 ·

幼儿教育学

的颜色》"等与秋天相关的知识,让幼儿们充分地了解秋天以及秋天的景色。

在这一主题中,应充分发挥幼儿们的五官,去探索秋天的自然环境。在活动中,幼儿们能认真、投入地观察并发现植物的变化,能将学到的观察技巧延伸到探索活动中。在幼儿教师的提示下,幼儿们在区域活动时设计了多种不同的菊花:有用橘子皮粘贴的花朵,有用彩色纸剪成圆形和条状的花朵;有用橡皮泥在瓶上装饰的花朵;还有用绒线在圆形穿出的花朵……

练一练

1. 简述幼儿美育的内容。
2. 结合实际,试论述实施幼儿美育应注意的事项。

本章小结

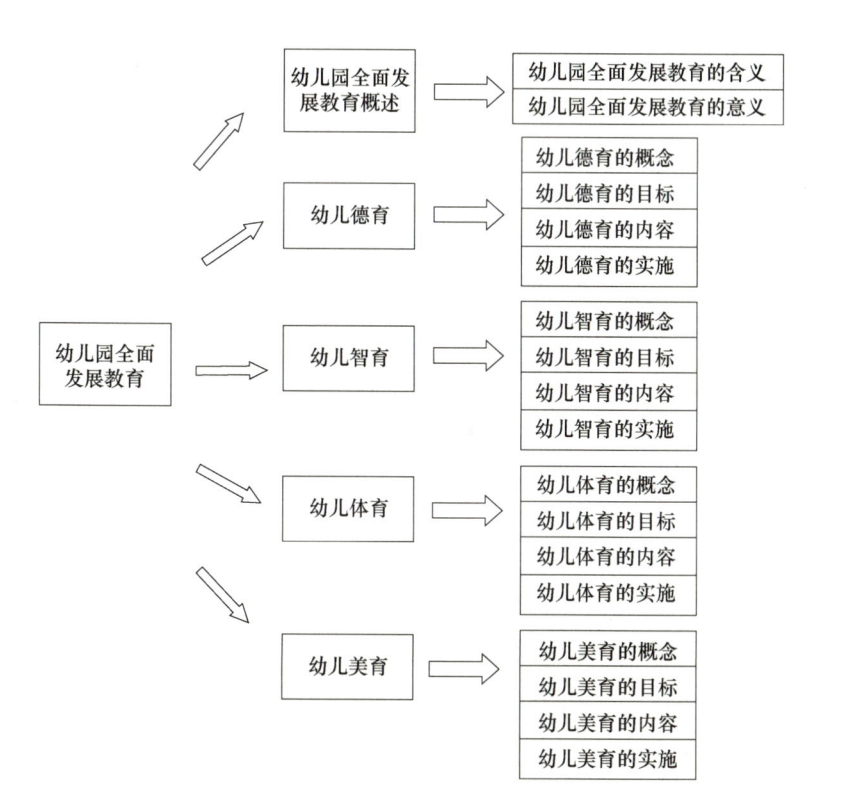

70

第六章

幼儿园日常生活活动

【学习目标】

1. 知道幼儿园日常生活活动的含义。
2. 理解幼儿园日常生活活动的内容、意义。
3. 掌握幼儿园日常生活活动的指导要点。
4. 学会并运用幼儿园日常生活活动的指导方法。

第一节　幼儿园日常生活活动概述

案例导入

　　某学前教育研究机构的会长到某市窗口幼儿园进行调研。市托幼领导责成该幼儿园做了充足的准备，以展示本地区的幼儿教育教学水平。可是会长没有按照幼儿园设计的方案（听课——观摩幼儿活动区活动——参观幼儿园的环境创设）去活动，而是脱离陪同团队走进了幼儿盥洗间。在盥洗间里，她站起、蹲下，不断地观察着幼儿的行为，不时在本子上做一些记录。陪同人员满腹疑惑，不知其所以然。在调研结束反馈会上，会长一语道破天机。原来她在观察幼儿的洗手、漱口和如厕用纸等情况，由此来推断该地区是否真正落实了"一日生活即课程"的幼儿教育理念。

　　思考：会长观察的幼儿如厕、漱口、洗手等活动属于什么活动？这种活动对幼儿的发展有什么价值？作为幼儿教师应该怎样指导这类活动？

　　（资料来源：单汝荣，王少娟. 幼儿教育学［M］. 北京：人民邮电出版社，2015.）

知识概述

　　《幼儿园教育指导纲要（试行）》总则第四条指出："幼儿园应为幼儿提供健康、丰富的生活和活动环境，满足他们多方面发展的需要，使他们在快乐的童年生活中获得有益于身心发展的经验。"幼儿每天在园的时间是 9 小时左右（全托除外），幼儿园生活应过得丰富多

· 71 ·

彩，始终紧扣以幼儿发展为本的目标，科学、合理地实施多种教育手段，符合不同年龄段幼儿身心发展的规律，满足不同特点幼儿的发展需求，最大限度地促进每一个幼儿充分地、富有个性地发展。

一、幼儿园日常生活活动的含义

幼儿园的日常生活活动是指幼儿在一日活动中的各个生活环节，包括入园、晨检、进餐、饮水、午睡、盥洗、如厕、离园等。这些生活环节是对幼儿进行全面发展教育的途径和手段。近几年来，随着《幼儿园工作规程》的贯彻和实施，"保育与教育相结合"的原则得到进一步落实，幼儿日常生活活动越来越受到高度重视。日常生活活动内容的拓宽，日常生活活动指导方法的改进，使幼儿日常生活活动逐步向科学、合理和有序的方向发展。

二、幼儿园日常生活活动的意义

（一）日常生活活动促进幼儿身心的健康发展

幼儿园的教育对象是3~6岁幼儿，正处于快速生长发育时期，身体的各个系统、器官和肌体组织发育尚未完善，对各种自然环境和社会环境的适应能力差，对疾病的抵抗能力和对压力的承受能力较弱。能否得到成人的关心、养育和保护，能否开展合理、科学的日常生活活动，会对他们一生的身心健康和发展产生持续影响。日常生活活动保证了幼儿有充足的睡眠、合理的营养，保证了幼儿如厕、饮水等。例如，幼儿的午睡占了一定的时间，这是因为幼儿的神经细胞耐受力低，神经系统的兴奋过程强于抑制过程，幼儿的控制能力比较差，午睡是维持生命活动的自然休息，对保护幼儿的大脑，恢复幼儿的体力尤为重要。合理有序的日常生活活动，能为幼儿创造良好的心理氛围，保持愉快的情绪积极地参加各项活动，增加同伴和师幼间的交往和合作。因此，日常生活活动是增进幼儿身体健康和心理健康的基本保证。

（二）日常生活活动是幼儿学习的重要途径

科学、合理、有序的日常生活活动，可使幼儿从小养成有规律的生活习惯和良好的、有利于健康的生活方式。在日常生活活动中，幼儿学习穿衣、系带、洗手、进餐等，掌握生活的基本技能，培养文明的行为习惯和生活自理能力，以便更好地适应周围环境和社会生活。日常生活活动又以其活泼多样、寓教于乐的形式和内容，使幼儿获得粗浅的生活卫生常识以及健康、安全等知识，有益于幼儿积极预防疾病，增强体质，提高自我保护能力。同时，日常生活活动也为幼儿创设互相关心、互相帮助和自我锻炼的机会，懂得热爱劳动，尊重他人的劳动，获得正确的生活态度，为成为全面发展的一代新人奠定基础。

知识拓展

教育是生活的过程，而不是将来生活的预备

杜威（J. Dewey）是世界现代教育的开创者、美国著名的心理学家、芝加哥机能心理学派的核心人物。杜威非常重视儿童生活的价值，认为儿童的受教育过程实际上就是儿童的生活过程，即"教育即生活"，在生活中学习，在学习中生活。生活是儿童最重要、最基本的

第六章　幼儿园日常生活活动

学习形式，儿童许多自然的天性，在儿童的生活中得以呈现并拓展，使儿童在学习过程中，既可以获取一定的人类知识，又不至于埋没儿童良好的个性。

三、幼儿园一日生活的安排与要求

（一）一日生活的安排

幼儿园的日常生活活动是幼儿园一日生活的重要组成部分。一日生活的内容十分广泛，主要包括入园、晨检、早点、早操、教育活动、间隙活动、自选游戏、进餐、午睡、午点、游戏与体育活动、离园等内容。

（二）一日生活要求

《幼儿园教育指导纲要（试行）》第三部分第九条指出：科学、合理地安排和组织一日生活。

（1）时间安排应有相对的稳定性和灵活性，既有利于形成秩序，又能满足幼儿的合理需要，照顾到个体差异。

许多幼儿教师对如何科学、合理地安排幼儿的一日生活，存在着一种误解，认为时间越精确、内容越丰富越好。其实一日生活时间表只是一个参照，仅仅是为幼儿教师安排一日工作指出一个大致的方向，幼儿教师一定要随时观察幼儿的需要，做出合理的安排，不能像遵守"火车时刻表"一样刻板地执行它，否则会束缚教师、幼儿的手脚。

（2）幼儿教师直接指导的活动和间接指导的活动要相结合，保证幼儿每天有适当的自主选择和自由活动时间。幼儿教师直接指导的集体活动要能保证幼儿的积极参与，避免时间的隐性浪费。

幼儿教师的直接指导主要是以语言为媒介的指导，而间接指导主要是以环境、材料为媒介或者以同伴影响为媒介的指导。一般情况下，幼儿园每天要保证幼儿有1小时的自由活动时间，幼儿教师组织的游戏活动不少于2个，每周开展区域活动或创造性游戏不少于2次，每次1小时左右。

（3）尽量减少不必要的集体行动和过渡环节，减少和消除消极等待的现象。在幼儿园中的幼儿等待现象即指幼儿在某一时段无事可做。例如，幼儿等待幼儿教师一个个地分发操作材料；喝水、如厕要排一个长长的队；吃饭时，等待幼儿教师打饭、盛汤；起床后女孩等待幼儿教师梳头；放学时，等待家长的到来，等等，这些在时间上的隐性浪费都能归根为"消极等待"。

（4）建立良好的常规，避免不必要的管理行为，逐步引导幼儿学习自我管理。一个班的常规好不好，直接关系到幼儿的成长和幼儿教师组织一日生活的质量。如在区域活动结束时，幼儿教师可以播放一段优美的音乐，让幼儿听到音乐响起就自觉地整理材料。

幼儿园的集体生活是幼儿从家庭迈向社会的一个小小驿站，也是幼儿走向社会的第一步。幼儿从熟悉的、自由宽松的家庭环境进入陌生、有纪律约束的集体环境之中，难免有些不适应，幼儿不能像在家里那样随心所欲，而要受集体规则的制约。为此，从入园的第一天开始，就要重视对幼儿进行一日常规的培养，让幼儿逐步理解并遵守日常生活中基本的社会行为规则。

幼儿教育学

练一练

1. 日常生活活动的含义。
2. 幼儿园一日生活的要求有哪些?

第二节 幼儿园日常生活活动的指导

案例导入

午休起床后,大(二)班的幼儿们陆陆续续地起床。有的在喝水;有的在如厕;有的在洗手;有的已经进入活动室等待吃水果。这时,发生了一件意外事。小华不小心磕破了鼻子,李老师急忙地采取护理措施。趁此机会,几个"调皮大王"开始在屋外窜来窜去,打闹起来,李老师几经制止不见效果,教室里呈现一片混乱的状态。

分析: 日常生活活动是幼儿每天必须进行的常规活动,在活动中要注意保育和教育相结合,不能顾此失彼。在本案例中,李老师在组织活动时存在哪些不足之处呢?

知识概述

一、幼儿园日常生活活动的指导原则

(一)保育和教育相结合

保育和教育是幼儿园教育的双重任务,各有自己的主要职能。幼儿生理、心理发展的规律和特点决定了在幼儿园的日常生活活动中,保育和教育是不可分割的,必须相互结合、相互统一、相互协调。只有这样,才能促进幼儿身心健康、和谐成长。

保教结合原则是指在全面、有效地对幼儿进行教育的同时,重视对幼儿生活上的照顾和保护,保教合一,确保幼儿真正健康、全面的发展。幼儿教师要根据幼儿园日常生活活动的特点,坚持保教结合的原则,注重生活中加以引导,结合日常生活活动的各环节进行教育,以实现日常生活活动目标,促进幼儿的全面和谐发展。

"保教结合"原则符合幼儿身心发展特点的要求,幼儿教师在实际工作中要避免把"保教结合"理解为"包办代替",从而影响了幼儿独立生活能力的养成。凡是幼儿力所能及的、应该掌握的事情,教师都要鼓励并指导幼儿亲自去完成。设计和组织幼儿日常生活活动时,教师也要注意教养结合,养中有教,教中有养。

(二)充分挖掘日常生活活动中潜在的教育功能

幼儿园的日常生活活动是幼儿园一日生活的重要组成部分。幼儿教师应充分认识和利用日常生活活动各环节的教育价值,合理组织、科学安排,使其成为一个有机的整体,处处渗透教育,让幼儿在自然的生活活动中获得身心健康发展。日常生活活动是幼儿教师观察、发现和教育幼儿最经常、最自然、最有效的活动。

例如,进餐就包含着丰富的教育功能。幼儿通过进餐,养成细嚼慢咽、不挑食、不要成人喂食等良好的进餐习惯;使用餐具的正确方法和独立进餐能力是基本的教育功能。如果幼儿教师在餐前用优美的词汇向幼儿介绍食物的名称、材料、颜色、制作方法,不但有利于幼

· 74 ·

儿不挑食，还可以使其发挥语言、常识方面的教育功能。

（三）利用游戏指导日常生活活动

幼儿教师在设计指导幼儿日常生活活动时，要从幼儿的年龄特征和实际水平出发，逐步培养幼儿自理、自立的能力。对于幼儿来说，游戏是他们最喜爱的活动，幼儿教师就可充分利用游戏活动来发展幼儿的生活自理能力。例如，在区域活动中，幼儿教师可提供一些用纸盒、饮料瓶等制作的大嘴动物或大嘴娃娃以及用小纸球、小豆子、小石子等作为食物，让幼儿在给"娃娃"或"动物"用小勺、筷子喂食的游戏情景中，反复摆弄和使用这些材料，既能发展幼儿的手眼协调能力，也能使其掌握自我服务的技能。在角色游戏中，为幼儿提供一些扮演角色的服装，如医生的白大褂、超市营业员的背心、妈妈的围裙等，让幼儿在游戏的情境中学习拉拉链、扣纽扣、穿衣服等自理技能。

（四）家园共育，保持教育的一致性

在生活中，一些家长过分溺爱孩子，事事不让孩子动手，导致幼儿动手能力差，生活习惯不好，许多孩子依赖性较强。家庭是幼儿生活的重要场所，当幼儿离开家进入集体生活时，家长和幼儿都有一个不适应的过程。作为教师，一是要理解家长的心情，悉心照料好每一个幼儿，仔细观察、了解幼儿在集体生活中的表现与特点，经常向家长反馈，赢得家长信任；二是对幼儿在幼儿园和在家的生活情况、能力、行为表现等和家长定期沟通，使家长感受、体会到幼儿在自理过程中的能力与进步，引导家长在家庭生活中支持幼儿做力所能及的事，使幼儿的自理行为和生活习惯能在统一的教育环境中养成。

小资料

老师，我不睡觉！

圆圆是幼儿园小班的新生。由于妈妈工作繁忙无法照顾他，圆圆基本上白天都跟着外婆。外婆过分的溺爱、依恋，造成圆圆独特的性格。

哎！圆圆小朋友又没有睡着，怎么办呢？这个问题一直困扰着我。每天来到幼儿园，圆圆表现得中规中矩，不哭也不闹。但一到午睡时，他就紧皱眉头，我问他原因，他就号啕大哭，哭声如雷，惊天动地，又手脚并用、拳打脚踢，搞得我手足无措，只能带他到教室外散步，他总是马上多云转晴微笑了。针对这种情况，我放慢了教育速度，降低了常规要求。在最初的两周，我陪他玩他最喜欢的毛绒玩具，并在别的小朋友睡熟后，带着圆圆到午睡室帮其他小朋友披被子、整理衣物等，消除他对午睡的陌生感和恐惧感。慢慢地，一个月后圆圆就能像其他孩子一样午睡了。

（资料来源：李季湄，冯晓霞. 3~6岁儿童学习与发展指南解读［M］.
北京：人民教育出版社，2013.）（有改动）

二、幼儿园日常生活活动的要求与指导

（一）入园的要求与指导

入园是幼儿一天集体生活的开始，入园时幼儿的情绪状态往往会影响到幼儿一天的情绪。幼儿在一定的时间段内陆续入园，幼儿教师要做好接待、晨检，组织幼儿开展晨间

活动，进行个别谈话，指导幼儿值日、盥洗、整理衣物等活动，为幼儿愉快地开始集体生活做准备。

1. 对幼儿入园环节的要求

（1）愿意来幼儿园，喜欢和幼儿教师、小朋友在一起，有安全感。

（2）能够主动与幼儿教师、同伴打招呼，自然愉快地与家长说"再见"。

（3）主动接受晨检，告知自己的身体不适和带来的药品。

（4）能自己脱、换、叠放衣服，整理自己带来的物品。

（5）能自主选择晨间活动，有事可做地等待下一个环节。

（6）愿意承担值日生工作，体验为他人服务的乐趣，有责任感和任务意识。

小资料

叠上衣

衣服小宝宝，快快来睡觉，左手抱一抱，右手抱一抱，

先来点点头，再来弯弯腰，两手拿拿稳，整齐放放好。

鞋子排排队

鞋尖碰一碰，鞋跟碰一碰，两个好朋友，一起多高兴。

说明：可以让幼儿在入园和午睡环节学习自己叠衣服、整理鞋子等，边唱儿歌边做动作，儿歌短小易记，又可增加趣味性和动作的节奏感，使幼儿掌握叠衣服、整理鞋子的技巧。

延伸活动：请同学们收集或创编类似的儿歌，并记住。

2. 幼儿教师对入园环节的指导要点

（1）做好接待幼儿的物质环境准备。幼儿教师在幼儿来园前做好活动室的开窗通风、卫生清理、用品消毒，以及生活用品、饮用水、值日用具的准备工作，为幼儿营造舒适、洁净、温馨的生活环境。如将幼儿的口杯、毛巾放在固定的位置；将值日用的抹布清洗干净放在规定的地方；将饮用水兑到适宜的温度、对活动区材料进行整理和更换等。

（2）亲切、热情地接待幼儿和家长。幼儿教师应主动问候幼儿和家长，细心观察并以鼓励的口吻评价幼儿的表现和细微变化，让幼儿感觉到幼儿教师关注他、喜欢他、等待他。

在接待幼儿同时，幼儿教师可快速向家长了解幼儿在家的情况，听取家长的要求，进行衣物、药物的交接。因为幼儿入园相对比较集中，幼儿教师不宜与个别家长做长时间的交流，以免影响对幼儿的照料。

（3）协助保健医生做好晨检工作。幼儿园的晨检工作一般由保健医生负责，也有幼儿园由各班幼儿教师负责本班幼儿的晨检。晨检的一般方法是：一问，向家长询问孩子的饮食、睡眠、大小便情况；二摸，摸幼儿的额头，初步辨别一下幼儿有无发烧，怀疑发热时给幼儿测体温，摸腮腺，看是否肿大；三看，看幼儿脸色、皮肤、眼神、咽喉、精神状态；四查，检查幼儿是否携带不安全的物品，发现问题迅速处理。

与家长或保健医生做好药品的交接工作，准确记录幼儿服用药品的名称、时间、剂量，确保幼儿不漏服、不重服、不错服。在一日生活中都要注意观察这部分幼儿的身体情绪表

现，发现异常应及时处理。

（4）指导幼儿开展各种活动。因为幼儿入园时间不一致，所以晨间活动应以分散活动、自由活动为主。幼儿可以按照自己的意愿选择活动区活动，也可以参加一些简单的劳动，如做值日生、管理班级的动植物、区域材料整理等。

晨间活动一般以安静活动为宜，幼儿教师要引导幼儿广泛参与到活动中来，避免幼儿无所事事的现象发生。

（5）有针对性地关照个别幼儿。幼儿教师可以根据前期对幼儿的了解，对个别幼儿进行指导。例如，指导不善于交往的幼儿参与到其他幼儿的活动中；指导某种能力弱的幼儿参加一些有益于提高能力的活动，针对幼儿的进步或不足进行个别谈话，使幼儿感受到幼儿教师的关注和关爱。

同时，幼儿教师要关注入园时情绪不良的幼儿，了解原因并采用多种方式安抚疏导幼儿的不良情绪。引导中、大班幼儿学习正确表达情绪的方法，鼓励幼儿主动关注、安抚有不良情绪的同伴。

（二）餐饮活动的要求与指导

进餐、饮水是为幼儿生长发育提供充足营养、促进幼儿身体新陈代谢、每日都要多次进行的生活活动。大多数城镇幼儿园为幼儿提供符合科学饮食标准的两餐、两点和充足的饮用水。幼儿教师在进餐、饮水等活动中，进行必要的组织和指导，这对培养幼儿良好的饮食习惯和主动饮水习惯，培养文明礼貌的用餐行为有着重要意义。

1. 对幼儿餐饮活动的要求

（1）幼儿做到用餐、饮水前主动洗手，愿意和同伴一起进餐。

（2）幼儿能正确地使用餐具、口杯，掌握吃多种食物的技能（剥蛋壳、剔鱼刺等），逐步做到愉快地独立进餐。

（3）幼儿能感知饥饱、干渴，能根据自己需要适量进食和主动饮水，知道均衡膳食对身体有益，做到不挑食，不偏食，吃饱吃好。

（4）幼儿养成文明的饮食习惯。进餐时做到细嚼慢咽，不发出较大的声响，保持桌面、地面清洁。喝水时适量取水，安静饮用。

（5）进餐后，幼儿会按照要求整理餐具，收拾残渣，做到餐后擦嘴、漱口、洗手。

2. 幼儿教师对餐饮活动的指导要点

（1）创设良好的进餐环境，提供安全的餐饮器具。进餐前，幼儿教师要穿上配餐服、戴上配餐帽，进行桌面消毒。提醒幼儿如厕、净手，组织幼儿在待餐时间内进行一些安静的餐前活动（如手指游戏、讲故事、报餐活动），播放一些优美的乐曲，指导值日生摆放餐具等，为幼儿营造温馨的进餐氛围、愉快地进餐做好准备。

（2）在取餐、进餐过程中，注意观察幼儿，予以及时的指导、提醒和帮助。幼儿教师应将汤菜放在安全、幼儿易于取用的地方。幼儿教师鼓励中、大班幼儿自己取拿食物，及时提醒幼儿在手端流质食物时要注意力集中、慢走，避免洒漏和烫伤，养成轻拿轻放、细嚼慢咽、嘴里有饭菜时不说话、饭菜搭配、干稀搭配地用餐的良好习惯。对于身体正常的幼儿在规定的时间吃完规定的餐量，幼儿教师指导食量大的幼儿适当增加食物，有预防和控制幼儿肥胖的意识。对于身体不适或有过敏史的幼儿，应适当调整食物搭配和食量。对于个别不会

幼儿教育学

咀嚼和吞咽困难的幼儿，给予指导和帮助，促进其生活技能的掌握。

照顾幼儿吃好一顿饭的标志是：在吃饭过程中，幼儿情绪好；幼儿食欲好，食量够；饮食习惯好，吃得卫生。

（3）幼儿进餐结束时，幼儿教师指导、提醒幼儿饭后擦嘴、洗手、漱口。幼儿教师指导幼儿收拾干净自己用餐的桌面，并将餐具放在规定的容器里。因为幼儿结束用餐时间不一致，幼儿教师应允许提前结束用餐的幼儿到活动区安静地活动。

（4）关于喝水环节。幼儿教师要为幼儿提供温度适宜的白开水，并为每个幼儿准备一个杯子，放在有标志的便于取用的杯架上。掌握幼儿的喝水时间（午睡起床后、户外活动后），及时组织幼儿喝水。了解幼儿的喝水量，帮助幼儿做到自主地按需喝水。指导小班幼儿学会独立、有序地接水，每次取水量不超过口杯的三分之二。对于身体不适、因天气炎热或运动出汗过多的幼儿，予以关注，提醒其增加喝水量。讨论、制定喝水规则（人多时排队取水、端平杯子不洒水、喝水时不打闹、用自己的杯子喝水、喝完后将杯子放在规定的地方等），提醒监督幼儿执行，以形成习惯。

（三）睡眠活动的要求与指导

睡眠是人们让身体休息、消除疲劳、恢复精力的重要的生活内容。因幼儿需要的睡眠时间长（在睡眠状态下，释放的生长素是平时的三倍），因此，在幼儿一日活动中安排午睡这一生活环节是我国全日制幼儿园的普遍做法。部分农村幼儿园的午餐和午睡环节由幼儿的家长在家中进行。部分全托幼儿园，不仅负责午睡，还负责晚间睡眠的组织与管理。

1. 对幼儿睡眠活动的要求

（1）喜欢在幼儿园午睡，能自然、独立入睡。

（2）睡前主动上厕所，叠放自己的衣服和鞋袜、不拖沓，主动将影响睡眠的小物件上交给老师，或放在规定的地方。

（3）保持自然、正确的睡眠姿势，提前醒后不打扰同伴。

（4）在睡眠过程中有便意或身体不适及时告诉幼儿老师。

（5）按时起床，逐渐学会自己穿衣服、整理卧具。

2. 教师对幼儿睡眠活动的指导要点

（1）睡前为幼儿创设温馨的睡眠环境，帮助幼儿自然地入睡。幼儿午睡前，幼儿教师可以根据天气情况开窗通风，保持空气的清洁；拉上窗帘，营造适宜睡眠环境；提醒幼儿上厕所，把弹球、发卡、吸铁石、线绳等小物件放在规定的地方；指导幼儿脱换、叠放衣服和鞋袜；指导幼儿盖好被子，保持自然正确的睡姿；对于入睡困难和有不良习惯的幼儿进行关注和安抚；对于有恋物特点的幼儿，在入园初期可以允许其和自己的心爱之物一起睡眠，等幼儿熟悉了幼儿园环境，产生对幼儿老师的依恋和信赖之后，再慢慢地引导其自然、独立睡眠。

（2）在睡眠过程中，陪伴、观察幼儿，及时处理一些常见或突发事件。在幼儿睡眠中，幼儿教师要全程守护在幼儿身边，不可与幼儿一起午睡。幼儿教师要实时调节卧室的温度和风力大小。关注幼儿的睡眠情况，根据对幼儿的了解，及时提醒经常尿床的幼儿小解，对身体不适幼儿采取适当的措施，对有梦游现象的幼儿进行抚慰和适宜的处理。若条件允许，则可以安排睡不着和提前醒了的幼儿在幼儿老师视线可及的范围内做一些安静的活动（看书、

· 78 ·

画画等）。根据季节和气温随时为幼儿盖好被子。对于幼儿教师观察到幼儿的异常情况（流鼻血、梦游、睡中哭叫、咳嗽），在幼儿离园时及时与家长沟通，并提醒家长关注幼儿。

（3）幼儿起床后，幼儿教师指导帮助幼儿进行整理工作。幼儿教师可以播放具有信号意义的音乐或用温暖的语言叫醒幼儿。重点指导幼儿学会独立有序地穿好衣服和鞋袜，对于穿换有难度的幼儿，幼儿教师可以给予帮助，或引导幼儿互相帮助。对于小班幼儿，要逐一检查衣服的穿着是否正确，鞋子是否穿反，并教会幼儿穿衣、穿鞋的技巧。在组织中、大班幼儿自己整理卧具。提醒幼儿起床后及时如厕、盥洗、喝水，主动地为女孩梳理头发或引导幼儿自己梳理头发，养成幼儿注意仪表整洁的习惯。对于体质弱和身体不适的幼儿可以让他们多睡一会儿。在幼儿离开卧室后，应开窗通风，彻底清洁卧室，并按一定的周期进行紫外线消毒。

照顾好幼儿睡眠的三大标志：一是按时睡，睡得好，按时醒，醒后精神饱满愉快；二是睡够应睡的时间，要以幼儿为主，不能任意减少或增加睡眠时间；三是保持良好的睡眠姿势和习惯。

（四）盥洗、如厕活动的要求与指导

1. 对幼儿盥洗和如厕活动的要求

（1）幼儿知道饭前、便后、手脏时要洗手，掌握洗手、洗脸的正确方法，做到盥洗时不玩水、不弄湿衣服，节约用水，养成认真盥洗的良好习惯。

（2）幼儿知道漱口能清洁口腔，掌握鼓漱的正确方法，养成餐后主动漱口的良好习惯。

（3）有便意时，幼儿知道自己如厕或告知教师，能及时排便，逐渐养成定时排大便的习惯。

（4）幼儿掌握大便后用纸的正确方法（女生要学会小便后用纸的方法），幼儿能擦拭干净，保持内裤清洁，做到便后洗手。

（5）如厕时，幼儿能自己脱裤子，便后能自己提裤子、整理衣服，做到便后冲水。

小资料

挽袖子

小袖子，爬高山，
一爬爬到胳膊中间。
袖子爬高露手腕，
洗洗小手真方便。

小屁股，干净啦！

卫生纸，手中拿，
从前往后轻轻擦。
叠一叠，再擦擦，
小屁股，干净啦！

说明：可以在洗手之前，边说儿歌边做动作，儿歌短小易记，又可增加趣味性和动作的节奏感，使幼儿掌握挽袖子和擦屁股的技巧。

（资料来源：宋文霞，王翠霞. 幼儿园一日生活环节的组织策略［M］. 北京：中国轻工业出版社，2012.）

幼儿教育学

2. 幼儿教师对幼儿盥洗和如厕活动的指导要点

（1）做好盥洗、如厕的物质准备。盥洗室、厕所的设备应符合幼儿的年龄特点，有足够的水龙头、便池。幼儿教师应将肥皂、毛巾、手纸放在幼儿便于取用的地方，在容易滑倒的地面铺上防滑垫。

（2）根据盥洗室和厕所的大小，合理分组进行盥洗和如厕，避免幼儿等待、拥挤、打闹、摔伤。

（3）在幼儿入园初期，幼儿教师在幼儿集中盥洗、如厕的时间段，应现场示范、帮助、指导幼儿学习盥洗技能和如厕技能，使幼儿在真实的生活情境中学习，直至形成良好的行为习惯。在中、大班，幼儿教师也要随时关注、抽查幼儿的盥洗、如厕活动，以巩固幼儿良好的行为习惯。对于一些共性的问题，幼儿教师可以利用集体教学、游戏活动提出要求，并创设情景进行练习，还可以在幼儿盥洗、如厕活动时利用儿歌的形式进行提醒，也可以发挥幼儿同伴榜样的作用，让幼儿互相学习和帮助。

（4）关照个别，及时鼓励。幼儿的自理能力参差不齐，幼儿教师在提出普遍要求的同时，应特别关照那些能力较弱的幼儿，防止其产生畏惧情绪，影响幼儿在幼儿园其他活动的开展。尤其是小班幼儿，幼儿教师应反复示范、提醒，提供具体帮助。幼儿教师还应细心观察，发现幼儿的进步和不足，对于进步及时给予肯定、表扬，对于不足及时予以提醒和引导。长此以往，方能促进幼儿良好卫生习惯的养成。

（五）离园的要求与指导

离园是幼儿园一日生活的最后一个环节，是幼儿在园生活的结束。在这个环节，有的幼儿知道自己要回家了，对家长和离园后的生活充满了期待；有的幼儿由于留恋同伴或玩具，对幼儿园恋恋不舍。

离园又是幼儿一日生活的一个重要内容。幼儿教师应善始善终地、科学地组织幼儿的离园活动，使幼儿带着一天的收获和对明天幼儿园生活的期盼愉快地离开。

1. 对幼儿离园活动的要求

（1）幼儿在离园前主动整理自己的服装和物品，保持仪表整洁。

（2）幼儿在等待家长的时间内，能选择适宜的活动，不浪费时间和消极等待。

（3）幼儿在同伴陆续离园时，能保持稳定的情绪，安心等待家长的到来。

（4）幼儿离园时，能将自己使用的玩具、材料、椅子等收放整齐，放在规定的位置。

（5）幼儿能主动地与幼儿教师、小朋友道别，不跟陌生人离园。

（6）幼儿不打扰家长和幼儿教师交流，能耐心等待或独自玩耍。

2. 教师对离园活动的指导要点

（1）离园前，幼儿教师指导或提示幼儿整理好活动室的环境、个人仪表。培养幼儿整洁、有条理、有序的良好行为习惯；也可以组织短暂的离园前谈话活动，在同伴面前肯定幼儿一天中良好的行为表现，鼓励幼儿点滴进步，引导其他同伴的关注和模仿。

（2）在等待家长的时间，应为幼儿提供材料易于收放的活动区域，让幼儿自行选择，使幼儿安心、充实地度过等待时间。

（3）把幼儿应带回家的物品放在幼儿易于注意的地方，并适当提醒。小班幼儿常常分不清楚物品是"自己的"还是"幼儿园的"，幼儿教师应予以关注，以养成好的习惯。

第六章　幼儿园日常生活活动

（4）有针对性地做好家长工作，介绍幼儿在幼儿园的表现。谈话时，幼儿教师态度要平和，不要让沟通变成了指责或申诉。在与个别家长交谈时，一定要随时关注尚未离园幼儿的活动，避免幼儿因离园时情绪激动、浮躁而产生行为问题。

（5）有陌生人接幼儿时，要与家长取得联系，确认后方可交给陌生人。要慎重对待家庭关系和社会关系比较特殊的幼儿。

（6）对于因故没有按时接走的幼儿，可以打破原有班级界限，安排值班教师全面负责幼儿的安全和组织幼儿的在园活动，以消除幼儿因等待家长产生的急躁不安的情绪。幼儿园在安排值班教师时，应考虑教师性别的适宜性。

三、幼儿园日常生活活动的指导方法

幼儿园日常生活活动的指导方法多种多样，常用的方法概括起来有以下几种。

（一）感知讨论

引导幼儿对生活中的事物、人们的行为态度、生活方式作观察，充分感知与生活密切相关的事物和信息，积累一定的感性经验。在感知的过程中，为了帮助幼儿确立正确的感知目的，适时地组织幼儿开展讨论，为幼儿提出问题、发表意见以及与他人交流提供机会，以便激起幼儿学习的内部动机，诱发认知冲突。

小资料

盥洗室里的纠纷

成成和浩浩为抢小便池打架了。是小便池不够用而出现争抢吗？不是！旁边还有好几个空着的小便池。为什么两人都不去？成成说浩浩不对，浩浩说成成不好。两人的情绪都很激动，一时难以平息。面对十几双眼睛，幼儿教师考虑了一下，决定利用这次机会，进行一次解决纠纷的集体教育。于是，幼儿教师组织全体孩子坐了下来。

幼儿教师请浩浩先把事情的经过说给大家听。浩浩说："我已经在解小便，成成还要拉我，害得我尿到地上。"

教师再请成成叙述，他说："是这样，我先到了，浩浩使劲把我推开，自己去解，害得我差点摔跤。"

浩浩高大，成成瘦小，浩浩有足够的力气把成成推到一边。幼儿教师问大家："如果你是浩浩，你会怎么做？"

小倩说："浩浩不应该抢先，哪个小便池都可以解的。"

幼儿教师问浩浩小倩说得对不对，浩浩点点头。

幼儿教师问大家："如果你是成成，你会怎么做？"

宁宁说："既然浩浩已经在解了，那成成就到旁边解呗！"

成成强词夺理："那我走不动了呀，我脚不好。"

宁宁说："你脚不好，为什么还要拉浩浩？"

成成说："我等得着急呀，浩浩解得太慢了。"

大家都说："那你就别等了嘛！等得着急，小便解出来怎么办？""脚不好，慢慢走就行了"。

最后，幼儿教师提了一个问题："如果以后遇到这样的事情，你会怎么做？"

· 81 ·

小倩说："互相谦让呗!"

笨笨说："让给人家,我自己到旁边去!"

青青说："要好好跟别人说话,不应该推人的。"

一场不可开交的争吵在孩子们自己的评论中平息了,行为规则也在幼儿们的感知讨论中建立了起来。

(二) 讲解示范

具体、形象地为幼儿讲解日常生活活动有关的知识,结合身体动作、事物、教具等进行示范讲解,这是日常生活活动最常用的方法之一。讲解示范是幼儿获得有关生活知识和技能的最直接的方法,也符合幼儿具体形象思维和富于模仿的特点。幼儿对直接感知的行为易于理解,能较长时间保持在记忆中,能把抽象的认识具体化、形象化。教师的讲解示范必须积极、正确,并让幼儿通过多种感官进行具体形象的学习。

小资料

系鞋带

幼儿教师出示红绸子一根,在椅背上边示范系蝴蝶结,边念儿歌。具体儿歌及动作说明见表6-1。

表6-1 儿歌及动作说明

儿歌	动作说明
两个好朋友,交叉握握手	将绸子拴在椅背上,抓好两头,使之一样长,再将两头交叉
钻进山洞里,再见挥挥手	将一头从下面洞里穿过,再拉紧两头
两只小兔子,交叉握握手	将两头的绸子对折成双股,再交叉
钻进山洞里,再见不分手	将折起的一头穿过洞,再拉紧两头

幼儿教师系好后,整理成蝴蝶结。可反复示范2~3遍,让幼儿看清整个过程。

(三) 行为练习

幼儿教师引导幼儿在自然的或特定的生活情景中进行行为练习,从而获得相应的情感体验和行为方式。行为练习是生活活动的主要环节,幼儿以模仿和练习来学习有关生活方面的知识和技能。幼儿生活技能的习得和能力的提高,不是在一两次的活动中完成的,而是在日常的生活环境中,在多次反复的练习过程中,不断强化,使初步形成的动作和行为得到完善和巩固,逐步养成良好的行为习惯。例如,要养成幼儿饭前便后的洗手习惯,小班教师应在盥洗、早餐、午餐及午点活动中,让幼儿反复去执行常规,不用多久,幼儿便会形成习惯。

练一练

1. 幼儿园日常生活活动的指导原则有哪些?

2. 简述幼儿园日常生活活动各环节的指导要点。

3. 幼儿园日常生活活动常用的指导方法有哪些?

第六章　幼儿园日常生活活动

本章小结

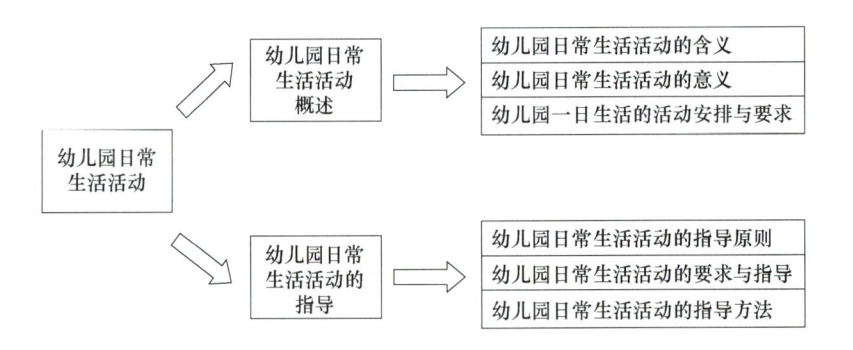

第七章

幼儿园游戏活动

【学习目标】

1. 掌握幼儿游戏的含义、基本特征、分类、发展价值。
2. 理解有关幼儿游戏的理论。
3. 识记影响幼儿园幼儿游戏的因素。
4. 掌握幼儿游戏的条件创设及教师指导。
5. 掌握幼儿园各类游戏活动的指导。

第一节　幼儿游戏概述

案例导入

　　小华已经4岁，上幼儿园中班了。最近小华妈妈正纠结是否给小华转园。她认为，小华所在的幼儿园每天只是玩游戏，什么知识也不教，岂不是让孩子输在起跑线上吗？孩子整天玩游戏有什么用呢？

知识概述

一、幼儿游戏的含义

　　游戏是幼儿最喜欢的活动，也是幼儿一日生活中不可缺少的环节。幼儿期是人的社会性发展的关键期，游戏作为幼儿的基本活动，有着极其重要的发展价值。具体来说，游戏的含义包含以下内容：游戏是幼儿最喜爱的活动，也是幼儿生活的主要内容；游戏是幼儿对生长的适应，符合幼儿身心发展的特点；游戏是幼儿的自发学习。

　　对于幼儿来说，游戏不仅仅是一种消遣，还是幼儿的主要学习方式。幼儿在游戏中的学

·84·

第七章　幼儿园游戏活动

习是一种自发的学习。这种学习与其他形式的学习相比，具有以下三个特点：学习的目标是隐含的；学习方式是潜移默化的；学习的动力来自幼儿内部。

二、幼儿游戏的基本特征

（一）游戏是幼儿主动的、自愿的活动，具有自主性

游戏是幼儿自主的活动，幼儿总是自己选择做什么游戏和怎样进行游戏。幼儿根据自己的兴趣、需要，自发、自由地进行游戏。在游戏中，游戏的形式、材料以及游戏的开始、结束都应该由幼儿自己掌握。游戏一旦失去了自主性这一特征，而是由幼儿教师来精心安排，幼儿只是在不得已的情况下，被动地参加游戏，担任某一角色。从表面看，幼儿是在参加游戏，实际上幼儿并不是真正地玩游戏，而是在完成幼儿教师布置的任务，对于幼儿来说，这已不再是游戏了。

（二）游戏是在假想的情境中反映周围生活，具有虚构性

幼儿的游戏是周围生活的反映。但是幼儿在游戏中反映的不是周围生活的翻版，幼儿不是机械模仿，而是通过想象，形成新的形象，用新的动作方式去重演别人的活动。在游戏中，幼儿不受实际环境的具体条件以及时间的限制，通过想象，创造新情境。例如，幼儿把地板当作大湖，椅子当作汽车。幼儿根据游戏的需要，改变物品的用途，如把冰棍棒当作注射器。总之，在游戏中的角色、情节和游戏行动，玩具和游戏材料，均有明显的虚构性。幼儿是在假想的情境中反映周围生活。

（三）游戏没有社会的实用价值，没有强制性的社会义务，不直接创造财富，具有趣味性

劳动有明确的目的，要求生产有社会实用价值的财富，并且按照客观实际，严格地遵守操作方式。而游戏恰恰相反，游戏没有社会的实用价值，游戏不在于目的而在于本身的过程。游戏是一种娱乐活动，趣味性是游戏自身固有的特性，游戏有趣味才吸引幼儿主动参加，并在游戏过程中获得愉快和发展。

（四）游戏伴随着愉悦的情绪

游戏的愉悦性在于幼儿在游戏中能自主地控制所处的环境，表现自己的能力，满足自己的愿望，体验成功和创造的快乐。正如苏联心理学家柳布林斯卡娅所说："正是这种把以前获得的印象组合成新的创造物的可能性，正是这种对自身力量的考验，使游戏成为儿童产生巨大愉快的源泉。"对幼儿来讲，游戏是一种享受。幼儿能够在游戏中积极活动，从而体验到极大的快乐。

正是因为游戏的上述特征，幼儿才愿意主动参与，并从中受益。幼儿教师在实际工作中应充分理解游戏特征，指导幼儿进行游戏活动，使游戏发挥最大的教育作用。

小资料

幼儿游戏和成人游戏的异同之处

1. 游戏在各自生活中的地位不同

在成人的生活中，工作是主要的活动，游戏只是一种陪衬和调节情绪的途径。成人可以主动地将生活中感受的紧张和不安通过工作或其他方式（如旅游、听音乐和运动等）进行排解。

· 85 ·

幼儿教育学

而在儿童的生活中，游戏是最主要的活动或基本的活动形式，也是调节情绪的最主要途径。

2. 在游戏中的主体情况不一样

在游戏中的成人有着丰富的经验和确定的生活目标，其游戏的主要目的是休息和放松心情。而儿童缺乏足够的经验，对未来的生活目标认识不明确，幼儿需要通过游戏来积累经验，并尝试自己今后可能的发展道路。

3. 游戏的内容不同

成人的游戏多为有竞争意味的规则游戏，带有相当的功利性。而儿童的游戏多为带有想象色彩的象征性游戏，较少有功利性。

三、有关幼儿游戏的理论

（一）早期的传统理论

早期的游戏传统理论见表7-1。

表7-1　早期的游戏传统理论

学说	代表人物	主要观点
剩余精力说	斯宾塞	游戏是儿童和高等动物对剩余精力的一种无目的的消耗，即游戏是剩余精力的发泄
松弛说	拉察鲁斯	对于幼儿来说，由于身心发展水平的限制及生活经验的缺乏，对复杂的外部世界难以适应，很易疲劳，需要游戏来轻松一下，以便恢复精力
预演说	格罗斯	游戏是对未来生活的一种无意识的准备
生长说	阿普利登	游戏是幼儿能力发展的一种模式，是机体练习技能的一种手段，成长的结果就是游戏，游戏是练习成长的内驱力，儿童通过游戏可以成长
复演说	霍尔	游戏是人类生物遗传的结果，儿童游戏是重现祖先生物化的进程，重现祖先进化过程中产生的动作和活动
成熟说	拜敦代克	游戏是儿童操作某些物品以进行活动，是幼稚动力的一般特点的表现，而不是单纯的一种机能

（二）当前的游戏理论

当前的游戏理论见表7-2。

表7-2　当前的游戏理论

学说	代表人物	主要观点
精神分析论	弗洛伊德	游戏也有潜意识成分，游戏是补偿现实生活中不能满足的愿望和克服创伤性事件的手段
新精神分析学派	埃里克森	游戏是情感和思想的一种健康的发泄方式。在游戏中，儿童可以"复活"他们的快乐经验，也能修复自己的精神创伤。据此发展起来的游戏疗法是一种利用游戏的手段来矫正儿童心理和行为异常的方法

· 86 ·

续表

学说	代表人物	主要观点
认知结构论	皮亚杰	游戏是儿童认识新的复杂客体和事件的方法，是巩固和扩大概念、技能的方法，是使思维和行动结合起来的方法
学习论	桑代克	游戏是一种学习行为，受社会文化和教育要求的影响，也受学习的效果律和练习律的影响

四、幼儿游戏的分类

幼儿游戏的各式各样是客观存在的，而游戏的分类是人为的。由于人们所采用的研究角度不同，对游戏的认识和理解不同，所依据的分类标准各异，因而也就有了多种多样的游戏分类方法。在诸多的游戏分类中，典型的分类主要有以下几种：

（一）按幼儿社会性行为的发展分类

社会性发展是幼儿心理发展的重要方面。美国心理学家帕登根据儿童（2～6岁）在游戏中的社会交往水平，将儿童的行为划分为六类。

1. 偶然行为

幼儿无所事事，独自发呆，或玩弄衣服，东游西荡，偶尔会注意看看他人，或碰到什么东西会随手玩弄两下。

2. 旁观游戏

袖手旁观的行为是幼儿在近处观看同伴的活动，幼儿的兴趣集中在别人的游戏上，但不主动参与游戏。

3. 独自游戏

独自游戏是指幼儿单独地玩。在学步期或其前后的婴儿期通常都以这种方式进行游戏。这阶段的婴幼儿以自我为中心，不会觉察其他人的存在，即使有其他幼儿在附近，幼儿也都是独自地玩着自己的玩具，而不去理会他人在玩什么。

4. 平行游戏

平行游戏是指幼儿各自玩相同内容的游戏。幼儿看似在一块儿玩，但仍是单独做游戏，彼此没有交流（包括口头语言的沟通和身体语言的交流）。幼儿会察觉到其他幼儿的存在，偶尔会望一下别的幼儿，但接着又会把注意力集中到自己的游戏中。这种游戏在2～3岁时常见，是孩子初步学习社交的机会。

5. 联合游戏

联合游戏是指幼儿和同伴一起玩游戏，谈论共同的活动，但是没有分工，也没有围绕具体目标的共同活动，个人根据自己的愿望进行游戏。这种游戏多见于3～4岁。

6. 合作游戏

合作游戏是指幼儿在游戏中有共同的目的，有达到目的的方法，活动有组织，有分工，幼儿能按照自己的角色完成任务，目标很明确。这时，幼儿开始感到游戏中必须有某些规则，使所有参与者都能够遵守。5岁左右的幼儿已具有一定的语言表达能力和参与社会交往的经验，幼儿经过互相讨论，制定出大家都乐于遵守的游戏规则，并在游戏中互相合作，努力达到游戏的目的。这阶段的幼儿能较长时间合作，游戏的内容比较多样化，游戏的主题也比较稳定。

以上六种行为中，真正属于游戏行为的实际上只有后四种行为。

（二）按幼儿认知能力的发展分类

皮亚杰是幼儿游戏主要的首创者。游戏理论是皮亚杰认知理论的重要组成部分。他认为，幼儿在不同的认识发展水平上，会出现不同水平、不同类型的游戏。

1. 练习性游戏

练习性游戏又称为功能游戏、感觉运动游戏。它是从婴儿出生后的4~6月开始，延续至婴儿期最初的游戏形式。练习性游戏是指幼儿为获得某种愉快体验而单纯重复某种活动或动作，其动力来源于幼儿的感觉或运动感官在使用过程中所获得的快感，其形式以抓、摸、拿等动作作为主。对于幼儿来说，这是感知动作的训练。例如，幼儿反复地摇棒儿，在屋子里来回跑，将玩具汽车在地上反复地滚动以及随意地将胶泥捏成各种各样的形状等。

有关研究指出，练习性游戏在1~2.5岁时最为典型，约占其活动的一半以上，随着年龄的增长，练习性游戏出现的频率随之降低。

2. 象征性游戏

1岁半左右的幼儿，出现了象征性游戏。例如，推着香皂盒嘴里喊"嘀……"象征性游戏在幼儿期特别是幼儿中期达到明显的高峰。表现为运用"替代物"，以假想的情景和行动方式将现实生活和自己的愿望反映出来。象征游戏中"替代物"的变化，体现了幼儿在游戏中抽象性与概括性的发展，表现出以下一些特点：

（1）最初，幼儿使用与实物相似的替代物。游戏主要依赖于与实物在外形、功能上都十分相似的专用替代物，如玩具娃娃、玩具汽车等。

（2）4岁左右，幼儿开始使用与实物相似程度较低的替代物。由于"替代物"与事物的相似性减少，通用性增大。因此，常常可以一物多用，如用一根小棒分别代替筷子、注射器、体温计、梳子、铲子等。幼儿的年龄越大，"替代物"的通用性也越大。

（3）5岁左右，幼儿在游戏中能脱离实物，凭借想象及语言或动作来替代物品。例如，用接电话的动作代替"电话"，用开车的动作代替"汽车"，用抬的动作代替"担架"，用"呜——呜——"的声音代替刮风等。

3. 建构游戏

建构游戏是指幼儿为了构建物体对建筑材料进行的操作活动。当练习性游戏开始衰退、象征游戏开始减少时，综合了操作性和象征因素的建构游戏逐渐成为幼儿主要的游戏形式。幼儿初期的建构游戏较多地反映具体的事物，如用积木搭建"房子"，用凳子拼成一辆"公共汽车"等；幼儿晚期的建构游戏则更多地反映比较抽象的事物，如建造"公园""博物馆""医院"等。

4. 规则游戏

规则游戏是指具有明确规则且必须完全遵守的带有竞赛性质的活动。规则一般是由成人事先制定的，也可以是故事情节要求的，还可以是幼儿自己规定的。它开始于成人为婴儿发起的嬉戏活动，以后在幼儿自发的社会性游戏中出现了规则游戏的雏形。幼儿园经常开展的体育游戏、音乐游戏、智力游戏等，属于规则游戏。

（三）按幼儿游戏的教育作用分类

在我国的幼儿园中，通常采用以下游戏分类方法。

1. 创造性游戏

创造性游戏是指幼儿按自己的意愿，创造性地反映现实生活的游戏，是幼儿时期的典型的、特有的游戏活动方式。在这类游戏中，幼儿自由地确定主题和情节，选择不同的玩具和材料，充分体现了幼儿的自主性。在幼儿园中，常见的创造性游戏包括角色游戏、结构游戏和表演游戏。

（1）角色游戏。角色游戏是幼儿通过扮演角色，运用想象，创造性地反映个人生活印象的一种游戏。如娃娃家游戏、商店游戏、公共汽车游戏等都是不同主题的角色游戏，因此又称主题角色游戏。角色游戏最适合幼儿身心发展的需要，是幼儿期最典型、最有特色的游戏。它也是创造性游戏中最具有代表性的一种游戏。

（2）结构游戏。结构游戏又称建构游戏或造型游戏，是指幼儿利用不同的结构玩具或结构材料进行构造，经过创造，反映周围生活的一种游戏。结构材料包括积木、积塑、七巧板、金属材料以及沙、土、水等。幼儿园的结构游戏按技能分，有拼插、镶嵌、排列、组合、黏合、穿孔、编织等。

（3）表演游戏。表演游戏是幼儿通过扮演文学作品中的角色，创造性地把作品中的语言和动作结合起来，反映作品的情节、内容的一种游戏。表演游戏主要分为桌面表演、木偶表演、影子戏表演、戏剧表演。

2. 规则游戏

规则游戏是成人根据教育目标为发展幼儿的各种能力而编定的游戏。规则游戏包括游戏目的、玩法、规则和结果四个部分。其中，游戏的规则是游戏的核心。游戏规则不明确，或游戏中幼儿不遵守规则，游戏便无法进行。规则游戏包括智力游戏、体育游戏和音乐游戏。

五、影响幼儿游戏的因素

（一）影响幼儿游戏的物理环境因素

1. 游戏场地

（1）室内游戏空间对幼儿游戏的影响。

① 室内游戏空间密度对幼儿游戏的影响。

② 室内游戏空间结构对幼儿游戏的影响。

（2）户外游戏场地对幼儿游戏的影响。

2. 玩具材料

（1）玩具材料的种类对幼儿游戏的影响。玩具材料的种类对幼儿游戏的具体选择有某种定向功能。有的材料更多地引发社会性的游戏，有的材料更多引发结构性游戏，模拟实物的玩具材料多引发想象性游戏，游戏材料的提供某种意义上对幼儿的游戏起暗示的作用。

（2）玩具材料的数量对幼儿游戏的影响。从数量上看，同一种玩具数量较少，在年幼儿童那里容易引发纠纷，但在年长儿童那里则易引发社会性的装扮游戏；如果同种玩具数量较多，那么在年幼儿童那里会引起平行的机能性游戏，而在年长儿童那里则会改变游戏合作的方式，成为团体性的游戏。

（3）玩具材料的特征对幼儿游戏的影响。形象玩具往往引发装扮游戏，主题内容受材料的暗示；半成品、非形象玩具，同样也引发装扮游戏，但不局限于固定的主题，游戏具有更多的变化和创造。

3. 游戏时间

游戏时间是开展游戏活动的重要保证，游戏时间的长短会影响幼儿游戏的质量。在较长的游戏时段（约 30 分钟）幼儿才有时间逐渐发展成社会和认知层次较高的游戏形式。其中，包括完整的游戏活动、团体游戏、建构游戏、团体戏剧游戏；而在较短的游戏时段（约15 分钟）幼儿没有足够的时间结伴游戏，不能相互协商、讨论或做出进一步的探索和构建游戏；往往只能从事一些社会和认知层次较低的游戏形式，包括平行游戏、旁观无所事事、转换行为等。

（二）影响幼儿游戏的社会环境因素

1. 家庭

（1）亲子关系对幼儿游戏的影响。最早的亲子关系是幼儿与母亲的依恋关系。据研究表明，建立了良好的母子依恋关系的幼儿好奇心和求知欲强，有积极探索的热情，善于社会交往，因而游戏的积极性提高。

（2）育儿态度对幼儿游戏的影响。育儿态度主要是指由父母的行为特点和个性品质形成的对子女的养育方式。

（3）家庭结构对幼儿游戏的影响。完整的家庭结构和家庭成员之间和谐关系所营造的气氛是幼儿健康成长和游戏水平发展的根本保证。相反，父母在婚姻问题上的纠纷以及家庭气氛的紧张，使孩子感到焦虑不安、胆怯、孤僻等，这都会对幼儿游戏产生不利的影响，表现为游戏发展迟缓、异常。

2. 同伴

有无同伴、伙伴的熟悉程度、同伴的年龄、伙伴的性别都会影响幼儿游戏。

3. 电视

在幼儿在游戏中，时常会扮演近期电视中的角色。电视对幼儿游戏产生的影响是非常明显的。电视对幼儿游戏的影响是积极还是消极，一方面取决于节目内容是否健康、是否适合幼儿的心理特点及发展水平；另一方面取决于幼儿每天看电视的长短是否适宜。

4. 课程方案

幼儿园课程往往有两类相对的情况：一类是以幼儿为中心组织起来的教育方案；一类是以幼儿教师为中心组织起来的教育方案。前者更多地激发幼儿的想象性游戏，后者更多地引发操作性游戏。

第七章　幼儿园游戏活动

（三）影响幼儿游戏的个体因素

1. 性别差异

性别差异主要表现为对游戏类型、内容、玩具、角色等方面的喜好。从活动类型上来看，女孩喜欢运动量小的、安静的、坐着进行的游戏，而男孩一般喜欢运动量大的、冒险性较大的游戏；从玩具上来看，女孩喜欢炊具、娃娃等，而男孩则喜欢战争玩具和交通玩具。

2. 个性差异

由于幼儿的个性以及情感、社会性等心理特征所表现出来的相对稳定的倾向性不同，也使得幼儿在对游戏的兴趣和游戏的风格等方面表现出不同的倾向性特征，即在游戏上表现出明显的个体差异。幼儿游戏兴趣的差异表现为游戏性强或弱，即爱玩或不爱玩；在游戏风格上的不同表现为游戏的想象性强或弱，即爱想象或不爱想象。

3. 年龄差异

不同年龄的幼儿游戏表现出不同的方式和发展水平，从感觉运动游戏到象征性游戏到规则游戏，从单独的游戏到多人合作的游戏，从内容的单一化到主题多元化，从形式上的简单化到复杂化，反映了幼儿随年龄的增长、经验的丰富、能力的发展，在整个幼儿阶段游戏发展的一般变化过程，可见幼儿在不同年龄阶段游戏的不同特点。

4. 健康和情绪等其他个体偶然因素的影响

幼儿活动时的健康及情绪状态等其他个体偶然因素对游戏的行为直接产生影响。幼儿在游戏中的表现，是当天身体状况和情绪状态的判断指标。

六、幼儿游戏的发展价值

幼儿喜爱游戏，一方面是由于游戏的特点所导致的；另一方面也是由于这种活动符合幼儿身心发展的需要。这种需要促使幼儿追求游戏，在游戏中学习并获得发展。游戏对幼儿的教育作用主要体现在以下四个方面。

1. 在身体发展中的作用

游戏促进幼儿身体的生长发育；发展幼儿的基本动作和技能；增强幼儿对外界环境变化的适应能力；有利于幼儿的身心健康。

2. 在智力发展中的作用

游戏扩展和加深幼儿对周围事物的认识，增长幼儿的知识；促进幼儿语言的发展；促进幼儿想象力的发展；促进幼儿思维能力的发展；提供了幼儿智力活动的轻松愉快的心理氛围。

3. 在社会性发展中的作用

游戏提供了幼儿社会交往的机会，发展了幼儿的社会交往能力；有助于幼儿克服自我中心化，学会理解他人；有助于幼儿社会角色的学习，增强社会角色扮演能力；有助于幼儿行为规范的掌握，形成良好的道德品质；有助于幼儿自制力的增强，锻炼幼儿的意志。

4. 在情感发展中的作用

游戏中的角色扮演丰富了幼儿积极的情绪情感体验；在游戏中的自由自主发展了幼儿的

· 91 ·

幼儿教育学

成就感和自信心；在游戏中的审美活动发展了幼儿的美感；在游戏中的情绪宣泄有助于幼儿消除消极的情绪情感。

小资料

让孩子玩游戏

鲁迅曾经指出："游戏是儿童最正当的行为，玩具是儿童的天使。"鲁迅就是从孩子摆弄玩具中，根据儿童的特点，引导发展儿子的兴趣爱好，促使其健康成才。

鲁迅发现儿子海婴从小对理工知识感兴趣，便给海婴买了一套木工工具的玩具。海婴奉若至宝，常常用它敲敲打打，那认真的神态，俨然是一个小工程师在盖房子。有一次，鲁迅好友瞿秋白送海婴一套外国儿童玩具。这是一种类似积木的铁制玩具，有上百个金属零件，可以组装出各种各样的物品，小到简单的跷跷板，大到复杂的起重机、飞机等。瞿秋白的夫人杨之华在玩具盒上用隽秀的笔体，写明一共有多少零件和玩法。海婴迷上了"积铁"，一玩儿就是半天。他从玩"积铁"开始又迷上了理工技术。小小年纪就能拆钟、修锁、装矿石收音机了。

出生在那个年代，却有如此先进而科学的育儿观念，鲁迅先生不愧是一位教育大师！

练一练

1. 什么是幼儿游戏？
2. 简述幼儿游戏的基本特征。
3. 简述幼儿游戏的分类。
4. 结合实际，试论述影响幼儿游戏的因素。
5. 简述幼儿游戏的发展价值。

第二节　幼儿游戏的条件创设及教师指导

案例导入

一个托班17名幼儿来到操场上，场地上有一只装有七个大皮球的箩筐，五辆拉线小车，六只塑料环和三个大龙球。另外，还有轮胎、拱形板和小阶梯。整个活动持续了35分钟。一共发生了三次玩具纠纷。一次是为了抢夺大龙球，另一次是抢夺皮球，还有一次是抢夺拉线小车。一些幼儿即使手里已经有了玩具，还是争抢其他幼儿的玩具。例如，一个幼儿手拉着小车的绳子，身子还紧紧地扑住大皮球；另一个幼儿使劲地抓他衣服，也要那只大皮球。教师说："强强，你玩小车！大皮球让给民民玩，好吗？"强强摇摇头。"强强，要做好孩子，是吗？"强强还是摇摇头。

为什么会引起幼儿的纠纷？怎样解决呢？

知识概述

一、幼儿游戏的条件创设

为了更好地发挥游戏在幼儿发展中的作用，幼儿教师应为幼儿创设良好的条件，包括充

・92・

足的时间、良好的游戏环境与材料等。

（一）游戏的时间

1. 充足的时间是幼儿游戏的前提

游戏时间指幼儿一日生活中游戏活动所占的时间，充足的游戏时间是幼儿开展游戏活动的首要前提。游戏时间的多少直接影响游戏的数量和质量。《幼儿园工作规程》规定："在正常情况下，幼儿户外活动时间（包括户外体育活动时间）每天不得少于 2 小时，寄宿制幼儿园不得少于 3 小时，高寒、高温地区可酌情增减。"

2. 减少过渡环节，提高单位时间内幼儿游戏的有效时间

首先要在观念上打破桌椅板凳排排坐的"上课"模式，同时要在活动室的布置上，创设相对固定的游戏场地，以提高单位时间内幼儿游戏的有效时间。

（二）游戏的环境与材料

1. 游戏的环境

游戏环境是指为幼儿游戏提供的条件，包括游戏的空间环境和心理环境。

（1）游戏的空间。游戏的空间环境包括户外游戏场地和室内游戏环境。

① 户外游戏场地。《托儿所、幼儿园建设设计规范》（JGJ 39—2016）规定：托儿所、幼儿园应设室外活动场地，并应符合下列规定："每班应设专用室外活动场地，面积不宜小于 60 m²，各班活动场地之间宜采取分隔措施；应设全园共用活动场地，人均面积不应小于 2 m²；地面应平整、防滑、无障碍、无尖锐凸出物，并宜采用软质地坪；共用活动场地应设置游戏器具、沙坑、30 m 跑道、洗手池等，宜设戏水池，储水深度不应超过 0.30 m；游戏器具下面及周围应设软质铺装；室外活动场地应有 1/2 以上的面积在标准建筑日照阴影线之外。"

② 室内游戏场地。幼儿园室内环境的布置，应充分考虑满足幼儿多种游戏活动的需要。如果活动室与寝室分设，则活动室的使用面积不小于 70 m²；如果不分设，则室内活动室面积不小于 120 m²。合理的活动空间应与科学的活动材料有机结合，发挥其最大的效益和最大的教育功能。这就要求幼儿教师在创设活动室活动环境时，利用有限的空间，划分出相对独立的活动区域，并合理地支配活动材料。

（2）游戏的心理环境。教师应建立与幼儿民主、亲切、平等、和谐的关系；建立互助、友爱的伙伴关系；教师之间的真诚相待、友好合作，是幼儿最好的榜样。

2. 游戏材料

游戏材料是幼儿游戏所用玩具和物品的总称。材料是游戏的物质支柱，是幼儿游戏的工具，如果离开了游戏材料，幼儿的游戏则难以进行。幼儿教师提供游戏材料要做到以下几点：要为幼儿提供足够的游戏材料；根据幼儿的年龄特点提供游戏材料；提供与阶段教育目标、内容相匹配的游戏材料；尽量提供无固定功能的游戏材料；多提供中等熟悉和中等复杂程度的游戏材料；将游戏材料放在可见位置。

（三）幼儿的自主参与

"自主游戏"研究理论认为："游戏是幼儿有机体的内在需要，是内发而非外力强加。"因此，游戏必须是幼儿自由选择的，是以游戏活动本身为目的的愉快活动。自主是幼儿游戏

的重要条件，幼儿在自主游戏中得到主动发展。

二、幼儿游戏的教师指导

（一）幼儿教师对幼儿游戏的观察

1. 指导以游戏观察为依据

游戏观察一般可以从以下几方面入手：观察幼儿游戏主题；观察游戏环境；观察幼儿游戏内容；观察幼儿游戏需求；观察幼儿游戏材料；观察幼儿游戏行为。

2. 确定指导的方式方法

（1）以自身为媒介。

① 游戏者：幼儿教师通过游戏的语言、行为进行幼儿游戏指导，可采取平行游戏（幼儿教师通过模仿幼儿的游戏来对游戏施加影响）和共同游戏（幼儿教师直接参与幼儿的游戏中与其共同玩耍）两种方式。

② 旁观者：幼儿教师站在幼儿游戏之外，以现实的幼儿教师身份干预幼儿游戏。但幼儿教师须特别注意尊重幼儿的游戏兴趣和愿望，切忌以成人意志代替幼儿意志。幼儿教师可采取言语的方法和非言语的方法。

（2）以材料为媒介。幼儿教师通过提供材料的方式影响幼儿，支持和引导幼儿在游戏中的学习和发展。幼儿教师应多提供有转换性的游戏材料，多提供自然性的游戏材料，新旧玩具和材料之间应保持一定的比例。

（3）以幼儿伙伴为媒介。幼儿教师利用幼儿伙伴互动这一因素，支持和引导幼儿的游戏和发展。

3. 确定指导的时机

介入幼儿游戏的时机，要根据观察情况需要而定。幼儿教师要在观察的基础上再决定是否介入幼儿游戏，适时地帮助幼儿发展其游戏。

4. 把握好指导的对象范围

幼儿教师在幼儿游戏指导的过程中，在对象范围上要做到重点与一般、个别与集体、局部与整体的结合，针对具体情境去灵活把握。

5. 把握好互动的节奏

幼儿教师应站在幼儿的角度，以"假如我是孩子"的心态体验幼儿可能的兴趣与需要，给幼儿时间和空间去探索、思考，提供条件，鼓励支持幼儿去验证自己的想法，哪怕是"错误"的想法。

6. 及时自我反思

游戏活动的自我反思可以用两种形式进行：一是在游戏指导过程中反思；二是对游戏指导行为的反思。

（二）幼儿教师对幼儿游戏的介入

1. 介入的角色定位

（1）非支持者角色：不参与者和导演者。

· 94 ·

（2）支持者角色：旁观者、舞台管理者、共同游戏者和游戏带头人。

2. 介入的时机

幼儿教师对游戏干预时机的选择主要取决于两个因素：一是幼儿客观的需要；二是幼儿教师的主观心态和状况。幼儿教师可在以下几种情形中介入：当幼儿游戏出现困难时；当必要的游戏秩序受到威胁时；当幼儿对游戏失去兴趣或准备放弃时；在游戏内容发展或技巧方面发生困难时。

3. 介入方式

（1）外部干预：是指幼儿教师并不直接参与游戏，而是以一个外在的角色，引导、说明、建议、鼓励游戏中幼儿的行为。

（2）内部干预：是指幼儿教师以游戏中的角色身份参与幼儿的游戏，以游戏情节需要的角色动作和语言来引导幼儿的游戏行为。

4. 介入的注意点

（1）分层次指导：不同年龄段，幼儿游戏的发展水平各不相同，幼儿教师指导的侧重点也应有所不同。

（2）谨慎扮演"现实代言人"角色：当幼儿游戏与现实不太吻合时，幼儿教师往往会介入提出一些现实性的问题，或试图加入教育因素，这种幼儿教师以现实为导向的评议和提问虽然有时不会严重影响幼儿的游戏，但有时会严重破坏假装游戏的"框架"，致使幼儿停止游戏，因此要慎用。

（3）及时退出：无论采用何种干预方式，一旦幼儿开始表现出所期望的游戏行为，幼儿教师就应转而扮演无指导性的共同游戏者，或完全从游戏中退出，以便让幼儿重新控制游戏，从而培养幼儿的独立性和自信心。

（三）幼儿游戏的支持与指导

1. 幼儿游戏的激发与指导

幼儿教师应丰富幼儿的生活经验，幼儿的知识经验是游戏的源泉，幼儿游戏是建立在实际经验的基础上的。幼儿教师应创设适宜的游戏环境，提出启发性的问题，提出合理化建议，平行介入游戏，巧妙地扮演角色。

2. 幼儿游戏的支持与推进

幼儿教师应以幼儿的眼光来看待游戏，尽量满足幼儿游戏的各种需要，从物质上和精神上给幼儿的游戏予以支持，推动游戏不断地向更高水平迈进。幼儿教师应满足幼儿的物质需求，与幼儿共同探索游戏奥秘，满足幼儿充分游戏的心理需求，关心幼儿的游戏意愿，关注游戏的发展进程。

练一练

1. 简述幼儿游戏条件的创设。
2. 结合实际，试论述幼儿教师如何指导幼儿游戏。

幼儿教育学

第三节　幼儿园各类游戏活动的指导

案例导入

　　在大班建构区内，明明搭建了一辆"坦克"，旁边的小强也拼插起了一架"飞机"。每当明明的"坦克"建好，小强就会开着"飞机"撞过来，破坏了明明搭建好的"坦克"。面对这样的现象，李老师对小强大声呵斥，并把小强拽到一边强行罚站。

　　按照游戏的划分，在本案例中幼儿玩的游戏属于结构游戏，幼儿玩耍的游戏还有哪些？在幼儿玩游戏的过程中，幼儿教师还要给予实时指导。李老师的做法显然是不妥的，在游戏中应该怎样指导幼儿才是正确的做法？

知识概述

一、角色游戏的指导

（一）小班角色游戏

1. 特点

　　小班幼儿处于独自游戏、平行游戏的高峰时期；角色意识差，游戏内容主要是重复操作、摆弄玩具，主题单一，情节简单；幼儿之间交往少，主要是与玩具发生关系，与同伴玩相同或相似的游戏。

2. 指导

　　幼儿教师要根据幼儿的生活经验为其提供种类少、数量多且形状相似的成型玩具，避免其为争抢玩具而发生纠纷，满足其平行游戏的需要；以平行游戏法指导游戏，也可以游戏中的角色身份加入游戏，在与幼儿游戏的过程中达到指导的目的；注意规则意识的培养，让幼儿在游戏中逐渐学会独立。

（二）中班角色游戏

1. 特点

　　中班游戏内容、情节比小班丰富多了；处于联合游戏阶段，想尝试所有的游戏主题，游戏主题不稳定；有了与别人交往的愿望，但还不具备交往的技能，常与同伴发生纠纷；有较强的角色意识，有了角色的归属感。

2. 指导

　　幼儿教师应根据幼儿需要提供丰富的游戏材料，鼓励幼儿多种主题或相同主题的游戏；注意观察幼儿游戏的情节及发生纠纷的原因，以平行游戏或合作游戏的方式指导；通过游戏讲评引导幼儿分享游戏经验，以丰富游戏主题和内容；指导幼儿学会并掌握交往技能及规范，促进幼儿与同伴交往，使幼儿学会在游戏中解决简单问题。

（三）大班角色游戏

1. 特点

　　大班游戏主题新颖，内容丰富，能主动地反映多种生活经验和较为复杂的人际关系；处

· 96 ·

于合作游戏阶段，喜欢与同伴一起游戏，能按自己的愿望主动选择并有计划地游戏；在游戏中自己解决问题的能力增强。

2. 指导

幼儿教师应根据幼儿游戏的特点，引导幼儿一起准备游戏材料和场地，多用语言指导游戏，在游戏中培养幼儿的独立性；观察幼儿游戏的种种意图，给幼儿提供开展游戏的练习机会和必要帮助；允许并鼓励幼儿在游戏中的点滴创造，通过讲评让幼儿相互学习，拓展思路，不断地提高角色游戏水平。

二、建构游戏的指导

（一）积木建构的发展阶段

（1）搬弄：是指只是把积木拿来拿去，并不搭建什么东西。
（2）重复：是指只是重复堆叠、平铺等简单动作。
（3）搭建：是指可以搭成"桥""楼房"等结构。
（4）围封：是指用积木围成封闭空间。
（5）再现：是指为所建造的东西命名，使其成为现实世界中某种物体的象征。

（二）小班建构游戏

1. 特点

小班幼儿的材料选用盲目而简单；建构技能简单；易中断，坚持性差；无主题建构计划。

2. 指导

幼儿教师应引导幼儿认识建构材料，引发活动兴趣；为幼儿安排游戏场地和足够数量的建构游戏材料；在游戏中指导幼儿学习建构技能，鼓励其尝试独立建构简单物体；引导幼儿理解和明确建构的目的，发展其想象力，使主题逐渐稳定；建立游戏规则；教会幼儿整理和保管玩具的方法，让其参与部分整理工作，培养其爱玩具的习惯；提供小型木质积木、大型轻质积木和小动物玩具、交通工具模型、平面板、小筐等辅助材料。

（三）中班建构游戏

1. 特点

中班幼儿能按建构物体的特性来选择材料；建构技能以"架空"为主；与同伴交流，坚持性增强；有建构主题，易变化。

2. 指导

幼儿教师应设法丰富幼儿的生活经验，为建构活动打下基础；培养幼儿设计建构方案，学会有目的地选材，看平面结构图；着重指导幼儿掌握建构技能并运用其塑造各种物体；组织幼儿评议建构活动，鼓励其独立、主动地发表意见和创造发明；提供大积木、中小型积木和人偶、小动物、交通工具模型、废旧材料、橡皮泥等各种建构材料及辅助材料。

（四）大班建构游戏

1. 特点

大班幼儿建构的目的性、计划性和持久性增强；能够合作选取丰富多样的材料；建构技

幼儿教育学

能日趋成熟；能根据游戏情景需要，不断产生新的建构主题。

2. 指导

幼儿教师应培养幼儿独立建构的能力，要求其按计划、有顺序地建构；让幼儿围绕一个主题进行建构时，学习表现物体的细节和特征，能够准确地表现游戏的构思和内容，会使用建构材料和辅助材料；引导幼儿在欣赏自己和同伴作品的过程中，逐渐发展自我评价和评价他人的能力；鼓励幼儿集体进行建构活动，共同设计方案，确定规划，分工合作，开展大型建构游戏；提供大积木、中小型积木、平面板和更多形状的辅助材料。

小资料

充分利用不定型的材料，开展室外的结构游戏

1. 玩沙游戏的指导

幼儿喜欢玩沙土。因为这是一种不定形材料，可随意操作，而且简便易行，可以广为利用。小班幼儿在玩沙土游戏中，多为独自玩耍，幼儿对铲土、抓土的动作，对沙土的可变性，以及对使用的玩具都很感兴趣。幼儿以一些简单的、重复的动作为满足，没有更多的目的性或仅有简单的目的性。中班幼儿在玩沙土的游戏中，能够几个人合作，玩沙的内容也丰富了，幼儿已经开始配用辅助材料做游戏。大班幼儿以合作建造大型的物体为满足，幼儿会创造性地使用辅助材料，建造的物体有一定的新颖性。

开展这种游戏需要为幼儿创设条件，沙池或沙箱应设在向阳处，有覆盖物，沙池面积要大些，便于幼儿活动。沙土宜经常洒水保持一定湿度，并要保持土质清洁松软。玩沙工具应多样，并配以塑料制、泥制、木制的玩具和辅助材料（如松柏树枝、彩纸、小木棍等）。教师应为幼儿玩沙游戏制定必要的规则。例如，玩沙前要把鼻涕擦净，卷好衣袖；玩时不用手揉眼，不扬沙土，不把沙土弄到箱外或池外；使用工具要小心，不要碰撞他人；玩沙结束后要清理工具与玩具，把手洗净等。这些规则不是为束缚幼儿而制定，而是在保证卫生与安全的前提下，让幼儿更自由、更充分地参加玩沙游戏。

2. 玩雪游戏的指导

我国北方地区，冬季可以开展玩雪游戏，如团雪球、滚雪球、堆雪人、修隧道、打雪仗、滑雪、用雪做科学的小游戏等。玩雪活动能锻炼幼儿身体，有益于其身心健康，还能促进幼儿思考力和想象力的发展。

玩雪游戏是冬季幼儿在户外进行的游戏，幼儿需要付出较大的活动量，时间不宜过长。小班幼儿主要是在幼儿教师带领下，在雪地里走一走，跑一跑，体验一下雪的特征，也可将雪铲到桶里，带回室内，看看雪变成什么样子。中、大班幼儿可以玩堆雪人、打雪仗，坐在滑雪车上滑雪，做关于雪的科学小游戏等。

3. 玩水游戏的指导

玩水也是幼儿所喜爱的活动。在夏季玩水游戏，既可满足幼儿活动的需要，又可以使幼儿清爽身体，认识水的特性。各年龄幼儿都可以做玩水的游戏，有条件的幼儿园可备有小水池（水深不超过0.3 m），并在池中设置一些软硬塑料制品，让幼儿在池中可以做拦河筑坝、漂流小船、游放鸭子游戏等。没有水池的幼儿园，可用大盆装水，供幼儿做游戏。玩水游戏也要建立一些必要的规则，如不允许往人身上泼水，不要把水洒到地上，不往水里投放污

·98·

物，游戏完毕将玩具擦干、收好等。

4. 玩泥游戏的指导

幼儿可以运用美术活动中学会的基本技能，在游戏中用泥捏制各种用具、食品、水果、人物和动物，满足幼儿游戏的愿望。大班幼儿制作的泥塑作品，可以阴干后焙烧、加色作为陶制玩具。幼儿教师指导幼儿时，应注意创设条件，提供游戏材料（小桶、模子、喷壶、小铲子等），同时注意选择的泥土质地清洁、松软；培养幼儿良好的卫生习惯，保证游戏的安全。例如，游戏时卷起衣袖、不揉眼睛、不扬土、不擦鼻子，玩泥结束后洗手、整理场地和用具。在游戏中给幼儿充分自由的空间，让幼儿自主地活动。

三、表演游戏的指导

（一）中班表演游戏

1. 特点

中班幼儿能独立进行角色分配，但进入游戏过程较慢；嬉戏性强，目的性弱；一般性表现为主，以动作为主要表现手段。

2. 指导

幼儿教师应为幼儿准备封闭或半封闭的空间，且最好在一定时间内是固定的；保证幼儿有不少于30分钟的游戏时间；提供简单易搭的材料，以2~4种为宜；最初开展阶段帮助幼儿做好分组工作，讲解角色更换原则，不急于示范，耐心等待幼儿协商、讨论，提醒其坚持游戏主题；在游戏展开阶段，应提高幼儿的角色表演意识，积极参与游戏，为幼儿提供适当示范。

（二）大班表演游戏

1. 特点

大班幼儿能独立地完成角色分配任务，有很强的角色更换意识；游戏的目的性、计划性较强，能自觉表现故事内容；具有一定表演意识，但尚待提高；具备一定表演技巧，能灵活地运用多种表现手段，但表现水平尚待提高。

2. 指导

幼儿教师可为幼儿提供较多种类的游戏材料，鼓励和支持幼儿进行多样化探索；在游戏最初阶段应尽可能少地干预；随着游戏的展开，及时给幼儿提供反馈，提高其表现故事、塑造角色的能力，侧重点放在帮助幼儿运用语气、语调、生动的表情、夸张的动作来塑造角色上；通过反思性谈话和小组讨论来帮助幼儿丰富游戏情节。

四、规则游戏的指导

（一）规则游戏的特点

1. 具有竞争性

竞争性是规则游戏的重要特征，但其强弱与不同的游戏者有关，母子之间和年幼的伙伴之间发生的规则游戏往往不具有竞争性。

幼儿教育学

2. 具有文化传承性

规则游戏往往以代代相传的方式流传于民间，并以"言传身教"的方式获得传播。

（二）规则游戏的指导要点

幼儿教师应尽可能选择可以让大多数幼儿参与而不是旁观、等待的游戏；游戏如需分组，最好采用随机的方式帮助幼儿分组，而不要让幼儿因性别、能力、性格等的差异而体验来自同伴的"忽视"或"拒绝"的压力；让幼儿体验到游戏成功的快感而不是挫折感；保持规则的灵活性；降低游戏的竞争性；注意幼儿的年龄特点。

小资料

音乐游戏《照镜子》

游戏任务："镜子里的人"能够模仿"照镜子的人"做镜面动作，"照镜子的人"能够根据音乐变化变换动作。

游戏玩法：两名幼儿分为一组，面对面站好，"剪子、包袱、锤"赢的人当"照镜子的人"，输的人当"镜子"。第一段音乐响起，"照镜子的人"自由舞蹈，反复一个动作，"镜子"做镜面动作。第二段音乐响起，"照镜子的人"变换动作，"镜子"随之也变换镜面动作。如此共表演四段音乐，音乐结束，两人各自摆一个姿势不动。

游戏规则：每次"剪子、包袱、锤"，赢的人做"照镜子的人"。"照镜子的人"根据每段音乐的特点可随意创编动作，但四段音乐的动作要不同；"镜子"需模仿"照镜子的人"做出相应的动作和表情。

游戏结果：教师伸出手朝表演成功的幼儿施"魔法"，可以重复游戏。表演失败的幼儿继续保持原有固定姿势不动，暂停游戏。

练一练

结合实际，试论述幼儿园各类游戏活动的指导。

本章小结

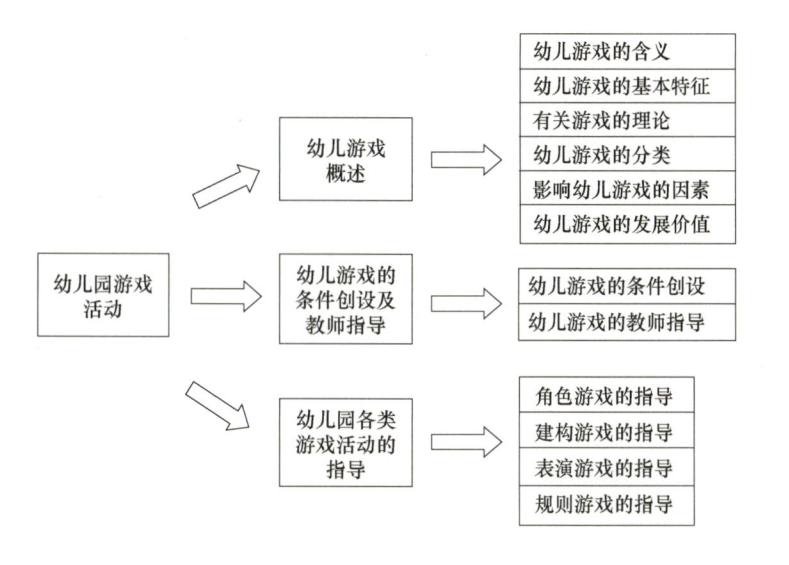

· 100 ·

第八章

幼儿园教学活动

【学习目标】

1. 掌握幼儿园教学活动的含义、教育作用、原则、教学方法。
2. 了解幼儿园教学活动设计的概念、要素。
3. 掌握幼儿园教学活动组织与指导方式。

第一节　幼儿园教学活动概述

案例导入

中班文学欣赏活动《小兔找太阳》教学活动片段。

李老师出示线索一：圆圆的！

李老师："信上写的是什么？小兔想找什么呢？大家能告诉小兔什么东西是圆圆的吗？"

幼儿1："气球！"

幼儿2："苹果！"

幼儿3："汽车的轮子！"

......

李老师："我们来数一数帮小兔找了多少样圆圆的东西！"

（鼓励幼儿询问："小兔！小兔！这些是你要找的东西吗？"）

李老师出示线索二：红红的！

李老师："哎呀！小兔想找的是圆圆的、红红的东西呀！这里面哪些是红红的呢？大家一起来帮帮小白兔吧！"

......

幼儿园教学活动应该符合相应年龄段幼儿的身心发展特点，让幼儿积极主动地参与到教学活动当中，并得到充分的锻炼。那么，幼儿园教学活动有哪些教育作用呢？

·101·

幼儿教育学

知识概述

一、幼儿园教学活动的含义

幼儿园教学活动是指幼儿教师从幼儿的兴趣和实际水平出发，根据幼儿园教育目标，有目的、有计划、有组织的，以增进幼儿对周围环境的认识，培养学习兴趣，帮助幼儿获取有利于其身心发展的经验的活动。幼儿园教学活动是由幼儿教师的"教"和学生的"学"组成的双边活动，"教"和"学"是矛盾统一的，以教师为主导的"教"为以幼儿为主体的"学"服务。

在专门组织的教学活动中，"教"和"学"的成分更加突出。但是，幼儿园的教学活动与中小学的教学活动有着本质的不同。

（1）幼儿园的教学活动内容比较灵活，不具有强制性。中小学的教学载体是系统的学科知识，对教学内容有严格的规定，教学内容通过教学来体现。幼儿园则不同，它没有国家专门指定的教学，也没有特别要完成的教学要求，学习内容常常是随机的，没有任何强制性，只需要遵循幼儿园教育的总目标，由幼儿教师选择活动内容、开展活动即可。教学的素材往往来自幼儿的生活和游戏。从这个意义上说，幼儿园阶段是最适合进行素质教育的年龄阶段，没有升学的压力，不需要考试，没有分数。

（2）幼儿园教学活动注重交给幼儿直接的知识和经验，是一种以游戏为主的特殊交往活动。在教学活动中，幼儿通过具体活动中的感知和体验来学习，而不是像小学生一样主要坐着听、看、思考。幼儿身心发展特点决定了幼儿不可能长时间地保持注意力的集中。对于幼儿而言，生活是重要的学习内容，也是重要的学习途径，但是幼儿自身的认知常常是松散的，以经验的形式来呈现。因此，幼儿园教学应通过以游戏为主的方式，让幼儿在有目的、有计划的交往活动中逐步接触、理解知识，由此得到相关的生活经验。

很显然，从系统传授和学习知识、技能的角度看，教学并不适合幼儿园，但是对于幼儿来说，又确实存在对初步的知识、技能的教与学的活动。例如，对交通规则的认知，就是必须在教学活动中来习得和巩固的。幼儿园教学活动为幼儿的全面发展提供可能，是实现幼儿园教育目标的重要保证。

二、幼儿园教学活动的教育作用

幼儿的学习是综合的、整体的。教学活动对幼儿的身心健康、和谐发展具有重要的意义。其教育作用主要表现在以下五个方面。

（一）促进幼儿身体健康发展

幼儿的身体非常柔弱，运动和适应能力比较差，容易生病和受到伤害。另外，幼儿的心理还远不成熟，其神经兴奋强于抑制，自我保护意识和能力较差，容易发生意外。因此，在幼儿园教学活动中，幼儿教师通过各种幼儿园健康教育的内容，引导幼儿参加体育活动，练习基本生活技能，了解基本的安全、营养知识，从而增强幼儿的体质，养成健身的习惯和技能，为幼儿一生的发展奠定良好的身体基础。

（二）丰富幼儿的经验和知识、促进智力发展

幼儿教师通过幼儿园的教学活动，为幼儿创设接触周围生活的环境，激发和引导幼儿观

· 102 ·

第八章　幼儿园教学活动

察周围世界，在获得有关自然和社会现象的、具体的、形象的、粗浅的感性认识的同时，也能培养学习兴趣和求知欲望，形成有关时间、空间和周围物品的有关概念，锻炼观察能力和初步思考能力，为幼儿智力的发展奠定坚实的基础。

（三）培养幼儿良好的行为习惯，为健全人格的形成奠定基础

幼儿教师通过对五大领域的教学活动，引导幼儿参加各种集体活动，体验与幼儿教师、同伴等共同生活的乐趣，学习初步的人际交往能力，学习礼貌待人，遵守生活和学习常规，懂得保持自身与环境卫生的知识与方法，体验热心助人等，从而培养幼儿良好的行为习惯，为幼儿今后健全人格的形成奠定基础。

（四）促进幼儿语言能力的发展

幼儿正处于语言发展的敏感期，促进幼儿语言发展是幼儿园教学活动的任务，也是其意义所在。《幼儿园教育指导纲要（试行）》将"语言"设为幼儿园教育的五大领域之一。幼儿教师在教学活动中，可通过形式多样的语言教育活动，有计划地对幼儿进行语言教育，使幼儿逐渐能听懂成人的语言，发音清楚、正确，会说普通话，词汇丰富；培养幼儿清楚地回答问题，比较完整地表达自己意思的能力，初步培养对文艺作品的兴趣。这些活动有助于促进幼儿语言能力的进一步发展。

（五）培养幼儿的审美兴趣和初步感受美、表现美的能力

幼儿教师在教学活动中，通过艺术等领域的教育活动，引导幼儿接触周围环境以及生活中美好的人、事、物，丰富幼儿的感性经验，激发幼儿表现美、创造美的情趣。幼儿教师在帮助幼儿初步感受美的同时，引导幼儿学习初步表现美的知识、技能，形成初步表现美的能力。

小资料

走进北京最特别的幼儿园——巴学园

巴学园是孩子们生活、游戏的乐园。观看纪录片的过程，是与孩子们一起享受快乐童年的过程。给我印象最深的是院子里的娃娃家，让我想起了小时候和玩伴们那种"草当菜、泥做饭"的游戏情境。这里没有精致的玩具，孩子们利用院中的摇椅、移动的木栅、几个玩偶、一些布块……无拘无束地展开了对生活的演绎创造，孩子们的想象、表达、交往、动手等能力在游戏中磨炼与迸发。孩子们可以使用木棍、小梯子、院子的树、垂挂的绳子等满足探究与身体运动的需要。

师生关系是精神环境的重要因素。巴学园的幼儿教师尊重每个孩子的一言一行，这里没有强制、没有命令，更多的是对幼儿行为的理解与尊重。例如，当辰辰每天坐在门口等好朋友南德的时候，教师陪伴她坐在台阶上一起等，一起分享见到好朋友的幸福；当锡坤一而再，再而三地将鞋子扔进垃圾桶时，幼儿教师不厌其烦且不动声色地帮其捡拾，给予了他空间敏感期探索与发展的支持；当按部就班进餐时，幼儿教师每次都最后一个离位，进餐时孩子们有说有笑，边吃边闹时，教师更多的是旁观。

幼儿教师理解孩子的这种行为，相信孩子能在这样的氛围中愉快进食……巴学园的孩子们很少体味到幼儿教师的权威，孩子们有的是对幼儿老师的信任和尊重，以及共处的平等，因此，孩子们常常会大胆地表达自己的意愿，和幼儿教师敞开心扉地交流，表现出真实的自我。

· 103 ·

幼儿教育学

练一练

1. 什么是幼儿园教学活动？
2. 简述幼儿园教学活动的教育作用。

第二节　幼儿园教学活动的原则

案例导入

李老师刚刚结束了小（一）班的活动课教学，向幼儿介绍摩擦力。为了组织好这次教学活动，李老师做了大量的前期准备工作——搜集了丰富有趣的图片，还从网上下载了形象生动的教学视频，真可谓万事俱备，只欠东风了！可是，今天在组织活动时，孩子们虽然认真在听，但是在整个活动中幼儿的参与性很差，李老师感到非常的疑惑，不由地陷入深思……

这堂活动课对于小班幼儿来说，难度太大，教学内容以及所采取的教学辅助手段都应该符合幼儿的身心发展特点。李老师在组织教学活动时，应该注意哪些方面呢？

知识概述

幼儿园教育教学原则贯穿于幼儿园教育教学活动的全过程和各个方面。它对制订教育教学计划、选择和使用教材、确定教学方法和组织形式等都具有指导的作用。幼儿教师只有正确地理解和灵活地运用这些原则，才能保证教育教学质量，有效地完成教育教学任务。

一、思想性原则

思想性原则是指在幼儿园全部教育教学活动中，必须向幼儿进行道德品质教育，贯彻完成幼儿园德育教育的任务。也就是说，要寓德育于各项活动之中。

根据幼儿身心发展的特点和实际情况，幼儿期的德育只是道德品质教育，即品德教育。幼儿的品德并不是天生的，而是在社会道德舆论的熏陶和家庭、幼儿园道德教育的影响下，在与周围成人和同伴的日常生活交往过程中，逐渐形成和发展起来的。历史事实证明，任何一个时代培养人才的目标，都不只限于单纯的传授知识，使受教育者具有一定的道德品质也是非常重要的。因此，德育是每个时代共有的教育现象，是教育活动的重要内容。

在幼儿园教育教学活动中，贯彻思想性原则，就是要通过各种教育教学活动，运用多种教育手段和方法，遵循一定的准则，对幼儿实施品德教育。其宗旨主要是培养幼儿爱祖国、爱人民、爱劳动、爱科学、爱护公共财物以及团结友爱、诚实、勇敢、不怕困难、有礼貌、守纪律等优良品德、文明行为习惯和活泼开朗的性格。从小就抓紧良好的品德教育，将为培养有理想、有道德、有文化、有纪律的一代新人打下坚实的基础。

二、科学性原则

科学性原则是指向幼儿传授的知识、技能应该是正确的、可靠的，是符合客观规律的。教学内容安排、教学组织形式的选择和教学方法的运用应符合幼儿年龄特点和认识事物的规

104

律，是切实可行的。也就是说，要保证幼儿园教育教学全过程的科学性。

幼儿期是一个人身心发展最迅速的时期，也是人一生智力发展最快的时期。幼儿年龄小、经验少、判断力差、模仿性强，容易接受周围环境的影响和外部刺激，而这一时期形成的认识在大脑中会留下深刻的印象，对其进一步发展将产生深远的影响。如果在教育教学中违背科学性原则，不顾幼儿的年龄特点和认识事物的规律组织教学，向幼儿灌输一些似是而非、不切实际、非科学性的知识，不仅影响幼儿现在的进步，也会给以后的发展造成障碍。因此，对于开展幼儿园教育教学活动来说，坚持科学性原则是极其重要的，它既能让幼儿在发展的最佳时期获得大量正确、可靠的知识和技能，迅速提高其智力水平，又可为将来进一步提高奠定良好的基础。

三、发展性原则

发展性原则是指幼儿园的教育教学活动要能促进幼儿个性的全面发展，即智力、体力、道德、意志、情感等的发展，使幼儿从现有的发展水平向最近发展区发展。

幼儿园应向幼儿进行德、智、体、美等全面发展教育，使其健康活泼地成长，为入小学打好基础，为造就一代新人打好基础。在教育教学过程中，无论偏重或忽视哪一方面，都不利于幼儿个性的全面发展。同时，必须面向全体幼儿，把德、体、智、美全方面发展教育贯穿于幼儿园的各项活动之中。

只有走在发展前面的教学才是良好的教学，即教学不应跟在发展的后面或在已达到的发展水平上进行，而应在没有完全成熟但是正在形成的心理功能的基础上进行。贯彻发展性原则，就必须在充分了解幼儿已有知识和理解能力、智力水平的基础上提出"略为超前"的适度教育要求，把幼儿发展的可能性与积极引导幼儿发展二者辩证地结合起来。总之，既不宜低估或迁就幼儿的年龄特点，错过发展的机会；又不可揠苗助长，超过发展的可能性。只有这样，才能使幼儿在最近的发展区获得尽可能地发展和提高。

四、直观性原则

直观性原则是指利用幼儿的各种感官和已有经验，通过各种直观手段吸引幼儿注意力，丰富幼儿的直接经验和感性知识，帮助幼儿形成正确的概念，获取知识和技能，发展智力。

这一原则是根据幼儿思维形象具体的特点，为了解决教育教学中词、概念和事物之间的矛盾关系而提出的。它符合幼儿第一信号系统占优势的特点，能使教育教学活动过程生动形象，自然活泼，激发幼儿的学习兴趣和积极性，集中幼儿注意力，有助于幼儿理解、接受和记忆，发展观察力和形象思维能力，对提高教学效果有重要作用。通常，运用的主要直观手段有以下几种：

（1）实物直观。包括观察实物、标本，实地参观，做小实验等。

（2）模具直观。包括观察图片、图书、玩具、模型、贴绒、教具、沙盘等。

（3）电化教育直观。包括幻灯、录像、电影、电视、录音、唱片等。

（4）语言直观。包括教师生动、形象、准确的语言描述。

（5）动作直观。包括演示、示范、教态等。

五、启发性原则

启发性原则是指教育教学活动中教师必须善于启发诱导，充分调动幼儿学习的主动性和

· 105 ·

幼儿教育学

积极性，激发幼儿的求知欲望的探索精神，引导幼儿积极地思考，提高幼儿主动获取知识和运用知识的能力。

幼儿教育的各种活动过程都是幼儿教师与幼儿的双边活动过程。如果离开了幼儿的主动性和积极性，就收不到预期的教学效果。幼儿的年龄特点决定其还不能把学习的社会意义转化为学习的内在动机，其学习的主动性和积极性，是与他们的兴趣、爱好、好奇心、求知欲望等紧密相连的。因此，要求幼儿教师善于启发诱导，引导幼儿注意仔细观察周围的事物，组织安排幼儿参加丰富多彩的活动，寓教育于具体、生动、形象与兴致勃勃的活动之中，促使幼儿对周围事物和现象产生热爱、兴趣、好奇心，产生吸取知识的要求和内在动机，主动地开动脑筋，思考问题。要培养幼儿初步的抽象能力和创造能力，充分调动幼儿运用已有的知识，通过自己的智力活动去获得更多的知识和技能。

六、趣味性原则

趣味性原则是指在教育教学活动中，幼儿教师必须使各教学环节充满趣味，以引起幼儿浓厚的学习兴趣，激发幼儿学习的积极性和求知欲，使幼儿在愉快的气氛中，带着喜悦的情绪，全身心地投入到活动中去，获取知识和技能。也即是要寓教育于娱乐之中。

幼儿时期，认识的发展尚处于无意性占优势的阶段，幼儿的学习往往受兴趣支配，而兴趣的产生主要来自周围环境的影响和刺激，受好奇的心理支配。幼儿年龄越小，越缺乏活动的目的性，情绪不稳定，注意力不能长时间集中，不会做意志上的种种努力，完全依靠外界环境与教学中提供的各种积极刺激。因此，只有教育教学的内容、活动形式、方法等符合幼儿的特点，使幼儿能接受并产生感兴趣的刺激，才能激发幼儿参加活动的主动性和积极性，产生强烈的求知欲望。这就要求在幼儿园的教育教学活动中，必须结合幼儿的特点进行，以活动全过程各个环节的趣味性来激发幼儿学习的兴趣性和主动性、积极性，让幼儿在整个活动中保持较持久的注意力，身心处于最活跃的状态，内在的潜能得到充分的发挥。

例如，各种形式的游戏活动，是幼儿普遍感兴趣的活动，如果增加竞赛性则更能引起幼儿活动的兴趣。竞赛性活动是最符合幼儿年龄特点的一种积极活动，也是幼儿获取知识、发展智力的有效方法和途径，在幼儿园教育教学活动中被广泛地运用。可见，在幼儿园教育教学活动中，引导、激发幼儿对活动的兴趣是调动幼儿学习主动性和积极性的重要手段，是幼儿园教育教学工作的一个非常重要的原则。

小资料

孩子在幼儿园学什么？

一位妈妈带着孩子刚从中国来到美国不久，便在当地为三岁半的女儿寻找合适的幼儿园。她首先来到一家众多朋友推荐的、口碑最好的幼儿园。在了解该园的基本情况后，她问园长："你们幼儿园会教孩子什么程度的文化知识？"园长回答："我们主要教孩子正确的行为和规则，老师会读书给孩子们听，但是不会教授具体的知识。"

妈妈心想幼儿园不教知识送孩子来这里干什么？于是，又找到了另外一个幼儿园，问了同样的问题。这家幼儿园园长回答："这个年纪的孩子就是玩儿。在玩的过程中，老师会培养孩子与别的孩子的社交能力。三岁的孩子不是通过书本学习，而是在玩儿中学习。"

感觉两个幼儿园园长的说法不同，但实质是相同的。她又找到了第三家幼儿园，这次先

106

跟园长挑明了自家的孩子已经认字、会数数和做简单加法了，幼儿园会不会提供后续的文化教育？园长说："考察好幼儿园的标准只有一个——他们会让几岁的孩子就干几岁孩子的事儿。三岁的孩子就该像个三岁的样子，整天玩儿，在玩儿中学，而不是像个五六岁的孩子一样去学字母和数数。"

妈妈暗中叹气：真是一蟹不如一蟹！

……

——节选自《用尊重成就孩子的一生：向美国父母学习不一样的教育》[美] 蔡真妮

练一练

结合实际，试论述幼儿园教学活动的原则。

第三节　幼儿园教学活动的教学方法

案例导入

煎鸡蛋（小班）活动过程

1. 回忆吃鸡蛋的经历，引起幼儿的兴趣

引出课题：各位小朋友，还记得早饭吃了什么吗？小班幼儿在李老师的引导下，积极地展开思考。

2. 观看视频，丰富经验

幼儿通过观看视频，了解鸡蛋在受热过程中的变化，感受"煎鸡蛋"的颜色及外形特点。

3. 棉签水粉画"煎鸡蛋"

（1）请幼儿做小厨师用棉签水粉画的方法来"做"煎鸡蛋（方法：棉签绕圈涂画）。

（2）展示幼儿作品，小结。

（3）请幼儿品尝厨房煎好的鸡蛋，活动结束。

幼儿园常用的教学方法有很多，恰当地运用教学方法不仅能保证活动的顺利进行，还能够提高教学活动的效果。李老师在教学过程中运用到哪些教学方法呢？

知识概述

教学方法是指为了完成一定的教学任务，师幼在共同活动中采用的手段。它既包括教的方法，也包括学的方法。教学方法运用的科学性和有效性在于：保证幼儿正确地掌握知识、技能，有利于激发幼儿的学习欲望，使幼儿生动、活泼、主动地学习，培养幼儿的创造精神。

一、直观法

直观法是幼儿园教学活动的主要方法。直观法是幼儿教师在教育过程中配合讲述、讲解

幼儿教育学

向幼儿显现实物、教具或做示范性实验和表演，借以说明和印证所讲授知识的一种方法。直观法包括观察、演示、示范、范例、欣赏等具体方法。

（一）观察法

观察法是指幼儿教师有计划、有目的地引导幼儿感知客观事物的一种方法。观察法包括个别物体观察、比较性观察、长期系统性观察等形式。观察活动可以是幼儿主动的、自发的，也可以是教师专门组织的。这种方法是常识教学和美术教学的主要方法。

运用观察法的要点：

（1）观察前，幼儿教师应做好准备，包括创设观察条件、选择观察对象、确定观察内容等。

（2）观察开始时，幼儿教师要向幼儿提出观察目的（即观察什么），防止幼儿不知道该看什么而注意力分散。

（3）在观察过程中，幼儿教师应该对幼儿进行指导（即如何观察），并提醒幼儿做好观察记录。

（4）观察活动结束后，幼儿教师应引导幼儿做好观察总结。

（二）演示法

演示法是指幼儿教师在教学中向幼儿出示各种实物、教具、模型进行示范性操作的一种方法。这种方法常与讲述法、谈话法一起使用。演示法包括分步演示、连续演示、局部演示、对比演示、反复演示等多种形式。

运用演示法的要点：

（1）要选择恰当的时机，激发幼儿的新鲜感。

（2）使全体幼儿都能看清演示的对象，把注意力集中在对象的主要方面。

（3）辅以简明扼要的讲解和谈话，使演示的事物与所学的知识紧密结合，将个别的知识归纳成为完整的知识。

（4）演示要技巧熟练、造型准确、程序正确、动作清楚、速度适宜。

（5）演示的时间要短，根据需要可向全班、小组或个人进行演示。

（三）示范法

示范法是指幼儿教师通过自己的语言、动作所做的教学表演，为幼儿提供具体模仿的范例。在语言活动、科学活动的教学中，幼儿教师应经常运用语言示范，发展幼儿叙述、描写、创造性的讲述及朗诵能力；在美工、音乐、体育教学中则通过动作示范帮助幼儿掌握学习内容和动作。

示范法包括完整示范、部分示范、分解示范、不同方向示范等多种形式。在向幼儿传授儿歌、歌曲、舞蹈、绘画等内容时，幼儿教师应做完整示范，便于幼儿理解和掌握。在教学活动中发现有的幼儿有难点、错误时，幼儿教师可再做分解示范，以帮助幼儿解决困难和纠正错误。示范可由幼儿教师示范，也可以请其他幼儿示范。

运用示范法的要点：

（1）进行示范动作时，要选择好位置，使每个幼儿都能看清楚。

（2）示范动作要慢一些，而且要清楚准确，并适当加以解释。

（3）进行语言示范时，要声音洪亮、吐字清楚、用词准确、速度适中、富有表现力。

· 108 ·

第八章　幼儿园教学活动

（四）范例法

范例法是指按教学要求或者活动目标提供给幼儿一种可模仿的榜样，它是形象的、具体的。范例对年龄越小的幼儿作用越明显。在思想品德教育中，以优秀人物为范例。在教学过程中，是指向幼儿出示的各种样品，如绘画、纸工、泥工样品等，供幼儿观察、模仿学习。这种方法多用于美术、美工的教学。范例包括图片、模型、玩具、画册、实物标本以及幼儿教师画或做的图画、手工和贴绒样品等。

运用范例法的要点：

（1）教学中范例的大小以让每个幼儿看清楚为宜。

（2）范例的难易程度要与幼儿实际水平相适应。

（3）范例要色彩鲜艳、画面清晰、形象突出、具有典型性。

（4）范例要多样化，具有一定的数量，能从不同角度反映事物的面貌，以开阔幼儿的思路，为其创造性表现提供基础。

（五）欣赏法

欣赏法是指幼儿教师指导幼儿体验客观事物的真善美，借以陶冶情操的方法。例如，艺术美和自然美的欣赏，有助于培养幼儿的审美能力，丰富精神生活；道德行为的欣赏，有助于培养道德品质、高尚的理想情操；理智的欣赏，有助于培养求知兴趣、科学态度、创造精神。幼儿园各科教学都有欣赏教学因素，音乐、美术、语言教学中运用较多。

运用欣赏法的要点：

（1）引起幼儿欣赏的兴趣，欣赏前联系幼儿的经验和当前的情景，启发诱导幼儿欣赏的愿望。

（2）利用各种情境激发幼儿强烈的情感反映，如惊讶、赞叹、钦佩、敬仰等，使幼儿受到感染和教育。

（3）培养幼儿欣赏美好事物的能力和鉴别真与假、善与恶、美与丑的能力。

二、口授法

口授法是指通过幼儿教师的讲述和讲解，向幼儿描绘情境、叙述事实、解释概念、说明道理，使幼儿直接获得知识的教学方法。这是使用最早、应用最广的教学方法，也是幼儿园教育活动中应用最为经常和普遍的一种方法。口授法包括讲述、讲解、谈话、描述等具体方法。

（一）讲述法

讲述法是指幼儿教师通过口头语言生动地叙述、说明、讲解教学内容、教材的一种教学方法。这种方法在教育活动中应用广泛，不仅用于向幼儿传授新知识，还广泛用于各种活动的组织，是语言教学活动的主要方法。讲述法包括叙事、描述、解释等表述方式。按讲述的内容可分为符合实际的讲述和创造性讲述；按讲述的心理过程可分为凭感知讲述、凭记忆讲述和凭想象讲述；按讲述形式可分为叙事性讲述和有情节讲述。讲述课类型有讲述实物、看图讲述、编故事等多种。

运用讲述法的要点：

（1）讲述的语言要正确、生动、形象、富有感情，能引起幼儿的兴趣，如语言的速度、

109

语音的变化、感情的色彩等。

（2）讲述要简明扼要、重点突出。要运用幼儿化语言，让幼儿能听懂。

（3）讲述之前，幼儿教师要交代清楚讲述的要求；在讲述过程中，要提醒幼儿围绕讲述对象进行讲述。

（4）幼儿教师要注意倾听幼儿的讲述，及时给予鼓励和必要的帮助，但切忌用过多的指点干扰幼儿的讲述。

（二）讲解法

讲解法是指幼儿教师通过口头语言向幼儿解释和说明知识、材料、规定、要求等的教学方法。

运用讲解法的要点：

（1）幼儿教师讲解要抓住重点、难点和关键，深入浅出，必要时可适当重复讲解。

（2）幼儿教师讲解的语言要准确、清晰、简练、形象、生动、通俗易懂，符合幼儿的理解能力和接受水平，能引起幼儿的兴趣。

（3）幼儿教师讲解要条理清楚，便于幼儿记忆。

（三）谈话法

谈话法是指用提问、问答、讨论等方式进行教学的方法。幼儿教师可以通过提问，引导幼儿运用已有的知识经验回答问题，借以获得新知识或检查知识、巩固知识。这种方法容易集中幼儿的注意力，激发幼儿积极的思维活动，发展语言表达能力，提高教学效果。谈话法包括启发式谈话、再现谈话、讲授谈话等形式。

运用谈话法的要点：

（1）要在幼儿已有的知识经验基础上进行。

（2）幼儿教师所提的问题须经过周密思考，要围绕主题紧扣教学目的，具体明确，富有启发性，既要面向全体幼儿，又要照顾个别幼儿的水平。

（3）问题要有逻辑性，以引导幼儿步步深入思考。

（4）幼儿教师教会幼儿注意听清问题，针对问题用响亮声音回答，培养幼儿回答问题的能力和良好习惯。

（5）幼儿教师要注意耐心倾听幼儿的回答，及时肯定、补充，做出明确的结论。

（6）鼓励幼儿向幼儿教师提出质疑。

（四）描述法

描述法是指幼儿教师运用形象化的语言描绘、讲述所教授知识内容的教学方法。描述法会唤起幼儿头脑中鲜明的表象和丰富的联想，帮助幼儿理解事物，获得间接知识，发展形象思维能力。描述法适用于幼儿园的各科教学和幼儿的各种活动。描述法包括描述性提问、描述性讲授等方式。

运用描述法的要点：

（1）语言要绘声绘色、优美而富于感情，把事物描述得生动、具体、形象鲜明。

（2）描述要有一定的顺序，可与观察相结合。

三、实践法

实践法是指幼儿教师在教育教学活动中，创设多种以幼儿为主体的实践活动。在实践活动中，训练幼儿的各种感官，并进一步理解知识、巩固技能、加深记忆的一种教学方法。实践法包括练习、操作、游戏、表达等具体方法。

（一）练习法

练习法是指在幼儿教师的帮助和辅导下，通过多次重复地练习使幼儿熟练地掌握知识和技能的一种方法。练习法是巩固新知识，形成技能技巧和习惯的基本方法。练习法按性质和特点分为运用技能练习、道德行为练习、心智技能练习。每类练习可以以分段练习（分步练习、单项练习）、综合练习（完整练习）的方式进行。

运用练习法的要点：

（1）使幼儿明确练习的目的、任务和具体要求，在理解的情况下自觉练习。

（2）运用正确的练习方法，伴随讲解和示范，指出难点和易犯的错误，使幼儿获得有关练习方法和实际运用的清晰表象。

（3）根据练习材料的性质和幼儿的年龄特点，适当分配练习的分量、次数和时间。

（4）练习的方式要多样化，以提高练习的兴趣，避免单调、乏味的重复。

（5）练习中要先求正确后求熟练，逐步提高要求，及时评价指导，让幼儿知道练习的结果。

（6）加强个别幼儿辅导，及时纠正错误，以免形成习惯后不易纠正，对能力差的幼儿要多给予练习的机会和具体的帮助。

（7）鼓励幼儿的创造精神，防止盲目模仿和机械重复。

（二）操作法

操作法是指幼儿通过亲自动手操作直观教具，在摆弄物体的过程中进行探索，从而获得知识、经验和技能的一种教学方法。操作法包括示范性操作、探索性操作、巩固性操作等形式。操作可以是个体的，也可以是集体的。常常结合游戏、练习等方法使用。

运用操作法的要点：

（1）明确操作的目的。

（2）为幼儿提供充足的操作材料，一般一人一份。

（3）给幼儿充分的操作时间去摆弄物体，去思考和探索，以达到操作的目的，充分发挥教具、材料的作用，切忌走过场。

（4）在幼儿动手操作之前，应向幼儿说明操作的目的、要求和具体的操作步骤、方法。

（5）在幼儿操作的过程中，幼儿教师要观察幼儿的操作情况，及时发现问题，引导幼儿积极思考和探索。

（6）要讨论操作的结果，帮助幼儿将在操作中获得的感性经验予以整理归纳明确概念。

（7）操作应根据不同的教学内容及不同年龄的幼儿提出不同的要求。

（三）游戏法

游戏法是指通过在幼儿教师指导下进行有规则的游戏活动而进行教学的一种方法，是深受幼儿欢迎的一种教学方式。游戏法包括智力游戏、体育游戏、音乐游戏、语言游戏、综合游戏等形式。

运用游戏法的要点：

（1）游戏的内容要健康，要有益于幼儿的身心发展。

幼儿教育学

（2）根据不同的教育目标和教育内容选择、创编不同形式的游戏。

（3）幼儿教师要重点指导幼儿遵守游戏规则，能够克服困难，独立或与同伴合作完成游戏。

（4）幼儿教师应根据游戏的内容及形式的不同，采用不同的指导方法。

（5）在游戏中要注意培养幼儿之间的合作、谦让、友爱、互助等优秀品质。

（四）表达法

表达法即发表、表现，是指幼儿经过思考、领悟，用行动来表现自己的思想、感受，反映对事物认识的一种方法。表达法是幼儿学习的一种重要方法。表达法包括具体的表达（绘画、手工、唱歌、舞蹈、表演、创造性游戏等）、抽象的表达（谈话、讨论、讲述、朗诵等）。

运用表达法的要点：

（1）幼儿教师要为幼儿创造条件，给每个幼儿充分的发表看法、表现自我的机会。

（2）让幼儿自由地选择表达的方式，积极地表现自己，在表达中得到发展。

练一练

简述幼儿园教学活动的教学法。

第四节　幼儿园教学活动的组织与指导

案例导入

幼儿园里有很多的标志。例如，在楼梯口、洗手间、餐厅、活动室……有些标志，幼儿们看得懂；有些标志，幼儿们还不是很熟悉。大班幼儿活泼好动，并且富于想象力，有的幼儿开始设计自己的标志了！幼儿们把设计的标志贴在自己柜子的门上。了解到这种情况后，李老师打算组织一次综合活动——"兔子先生去散步"。李老师带领幼儿们认识生活中更多常见的标志，并让幼儿们尝试设计自己的标志。有了相关理论做支撑，李老师设计的活动具有趣味性、知识性与体验性，幼儿们在整个活动中也兴趣满满，活动效果非常好。活动结束后，李老师帮助小朋友把设计的标志贴在教室外面的走廊墙上。

一个教学活动从准备到实施，再到总结，需要幼儿教师付出很大的心血。不仅要考虑幼儿对教学内容的可接受程度，还要注意有效地完成整个活动的设计，在教学中有针对性地给予指导，提高整个活动的效果。

知识概述

一、幼儿园教学活动设计的概念

幼儿园教学活动设计是指幼儿教师在尊重幼儿身心发展的特点与规律，在了解和掌握幼儿现有水平和发展需求的基础上，对教学活动的目标、内容、实施步骤制订的预期方案。成功的教学活动需要幼儿教师有目的、有计划地采取多种形式有效地教学，引导幼儿生动、活泼、快乐地学习。依据幼儿的兴趣和需要设计好教学活动是圆满完成教学目标的关键。

·112·

第八章　幼儿园教学活动

二、幼儿园教学活动设计的要素

一般来说，幼儿园教学活动设计包括活动名称、活动目标、活动重难点、活动准备、活动过程、活动延伸以及活动评价等要素。这些要素相互联系，不可分割，构成了教学活动设计的主要过程。

(一) 活动名称

活动名称，即一次具体的教学活动的题目。活动名称表明教学活动所属的领域及主要内容，表述应简单明了，一语中的。一个完整的教学活动名称应包括活动类型、活动名称、年龄班。

(二) 活动目标

幼儿教师的活动目标意识要时刻体现在幼儿园教学活动中，而目标的设计是幼儿园教学活动设计的首要因素，只有科学、合理地确定教育活动目标，选择适当的教学活动内容，才能够保证教学活动有序进行，并达到预期的教育目的。教学活动目标应包含三个维度：认知目标、技能目标、情感目标。

【例】中班歌唱活动《夏天到》

认知目标：通过倾听和学唱歌曲，初步感知歌曲旋律的优美，理解歌词大意，知道夏天的特征。

技能目标：在学会唱这首歌曲的基础上，能够根据夏天的特征，尝试创编关于夏天的歌词，并随乐演唱。

情感目标：乐于参与歌唱活动，体验歌曲的有趣和快乐，愿意与同伴用自己喜欢的方式分享自己演唱这首歌曲的心情。

(三) 活动重点、难点

活动重点是指教学活动中举足轻重、关键性的、最基本的、最重要的中心内容。活动难点则是从幼儿实际出发，幼儿难以理解或领会的抽象或复杂的内容。制定了活动的重点与难点，要在活动过程中有体现突破重、难点的具体策略，也是保证主要目标达成的途径。重点与难点的把握，实际上就是幼儿教师预设一下活动中幼儿可能出现的问题，如果预测准确，而且做好了充分的应对准备，目标就能顺利达成；如果预测有偏差，真正的难点被忽略了，如幼儿遇到困难，而幼儿教师缺乏相应的策略，那么会非常影响活动效果。因此，重点与难点的把握是目标达成的核心环节，这一环节的设计需要在幼儿教师对幼儿充分了解的基础上进行。

【例】中班音乐活动《大象和小蚊子》

活动重点：通过多种形式来表达对音乐的感受。

活动难点：感受乐曲中旋律与节奏的特点。

(四) 活动准备

准备工作是实施活动的前提，它直接影响着幼儿参与活动的积极性、活动的进程和实际效果。活动准备包括物质准备和经验准备。物质准备包括活动所需教具、学具和环境创设等方面的准备（如多媒体课件、音频、视频、头饰等）；经验准备是指幼儿之前的相关学习

· 113 ·

幼儿教育学

经验。

【例】大班科学活动《大蒜》

物质准备：大蒜头、小铲子、水壶若干。

经验准备：幼儿已观察幼儿教师整地、松土、浇水等劳动。

（五）活动过程

活动过程包括开始部分、基本部分、结束部分。其中，基本部分是活动方案的主体。

开始部分的主要任务是创设情境、导入活动，以激发幼儿参与活动的兴趣。导入活动的方法多种多样，常用的有演示教具、组织幼儿玩小游戏、演唱或欣赏歌曲，以通过提问和猜谜语形式制造悬念、讲故事或念儿歌、开门见山直接开始活动等。

基本部分是幼儿教师引导幼儿主动参与活动，积极探索，以实现活动目标的过程。幼儿教师应灵活、熟练地实现从一个环节向另一个环节的自然过渡，运用启发式提问引导幼儿观察思考，探索和表现，根据幼儿的表现及时调整自己的活动计划。

结束部分的主要任务是幼儿教师总结幼儿活动的情况，可以采用幼儿自评、互评和幼儿教师评价相结合的方法客观评价幼儿的表现。活动结束的类型一般有总结性结束、悬念性结束、活动性结束等方法。幼儿教师可以根据具体情况灵活地使用。

（六）活动延伸

活动结束之后，幼儿教师还可以组织其他活动促使该活动目标更好地达成。如主题活动"秋游"，在开展社会活动"我们秋游去"之后，再及时组织延伸活动——谈话"秋游真快乐"，将社会环境和人际、自然环境及语言领域的活动有机结合，在活动中相互渗透目标，使幼儿积累丰富的经验，更好地为主题目标服务。当然，也可以把活动延伸到社会和家庭中去。活动延伸属于机动部分，是幼儿园教学活动连续性的具体体现。

（七）活动评价

活动评价，即是教学的小结，应包括幼儿教师对本次活动内容的总结，突出重难点，也包括对活动中幼儿的行为表现的小结。幼儿教师可以进行教学反思、自我诊断，通过对幼儿活动情况的分析，找到自己设计或组织过程中的优势或不足，以便及时调整和改进工作，促进每一个幼儿的发展，提高教学质量。

三、幼儿园教学活动组织与指导方式

幼儿园教学活动组织与指导的方式很多，每种方式都各有其特点、功能和适用范围，要根据需要灵活选择。对幼儿园教学活动组织与指导方式可从以下不同的角度进行划分。

（一）依据教师的指导方式，幼儿园教学活动分为直接教学活动、间接教学活动

1. 直接教学包含幼儿教师直接教学和幼儿接受学习

幼儿教师直接教学是指幼儿教师按照教育目标，直接把教育内容传递给幼儿；相应地，幼儿接受学习是指幼儿主要通过幼儿教师的言语讲授获得知识的学习方式。

幼儿教师直接教学时，教育内容、方法、步骤等都按照教育目标进行了精心准备，因而，这种方式清楚明确、系统有序、省时经济。幼儿教师在"教"之前对幼儿的情况非常了解，所讲内容又符合幼儿的兴趣、经验和理解水平，并能在讲的过程中注意调动幼儿的积

· 114 ·

第八章 幼儿园教学活动

极性，而不是要求幼儿死记硬背、强制灌输，使幼儿进行主动的有意义的学习，也能很好地起到促进幼儿学习和发展的作用。

当然，直接教学有不少缺点。例如，因为知识和理解能力缺乏，所以幼儿对"教"的内容难以真正地理解和运用；幼儿教师和幼儿之间难以双向交流，容易形成幼儿教师向幼儿的单向灌输；幼儿自主学习机会少，其主动性、创造性难以发挥。

2. 间接教学包含幼儿教师间接教和幼儿的发现学习

幼儿教师间接教学是指幼儿教师不把教育内容直接讲给幼儿听，而是通过物质环境和人际环境，利用其适当的中介，如榜样、材料、事件等，让幼儿与它们相互作用，迂回地达到教育目的；相应地，幼儿的发现学习是指幼儿通过动手操作、亲自实践、与人交往等去发现自己原来不知道的东西，从而获得各种直接经验、体验以及思维方法的学习方式。

间接教学有许多优点。例如，充分发挥幼儿的自主性，幼儿通过尝试主动学习和发展；幼儿获得的都是有意义的直接经验，有利于从根本上发展幼儿的兴趣、情感、能力等；幼儿教师以平等姿态参与幼儿活动，不但丰富了幼儿的交往，也有利于提高活动的效果；以自然的方式接近幼儿的生活，甚至与幼儿的生活完全融合，幼儿不知不觉地接受教育影响。

当然，间接教学也有不足之处。例如，幼儿获得的知识、经验容易陷入表面，缺乏系统，有时甚至会得出错误结论；与直接教学相比，间接教学的指导困难得多，其虽然有一定规律可循，但是却没有一个固定、统一的模式可套，要求幼儿教师有较高的技能技巧，特别是需要教育的灵活性、随机性。

（二）依据组织形式，幼儿园教学活动分为集体活动、小组活动、个别活动

1. 集体活动

集体活动即班级教学，往往是集体参与的共同活动，是一种传统的教学组织形式。集体活动的特点是以幼儿教师的引导和组织为主，全班幼儿在同一时间内做相同的事情，因此，效率较高。也可以说，集体活动是幼儿教师作用于幼儿的一种明确简捷、系统有序的教学形式。但随着现代教育理念的深入和推进，教育工作者越来越意识到：教学不是简单的知识传递，而是知识的处理和转换过程。而集体教学难以顾及幼儿发展的个别差异，无法真正满足每个幼儿的需要，不利于幼儿学习主动性的发挥。

2. 小组活动

小组活动是一种幼儿在小组或团体中为了完成共同的任务，有明确的责任分工，相互配合的互助性学习。幼儿园的小组活动可以是幼儿教师有计划安排的活动，也可以是幼儿自发的活动。小组活动的特点是能发挥幼儿的主动性，幼儿有更多的机会参与其中，与同伴、幼儿教师谈论或交流。小组活动中以幼儿的主动学习为主，幼儿教师的责任更多是观察了解幼儿，并给予适当和必要的引导及帮助。分组的方式有多种，可按兴趣分组，按能力分组，也可按性别分组。无论哪种分组方式，都需要幼儿教师对幼儿做深入的了解，否则分组将会流于形式，实质上仍是集体教学，并不会增加幼儿参与的机会。

3. 个别活动

个别活动可以是由一个幼儿教师面对一两个幼儿进行指导，也可以是幼儿的自发、自由活动。幼儿教师的指导一般在幼儿自选活动时间进行，幼儿教师作为同伴参与到幼儿的活动

· 115 ·

幼儿教育学

中去，与个别幼儿互动，或是针对个别幼儿的特殊情况，进行专门辅导。个别活动的特点是针对性强，有利于幼儿教师照顾幼儿的个别差异，因材施教，但比较费时，效率较低。

上述三种教学组织形式都有各自的特点，应根据需要合理地安排，灵活地运用。《幼儿园工作规程》明确指出："教育活动的组织应当灵活地运用集体、小组和个别活动等形式，为每个幼儿提供充分参与的机会，满足幼儿多方面发展的需要，促进每个幼儿在不同水平上得到发展。"

小资料

地球上的水
——大班科学活动

1. 设计意图

水是生命之源。虽然幼儿们口头上都知道要节约用水，但是节约用水的意识还比较薄弱，在平时的生活中，幼儿们都有玩水、浪费水的现象。具体表现在：洗手时，将水龙头开得很大，洗很长时间，玩水，洗完手不关水龙头等。《幼儿园教育指导纲要》中提出"从身边的小事入手，培养初步的环保意识和行为"。在创建节约型社会的今天，节约用水是大家共同的责任，有必要让孩子们了解水资源的宝贵，提高幼儿们的节水意识，节约不能只停留在口头上，而是要付诸行动，所以我们设计了"地球上的水"科学活动。

2. 活动目标

(1) 了解水资源的现状和用途，懂得爱惜水，节约用水。

(2) 知道水污染的危害，初步树立起保护水资源的意识。

3. 活动准备

(1) 经验准备：幼儿认识地球仪，并在家长的配合下了解一些有关水的用途的常识。

(2) 材料准备：地球仪、讲解水用途的课件、演示"水污染的原因"的图片数幅、一瓶被污染的水。

4. 活动重点、难点

(1) 重点：懂得节约用水，保护水资源。

(2) 难点：知道水污染的危害，了解河水变脏的一些主要原因。

5. 活动过程

(1) 了解水分布情况。

幼儿教师：小朋友，你们在什么地方看到水？水是怎么用都用不完的吗？

(2) 初步了解地球水资源的现状。

幼儿教师：地球仪中什么颜色代表水？所有的水都能供人们使用吗？（幼儿分组观察地球仪）

结合幼儿的已有经验，引导幼儿分清淡水、咸水，了解淡水资源的珍贵。

幼儿教师小结：地球上淡水资源是非常有限的，尽管地球表面大部分被水覆盖，并因此被称为"水球"，但是可供人类使用的淡水很少，地球上大部分的水是海洋中的咸水，因此地球上只有特别少部分的水是能够使用的淡水，而且有些地区的水已经被污染，淡水的供应

116

量就更有限了。

（3）简单了解水的用途。

① 水可以用来干什么？（饮用、灌溉、养殖）

② 播放视频，了解水的用途。

幼儿教师：让我们一起来看一看，哪些地方还需要水？（发电、灭火、染布等）

（4）分析水污染的危害。

① 出示被污染的水的图片，引导幼儿说出自己的看法。

幼儿教师：这些水怎么了？为什么会变成这样？

② 出示一瓶被污染的水。

幼儿教师：我们人喝了被污染的水会怎么样？小朋友们应该怎么做呢？

重点：知道水污染的危害，初步树立保护水资源的意识。

6. 活动延伸

（1）搜集图片和视频，了解水污染的一些主要原因。

（2）制作节约用水标志，贴在盥洗室的墙上，提醒幼儿注意节约用水。

练一练

1. 简述幼儿园教学活动设计的要素。

2. 简述幼儿园教学活动组织与指导方式。

本章小结

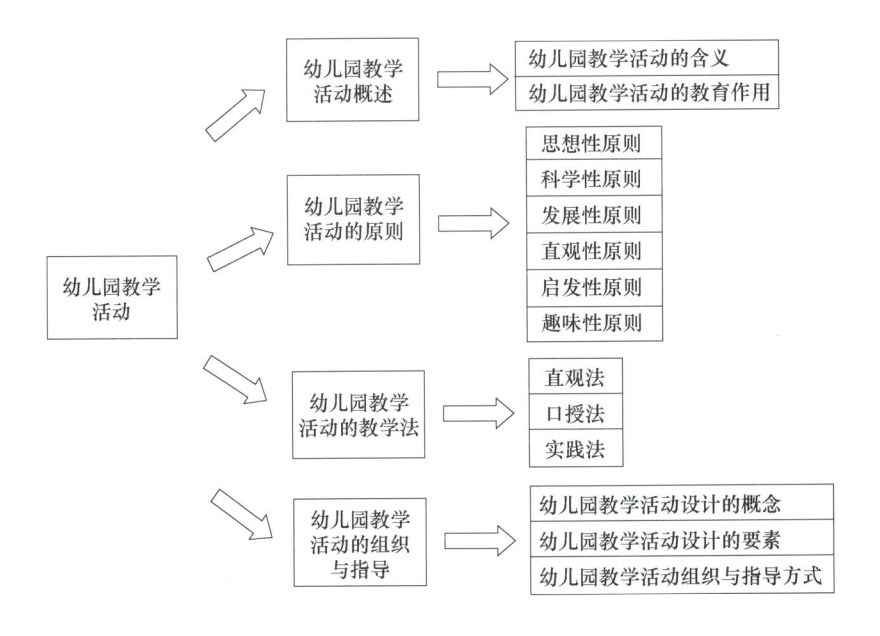

第九章

幼儿园其他形式活动

【学习目标】

1. 了解幼儿园的节日活动、区域活动、亲子活动的内涵。
2. 理解幼儿园节日活动、区域活动、亲子活动的教育意义。
3. 学会运用教育学相关知识设计和组织节日活动、区域活动、亲子活动。

第一节　幼儿园的节日活动

案例导入

"海上生明月，天涯共此时。"金桂飘香，又是一年花好月圆，又迎来了一年中最美的中秋节。中秋美，美在那一轮圆月；中秋美，美在对亲人的思念；美在每一颗感恩的心……大班的孩子们，用灵巧的小手，同爸爸妈妈一起制作了一张张感恩的贺卡，为身边所有的人送上中秋的祝福，一颗颗稚嫩的童心着实让人感动。

这是某幼儿园中秋节感恩活动教育的主题板报，看起来很别具匠心呀！请谈谈这样做的好处。

知识概述

一、节日活动的概念

节日活动是在不同国家、不同民族、不同区域的长期生产活动实践中产生的一种特定的社会现象，是在特定时期举办的、具有鲜明地方特色和群众基础的大型文化活动。幼儿园的节日活动是指教育者利用节日活动中的人、事、物，有目的、有组织、有计划地对 3～6 岁幼儿施以积极影响，促进其发展的过程。通过节日教育活动，让幼儿亲近自然、接触社会，初步了解有关节日的风土人情，陶冶幼儿良好的社会情感，以节日教育促进幼儿认知、情感、行为的发展。

对于幼儿园来说，常见的节日活动主要有"五一"国际劳动节"六一"国际儿童节、

· 118 ·

第九章　幼儿园其他形式活动

国庆节、元旦、春节、中秋节、毕业典礼等。如果将节日活动加以简单分类；可以分为两类：一类是法定节日活动；另一类是非法定节日活动。与幼儿园活动联系紧密的相关法定节日活动包括"五一"国际劳动节、国庆节、元旦、春节。非法定节日活动又可以分为国际或国内通行的节假日庆祝与娱乐活动，如"六一"国际儿童节、"三八"国际劳动妇女节、教师节、圣诞节等；中国传统节日，如重阳节；园庆、开学典礼、毕业典礼等庆典活动；当地特色的节庆与娱乐活动。

二、节日活动的教育意义

（一）节日活动促进幼儿社会性发展

节日是幼儿生活的一部分，是教育幼儿的有利时机。幼儿园适当地开展一些节日活动，对于幼儿德、智、体、美、劳诸方面的发展，尤其是社会性发展具有重要意义。节日的内容丰富多彩，涉及自然、社会、民族文化、风土人情等方面。对于幼儿园的幼儿来说，从小就传授给他们本国家本民族的节日内容和意义大有益处。因此，根据节日的性质和具体内容不同，可以组织不同主题、不同类型的教育活动。民俗性传统节日活动，如春节、端午节、中秋节等，可以增进幼儿对热烈、喜庆、欢快的节日氛围的感知和体验，对健康的民俗习惯和社交礼仪规范的了解，培养幼儿积极健康的情感、态度和人际交往能力。社会政治性节日，如"三八"国际劳动妇女节、"五一"国际劳动节、国庆节等。开展这一类节日活动，可以让幼儿感知节日所体现的政治思想意义，发展幼儿良好的社会政治性情感，增进幼儿对社会的了解。例如，国庆节，可以培养幼儿对祖国的热爱。

现代文化性节日，如环境日、交通日、粮食日等，是随着当代人类社会的不断发展而出现的，这些节日一般都与人类发展过程中遇到的共同问题相联系。例如，环境、交通、能源问题，都是现代社会向人们提出的挑战。开展这类节日活动可以帮助幼儿了解节日的来历和有关的知识，使幼儿树立全新的社会观念和现代意识，从小培养幼儿对社会的责任感、使命感和时代感。

（二）节日活动发展幼儿动手操作能力

陈鹤琴先生所倡导的"凡是儿童自己能做的，应当让他自己做；凡是儿童自己想的，应当让他自己想。"这一思想，在今天仍然具有非常重要的现实意义。我们在实践中也发现，要幼儿自主、自信、主动发展就必须以这一思想为宗旨。因此，在开展幼儿园传统节日活动中，凡是儿童能做的事都让他做。例如，端午节，幼儿教师介绍端午节的由来与传说及端午节的习俗。使儿童知道端午节是我国一个十分盛行的隆重节日。然后示范、讲解包粽子的方法，再提供材料让儿童动手参与包粽子，最后让儿童品尝粽子。通过一系列的活动，使"端午节"成为儿童内心热爱和期盼的节日，儿童的主动积极性得到发挥，动手操作能力也得到发展。

三、节日活动的组织和指导

（一）幼儿园节日活动的教育途径

1. 寓节日教育于幼儿园一日活动之中

幼儿园一日活动形式多样，节日教育应在幼儿园各个环节活动中相互渗透，有机结合，既与儿歌、故事、谈话等语言活动相结合，也与美术、音乐等艺术活动相结合，还与生活、

·119·

幼儿教育学

游戏活动相结合。例如，角色游戏"拜年"，通过游戏再次让幼儿感受春节那种祥和、喜庆、欢乐的气氛；学会说一些吉祥话、祝福语。

除了将节日教育与课程教育相结合，还可以结合节日，组织开展一些专题性的节庆活动，如中秋赏月活动，闹元宵逛灯游园活动等。通过集体庆祝活动，培养孩子的交往能力，表现能力，体验过传统节日所带来的喜悦心情。

2. 寓节日教育于环境创设之中

《幼儿园教育指导纲要（试行）》特别强调了环境教育，强调了环境在促进幼儿发展过程中的重要作用。环境不仅是物质的、精神的，而且还是活动的，各种各样的活动构成了幼儿丰富的学习与成长世界；环境对孩子起着潜移默化的作用。可见，节日教育应把握好环境这一教育因素，积极创设和利用节日环境，使环境发挥应有的节日教育功能。

3. 寓节日教育于亲子活动之中

许多节日幼儿大多在家和父母一起度过。要发挥节日的教育价值，幼儿园应该和家长联系，互相沟通，共同架起一座节日教育的桥梁，家园一致，使节日教育产生良好的教育效益。例如，节前向家长宣传节日要点、习俗，在营造活动氛围的同时，把幼儿教师设计的活动范例及教育目标、参考资料等一并公布在家长园地中，供家长们查阅和借鉴。让家长利用假日机会带幼儿参观、游览、观看电视文艺节目等，过节后，幼儿教师要有针对性地组织幼儿开展游戏、讨论，或让孩子和家长一起来幼儿园，进行以节日为主题的游戏活动，通过亲子活动把孩子对有关节日的所见所闻转化为其内在经验。例如，中秋节亲子活动——幼儿园请家长和孩子共同聆听有关中秋节的传说，品尝月饼、绿豆糕、葡萄、苹果等，在有趣的节日游戏中体会中秋节的含义，即中秋节是团圆的节日、思念亲人的节日、愉快的节日。图9-1为中秋节亲子活动。

图9-1　中秋节亲子活动

（二）选择和组织节日活动应遵循的原则

1. 科学性

节日都与一定的知识和社会背景有关，开展节日活动必须以一定的社会知识为基础。在

第九章 幼儿园其他形式活动

选择节日活动时，幼儿教师务必审慎研究，以保证内容的准确、真实、科学，否则活动便失去了教育价值。有些节日，幼儿教师也未必全了解，这就要求查询资料调查研究。例如，开展"粮食日"教育活动，幼儿教师必须首先了解"粮食日"的来龙去脉，有关粮食的生产加工过程，着重培养幼儿"惜粮、节粮"的好品质，懂得"一粥一饭，来之不易"的道理，而且结合古诗《悯农》达到寓教于乐的目的。

2. 时代性

节日是社会发展演进的产物，它产生于特定的历史时代，具有历史性。因此，在选择节日活动时，应考虑节日的内容是否具有积极的现实意义，应该选择那些时代性强、与幼儿生活联系密切、富有积极社会意义的节日活动，如"儿童节""教师节""爱牙日"等。但有些与幼儿生活联系不大或不易被幼儿理解的节日，如农历腊月初八的腊八节、腊月二十三的小年、愚人节、情人节等，则不宜开展活动。

3. 活动性和趣味性

组织节日活动应避免空洞的说教，要注意围绕节日组织各种为幼儿喜闻乐见的活动，如参观、表演、游戏等比较符合幼儿的身心发展特点和理解能力。同时，要注意提高幼儿参加活动的积极性，要给幼儿自己选择活动的权利，充分发挥幼儿的主动参与意识。例如，开展"爱牙日"活动，可组织互相看或个人看牙，提出一系列问题"牙为什么变黑？""为什么牙疼？"等，然后幼儿教师讲解并引导：要爱护牙齿，身体才健康。也可进行评选"最美牙齿活动"，让幼儿明白：早晚刷牙好处多。另外，还要与医院或保健站联系，让医生来为幼儿查体。

4. 系统性

选择节日活动要避免内容的重复，各年龄班活动内容应有系统性，也就是说每学期应开展哪些节日活动，应统筹计划、有条不紊，避免随意性。小、中、大班活动安排应符合幼儿各自的心理生理特点及接受能力，由低到高，分别提出不同层次的要求，组织不同形式的活动。例如，开展"三八"国际劳动妇女节活动，小班让幼儿学习儿歌《妈妈下班回到家》，同时在幼儿教师帮助下做小红花献给妈妈。中班让幼儿独立制作礼物送给妈妈，礼物不限于小红花。大班则让幼儿在理解妈妈工作的基础上进行"夸奖妈妈"活动，通过系统又层层递进的教育活动，加深了幼儿对妈妈的敬爱之情。

（三）节日活动的组织和指导要求

1. 紧扣节日活动性质、主题及年龄班特点

不同的节日活动，其性质和主题有所不同。例如，"五一"国际劳动节，设计与组织的活动应紧扣"劳动"这个主题；而清明节应体现"缅怀先辈或革命烈士"的主题，重阳节要体现"敬老""孝顺"的主题。当然，开展这些活动不能用抽象术语，对于幼儿来说，用一些通俗易懂的话来解释即可。例如，在"五一"国际劳动节开展系列主题活动"我会穿衣服"（社会活动）。

对于不同年龄班的幼儿，同样的节日活动，其要求应有所不同。例如，同样是庆祝"三八"国际劳动妇女节，小班活动可以围绕"了解妈妈的辛苦，教育幼儿关心、体贴妈妈，激发幼儿对妈妈的感激之情"这个目标来进行，主要是情感上的目标；大班活动，除

· 121 ·

了情感目标外，还要在行动上体现对妈妈的爱，即让幼儿懂得怎样爱妈妈，做一个什么样的孩子妈妈才会更喜欢，这样的要求就进一步了。

2. 设计、组织的节日活动形式多样、内容丰富

无论是哪一种节日活动，其形式都可以多样化，如集中教育活动、游戏活动、生活活动。从内容来看，要注意内容的广泛性。如端午节活动（大班），教师可以要求幼儿和家长首先搜集与端午节相关的资料，开展"粽子里的故事"（语言领域），丰富孩子的相关知识；还可以安排"小粽子跳跳跳"（健康领域）、"包粽子"（音乐活动）、"快乐的粽子节联欢会"（社会活动）等。有条件的幼儿园还可以开展亲子活动，如家长和孩子一起包粽子。还可以参观或者观看一些与端午节相关的历史古迹、影像资料等。

3. 注重幼儿的全过程参与

幼儿教师一般都会想到幼儿在活动开展中的参与，这其实大大地缩小了幼儿的参与机会。由于节日活动涉及面广，影响范围较大，在节日活动的参与性上要体现幼儿全过程的参与，即从活动的设想、筹备、开展、活动的反馈与评价等，都要体现幼儿的参与。

一般来说，有关节日活动的相关资料都很丰富，在设计、组织活动时，不能忽视幼儿的主体地位——让幼儿参与活动的设计。例如，中秋节亲子活动，可以让幼儿在家与父母搜集与中秋节相关的图片、影像资料、文字资料、实物（如月饼包装盒）、以前庆祝中秋节的纪念照片、录像等与幼儿教师讨论如何过中秋节。在活动的组织过程中，幼儿能亲自参与到活动中，而不是活动中的旁观者或看客。通过参与活动的设计以及活动过程中的亲身体验，幼儿对活动的体验会更深刻，开展这样的节日活动，其教育价值就越大。

4. 注重节日活动的延伸

幼儿园一年当中节日活动总的数量并不多，节日活动持续的时间并不长，多数只有一周甚至更短，幼儿教师应设法将这些活动所体现出的精神、象征意义渗透到平常的教育活动与一日生活当中，扩大节日活动的教育功能，而不是让节日活动仅仅停留在短暂的、有限的"节日"时间里。例如，有些幼儿教师将"三八"国际劳动妇女节所在的这一周确定为"爱妈妈"主题活动周，通过一系列活动，将"三八"国际劳动妇女节活动延长为一周，且活动范围从幼儿教育机构扩大到家庭、社区，让幼儿从多个角度、多样多次的活动中感受到妈妈的爱，进一步激发爱妈妈的情感。

除了在教育机构开展这些节日活动外，幼儿教师还应把活动的教育影响延伸到社区、家庭，充分挖掘家庭和社区资源，扩充节日活动的广度与深度。例如，重阳节，一些社区开展了各式各样的活动，如为老人义务健康咨询、体检、与老人联欢活动等，幼儿也可以参与到相应的活动中，让幼儿进一步加深对长辈的孝敬和尊重。

小资料

制作月饼
——中班美术

1. 活动目标

（1）进一步了解中秋节，感受中秋节的欢乐气氛。

第九章　幼儿园其他形式活动

（2）通过制作不同造型的月饼，锻炼手部动作的灵活性，发展想象力和创造力。

（3）掌握做月饼的整个过程，练习团、压、捏、刻、印的技能。

2. 活动准备

不同造型的月饼实物、面团、月饼模子；播放《爷爷为我打月饼》歌曲，制作月饼的视频。

3. 活动重点、难点

（1）重点：掌握月饼的整个制作过程。

（2）难点：掌握团、压、捏、刻、印的技能。

4. 活动过程

（1）以猜谜语的形式，出示制作月饼的工具。

环节目的：认识工具材料，了解其用途。

（2）幼儿猜测月饼的制作方法。

幼儿教师："刚刚我们看到的工具、材料，它们在制作月饼的过程中有着不同的用途。大家猜一猜，月饼到底是怎么做出来的？"

（3）观摩欣赏。

环节目的：通过看录像，激发幼儿的兴趣。

幼儿教师："我们一起看视频，看看糕点师是怎么制作月饼的？"

讨论："你看到制作月饼分几步，分别是什么？你想制作什么样的月饼？"

（4）幼儿制作月饼。

鼓励幼儿制做出不同形状、不同花纹的月饼。

幼儿教师注意引导幼儿运用团、压、捏、刻、印的技能。

（5）烘烤月饼，评价作品。

采用小组形式开展幼儿自评、互评活动。幼儿说出自己制作月饼的方法，并找找月饼的优点和不足。

（6）品尝月饼，体验快乐。

幼儿在《爷爷为我打月饼》的歌声中品尝自己的作品，体验成功的喜悦，分享创造的快乐。

5. 活动延伸

举办"月饼展览会"。

（资料来源：《幼儿园节日活动精彩设计方案》刘洪霞）

练一练

1. 什么是节日活动？节日活动有哪些教育意义？

2. 节日活动的教育途径有哪些？

3. 在组织节日活动时，要遵循哪些原则？

4. 幼儿教师如何组织和指导节日活动？

123

幼儿教育学

第二节　幼儿园的区域活动

案例导入

区域活动开始了，幼儿们根据自己的喜好自由地选择了不同的游戏区域，老师发现益智区一个人也没有。老师说："谁愿意去益智区玩儿啊？"也许是幼儿光顾着在玩游戏没有听见吧，于是老师耐心地提高了嗓门："今天谁愿意去玩迷宫、棋子和拼图啊？"这时，宋佳凯抬头看了老师一会儿，举手说："我去吧！"后来有几个幼儿也陆续地响应了，要去益智区玩耍。

益智区的游戏开始了，开始几名幼儿都在玩儿，可是一会儿游戏就结束了。见此情况，老师就给几个幼儿重新分配了角色。在老师的辅导下，游戏总算又顺利地开展起来了。在区域活动进行到一半的时候，老师发现益智区里又乱成一团，跑过去一看，玩棋子的孩子在堆高，拼图的孩子正在玩撒雪花的游戏呢！看到老师来了，幼儿们又赶紧玩起来了，嘴里却不停地说一点都不好玩儿。

分析： 在这个案例中的区域活动没有有效地开展，是因为老师对区域活动材料的投放和指导出现了问题。本节将详细地介绍区域活动相关的一些知识，有助于幼儿教师更好地开展区域活动。

知识概述

一、区域活动的概念

区域活动，也称"活动区活动"，是 20 世纪 70 年代从美国引进中国教育界的新名词。区域活动是指教师以教育目标、幼儿感兴趣的活动材料和活动类型为依据，将活动室的空间相对划分为不同的区域，吸引幼儿自主选择并在活动区通过与材料、环境、同伴的充分互动而获得学习和发展的活动。幼儿园常见的区域活动划分主要有：表演区、建构区、角色区、科学区、美工区等。

二、区域活动的教育意义

（一）为幼儿交往提供了良好的心理环境

区域活动的设置是自由的、开放的，幼儿可以根据自己的喜好选择相应的区域进行活动，丰富的环境为幼儿提供了探索、求知、交往、合作的机会，使幼儿的欲望得到满足。例如，在"娃娃家"这个活动区，幼儿们可以通过商讨或根据自己的意愿选择角色，在扮演角色的过程中体验快乐和满足，表达自己的情感。在没有任何约束和负担的情况下，幼儿们自由交往，还可以进行自我调节需求，一会儿"做妈妈哄娃娃睡觉"，一会儿"带娃娃去理发店剪头发"，高兴时还可以"和娃娃一起去看表演"。幼儿在自由、温馨的环境中尽情活动，游戏的积极性越来越高，也就越投入。

（二）有利于促进幼儿的自主学习

区域活动是最大限度地促进幼儿自主性和主动性发展的最佳途径。在空间上，允许每个

· 124 ·

幼儿在一定的区域和空间内自由走动、自主选择活动区；在时间上，允许每个幼儿按照自己的学习速度进行活动，既可以完成若干种不同的学习材料和内容，也可以同样的学习材料和内容通过若干次活动来操作。这正是幼儿充分享受自主和促进幼儿学会自主学习的重要体现。

（三）有利于幼儿社会性的培养

幼儿在区域活动中扮演着各种角色，幼儿在反映社会生活的同时，也反映了人与人之间的关系。幼儿通过不同角色的扮演，学习不同角色的交往方式，想象表现并体会不同的情感，在照顾娃娃时想象表现并体验父母对孩子的呵护；做医生时细心照顾病人；做服务员时耐心热情地接待顾客；做爸爸时礼貌接待客人；学习做菜打扫卫生等。在这些区域活动中角色扮演无形中使孩子增强了自我意识和群体意识，培养了其社会性，在一定程度上为幼儿将来参与社会独立活动奠定了基础。

三、区域活动的组织与指导

（一）幼儿区域活动存在的问题

1. 幼儿主体性缺位

幼儿园活动室设置哪些区域、区域里安置哪些材料、这些材料如何投放，几乎全都是由教师以自己的经验、理念和想法来规划的，而幼儿往往只是好奇地在旁边观看，或者坐在位子上欣赏教室里的新变化。相应地，教师也控制着幼儿活动区的使用权和使用规则，活动区有时成了摆设、有时成了教师对表现让自己满意的幼儿的恩赐。

2. 幼儿在活动区的活动常常流于表面化和形式化

高结构型的活动区材料不能提供挑战性的情境任务，角色区常常使得幼儿想象力缺失。例如，"自然角"难以激发幼儿的好奇心和观察力。又如"自然角"中的活动仅限于用眼看和动手浇水，缺乏任何可供幼儿观察、测量和记录的工具、材料、信息，而没有观察的目的和任务，幼儿好奇心很快消失，观察力在这样的情境中也就无法展现。这样，随着时间的流逝，"自然角"会因为其植物连原有的观赏价值也渐渐失去，而沦落成为班级中的"废角"。

总之，没有任务问题的情境是难以激发幼儿的学习动机的，活动区环境只能沦为幼儿玩玩具的另一个场所。

（二）区域活动的组织与指导要求

1. 科学划分区域活动区

在科学地划分区域活动区时，要遵循如下策略：

（1）动静分区：建构区、表演区、音乐区等热闹的活动区，活动量大。相比较而言，图书区、数学区等活动量较小，需要安静。这样两类活动区最好离得远些，以免相互干扰。

（2）相对封闭性：活动区界线不明晰，会导致幼儿无目的地乱窜。因此，幼儿教师要利用各玩具柜、书架等现有设施作为活动区之间的分界线，体现不同活动区对幼儿的不同要求。

（3）就近：美工区由于经常需要用水，最好在离水源近的位置；科学区需要光照，要放在朝阳的地方。

（4）方便通畅：幼儿教师要合理利用活动室的每个角落，充分发挥活动室内现有设施的作用，保证活动室内的"交通"畅通无阻。积木区、娃娃家等区域活动量较大，最好有宽敞的面积；活动室的中央和各个门口最好不要设置活动区。

（5）不要让活动区出现"死角"。出于安全的考虑，幼儿教师的视线要随时能看到任何地方。

总之，丰富的活动区域应该给幼儿更大的选择余地，合理的布局应该让整个活动室看上去整洁有序，井井有条，畅通方便。

另外，区域材料投放要体现丰富性和层次性。

（1）投放的材料在数量上要满足幼儿自由选择不同或相同材料的需要，而且在类型上也要全面多样。有价值的材料并不是越精美越好。事实上，一些原始材料相对更有价值。教师要尽量少提供精美的成品材料，多投放一些半成品或原始的材料。

（2）材料的提供要能满足不同水平幼儿发展需要。这就要求幼儿教师应充分考虑幼儿的个别差异性。根据幼儿的不同发展状况，投放难度不同的材料，以满足幼儿操作、学习的需要。

2. 幼儿教师要进行适当的管理与指导

幼儿教师的管理和指导应避免两个极端：一是幼儿教师的高控制，即幼儿教师为了避免幼儿的区域活动浮于表面和形式化，就对幼儿的区域活动内容和方式加以控制，使得区域活动变成了另一种变相的教学活动；二是一些幼儿教师把幼儿活动区的时间看成是幼儿教师休息的时间，把"多给孩子点空间"变成放弃自己的责任、对幼儿的活动不闻不问的借口，这自然也不能使幼儿获得新的经验。因此，幼儿在进行区域活动时，幼儿教师要来回巡视，必要时要参与幼儿的游戏。

幼儿教师何时介入幼儿的区域活动最为恰当，没有标准的答案，这需要幼儿教师依靠自己的智慧做出正确的判断。幼儿教师需要注意的是，一定要避免"当我们教授幼儿某个东西时，我们正妨碍幼儿创造力的发挥"这种现象。建议如下：

（1）当幼儿遇到认知的困难时，即确实因其本身经验与能力的局限，致使探索活动难以继续时，幼儿教师应给予一定的支持。例如，幼儿想画长颈鹿，但因为缺乏技巧而失去兴趣时，就需要幼儿教师适当的指导，以维持活动的继续。因此，幼儿教师一定要具有敏锐的观察力和判断力。若幼儿很专注、比较顺利地进行制作活动时，幼儿教师就不能在此时去打扰幼儿。

（2）当适度的等待没有结果时，如果幼儿教师给了幼儿思考、探索、亲自尝试的机会和时间，而幼儿仍然没有取得新的进展时，就需要幼儿教师启发幼儿新的尝试思路和方法，以拓宽幼儿的探索途径、保持幼儿的兴趣，并使得活动取得成效。

小资料

老师介入幼儿区域活动

两个幼儿正在积木区玩儿小车，一辆接着一辆排了很长。老师发现幼儿的排列没有规律，就立即让幼儿按照车的颜色和大小摆放成一个停车场，想让幼儿练习分类。实际上，幼儿正在布置马路上堵车的情景，被老师干预后，只好根据老师的要求进行排列，刚排了几辆，随着老师的离开，幼儿也离开了。

在案例中，老师一眼看到的是幼儿在排列小车，并且排列没有规律，但没有仔细观察幼儿的行为，不了解幼儿的游戏意图，而直接抓住一个分类练习的干预机会，硬是打断了幼儿正在进行的想象，或许因此就终止了幼儿接下来可能出现的更有意义的游戏情节。因此，活动区的使用规则是观察分析在先，介入和指导在后。这是因为游戏是幼儿自主的活动。

（资料来源：李季湄，冯晓霞. 3～6岁儿童学习与发展指南解读［M］.

北京：人民教育出版社，2013：260.）

四、区域活动要注重活动的反思和评价

反思与评价是开展区域活动的结束环节，其目的在于引导幼儿自发自愿地进行交流、讨论，积极表达情感、共享欢乐、共解难题、提升经验，同时激发幼儿再次活动的欲望。幼儿教师的评价要注意重视幼儿创造性的发展。例如，大班区域活动后，可以让幼儿介绍"今天你玩儿了什么？"（观察幼儿的言语表达是否完整）"在游戏中，你碰到了什么困难？是怎么解决的？"（如果解决了，可以讨论还有什么方法能帮助解决；如果还没有解决，幼儿可以讨论解决困难的方法）"如果没有困难，请把你成功的经验分享给其他小朋友。"最后，幼儿教师还可以总结幼儿在游戏中掌握了哪些本领，鼓励没有玩过的幼儿都去尝试一下，还可以特别提醒部分经常玩单一区域的幼儿，尝试去其他的活动区域玩耍。

树立正确的区域活动理念，认真组织好每一次的区域活动，及时捕捉幼儿的兴趣需要，创新适合本班幼儿的区域活动，活动中根据幼儿的个别差异，因材施教，人们将会惊奇地发现：每个孩子都取得了可喜的进步。

小资料

区域活动的规则

没有规矩，不成方圆。区域活动中的规则提示具有保障的功能。它的建立和运用，保障了活动的基本进程，保障了幼儿在活动中的基本权利，制约了不符合活动要求的行为。更重要的是，区域活动的规则提示帮助幼儿了解活动规则的意义，调整自己的行为，在一定程度上推进了社会性情感和社会性行为的发展。

练一练

1. 什么是区域活动？幼儿园都有哪些活动区？
2. 幼儿园区域活动有哪些教育意义？
3. 如何组织幼儿园的区域活动？

第三节　幼儿园的亲子活动

案例导入

再过几天，就是"六一"国际儿童节了！蓓蕾幼儿园决定举办一次别开生面的亲子运动会。这几天，李老师忙得不可开交，她不仅要准备运动会所需要的物品，幼儿的服装、道

幼儿教育学

具，还要检查运动场地的安全事宜。另外，还要想办法通知到每一个幼儿的家长，请他们务必抽出时间参加这一次的亲子运动会。

家长们都很支持，表示一定按时参加。很多家长围着李老师一直在问："我们需要配合学校做哪些准备工作？"还有的家长问："第一名有什么奖品吗？"

分析： 亲子活动的开展有助于加强和改善父母与子女之间的关系。为保障亲子活动的顺利开展，李老师应该给幼儿家长哪些良好的建议呢？

知识概述

一、亲子活动的概念

亲子活动是指为促进家长对幼儿课程与教育的理解，加强家长与幼儿之间的情感联系，增进家长与幼儿、家长与教育机构的交流、沟通与合作而专门组织的一类教育活动。此类活动能促进幼儿与父母的关系，让幼儿结识更多的好朋友，并能锻炼幼儿参与探索的性格，以达到促进其成长的最终目的。广义的亲子活动是由大人（主要是幼儿的父母）和幼儿一起参加的活动。这种活动可以在任何一种场所进行，不仅仅包括幼儿教育机构内的活动，也包括在家庭和社区等机构外的活动。狭义的亲子活动则是专指幼儿教育机构与家庭共同创建的一种课程活动，要求教师牢固树立家园合作的思想，主动与家长合作，有目的、有计划、有组织地引导家长和幼儿在幼儿教育机构内开展的教育活动形式。它以幼儿、教师、家长互动为核心内容，以建立和谐的亲子关系、师幼关系、家园合作关系，促进幼儿身心和谐健康发展，促进家园共育为宗旨，以提高幼儿园教育质量，形成最大教育合力为目标。

二、亲子活动的特点

（1）多元主体性。在幼儿园的亲子活动中，教师、家长、幼儿都是活动的主体，都应积极参与活动。

（2）多向互动性。多元主体性决定了幼儿园的亲子活动的多向互动性，师幼间、亲子间、幼儿间、教师与家长间积极交流、互动。

（3）全面教育性。幼儿园的亲子活动的目的最终要落实到幼儿身心的健康和谐发展上，因此，其目标是关注幼儿的全面发展。

三、亲子活动的教育作用

1. 对教师的教育作用

教师可以通过对亲子互动的观察，更清楚地了解到幼儿的个体发展特点和个体需要，及时了解到家长的幼儿观、教育观及对幼儿的指导方式方法。并及时调整自己的教育理念与方法，更好地做到因材施教。

2. 对家长的教育作用

亲子活动中，家长能更直接地了解到幼儿在集体中的表现，正确地评价幼儿的发展水平。通过与幼儿互动，可以增进亲子间的感情交流及合作。而且家长亲自参与幼儿园的教育活动，对幼儿园教育及幼儿教育的目标、内容、方式方法将会有更准确的把握，更有的放矢地进行家园合作。另外，在互动中，教师还可以促进家长的幼儿教育理念的提升及方法的更新。

3. 对幼儿的教育作用

家长的到来，能让幼儿感受到幼儿园如家庭般温暖，幼儿会产生更强的安全感和大胆探索的勇气；同时，幼儿教师与家长都是幼儿生活中最重要的人，幼儿大多会在意成人对自己的活动表现的评价，这会让幼儿产生较强的成就感；幼儿在安全的心理氛围下，易于产生自由感、也乐于与同伴互动，进行合作学习。

四、亲子活动的组织与指导要求

（一）活动设计应符合幼儿的年龄特点，充满趣味性

设计亲子活动时，应考虑到幼儿的年龄特点、认知特点及心理特点，建立一种科学化、游戏化、亲情化和互动化的课程体系，吸引家长和幼儿愉快地参与活动，减轻家长们的重重顾虑，使家长感受到幼儿在玩中也学到了本领。通过参与实实在在的活动，家长和老师们的配合会更加亲密、协调，从而更有效地促进家园互动、相互交流。

（二）重视家长在活动中的主动性

活动前，要让家长明确活动的目的和要求。在活动过程中，要鼓励家长提出问题，开展有针对性的指导。活动结束后，对家长回家后完成任务的情况要进行必要的检查，鼓励家长举一反三，鼓励幼儿创编更新的活动形式和方法。教师还要引导家长关注幼儿的成长变化，对幼儿的发展有更充分的认识和理解。这样就能充分调动家长在亲子活动中的积极性和主动性，为家园合作起到积极的促进作用。

（三）加强教师的指导作用

在亲子活动中，幼儿教师不仅是活动材料的提供者、活动组织的引导者，还应是家长和幼儿的合作者。无论是对家长还是对幼儿，幼儿教师都应该多给予帮助和指导。

1. 提供过程指导

幼儿教师在亲子活动的全过程中，都应注意发挥指导者的作用。亲子活动前一周左右，教师要做好亲子活动的动员和宣传，让家长充分重视此项活动，使家长了解活动的时间、目的和内容。亲子活动时，幼儿教师要密切关注幼儿和家长在活动中的表现和反应，敏感地觉察到他们的需要，做到心中有数，及时地有目的地适当给予他们帮助与指导。亲子活动结束后，教师要对活动开展情况、幼儿和家长的表现做出评价。教师的评价要是客观的、积极的，能起到鼓励促进作用的。多以表扬、鼓励和建议为主，增进幼儿和家长参与活动的信心，使其对以后幼儿园开展的亲子活动更加投入，有效地促进家园共育。

2. 给予家长的指导

在亲子活动中，教师要给予家长以下几个方面的指导。

（1）让家长认识到自己在活动中的主体地位，做孩子学习的合作者。家长若是兴趣不高，孩子也很难完全投入活动中。提醒家长放下手头上的工作，全身心投入活动中，珍惜与孩子在一起的每一刻。

幼儿教育学

（2）让家长在活动中要信任幼儿，给幼儿充分的动手时间，培养幼儿的能力。在进行亲子活动时，很多家长会说："快点！你怎么这么慢？其他小朋友都已经做完了！""我来！你太慢了！"之类的话语，催促孩子赶紧完成任务。或者是怕孩子失败、怕孩子受委屈、怕孩子不行等，家长直接包办代替等，剥夺本属于幼儿的锻炼机会。遇到这种情况，教师应及时提醒家长：请给孩子锻炼的机会，"孩子都是很棒的！""你没看到他跃跃欲试的眼神吗？""他行的！要知道每个孩子都是小天才！"

（3）让家长多鼓励孩子，让幼儿体验到成功的快乐。表扬会使人的心情愉悦，愉悦的心情能让思维更活跃。欣赏幼儿是一门艺术，成人的鼓励会给幼儿以信心和动力，让幼儿更加努力地做好每一件事。因此，在幼儿成功或者失败时，家长都应以鼓励的方式评价幼儿。

小资料

幼儿园亲子活动中的家长角色

某幼儿园大班亲子制作活动中，家长和幼儿一起开心地玩着各种游戏。只见有些家长拿着相机，朝着幼儿不停地拍着照片，还不时地让幼儿摆着各种动作；有些家长则陪在幼儿旁边，看到幼儿操作有困难时，要么直接亲自上阵，帮幼儿解决，要么对着幼儿一顿"呵斥"；还有些祖辈家长，由于体力精力有限，早已坐在旁边休息，让幼儿自己在一旁玩耍。

分析：在上述案例中，可以发现，家长对参与幼儿园亲子活动的目的并不明确，有的是旁观，有的是包办，有的是无所事事。在实践中，教师也常常缺乏对家长的指导。在幼儿园亲子活动中，教师不仅应对幼儿进行指导，而且还要指导家长。教师引导家长了解如何与幼儿互动，如何指导幼儿，如何评价幼儿。

（四）根据家长和社区需求开展多样化的亲子活动指导

亲子活动的方式是多种多样的，除了开展一般的亲子活动课程，还可以根据家长的不同需求开展丰富多彩的亲子活动。例如，"亲子郊游""亲子俱乐部"，举办"亲子运动会""亲子游艺大会"，开设"玩具图书馆""妈妈聊天室"，进行"入户指导"等。增进幼儿园与家长的广泛联系，以更丰富多样的方式服务于社区的幼儿家庭，使家长在活动中得到科学的育儿指导。

总之，亲子活动以其生动、活泼、有效、实用的教育形式，为家长和幼儿提供了丰富的教育环境、和谐的心理环境以及家长经验交流的机会，是幼儿园教育的延伸。倡导亲子互动，增强家园合力，共促幼儿成长。

练一练

1. 什么是亲子活动？亲子活动有哪些教育意义？
2. 亲子活动的特点有哪些？
3. 幼儿教师如何组织和指导亲子活动？
4. 作为幼儿教师，在组织亲子活动时，应给家长什么样的建议？

第九章　幼儿园其他形式活动

本章小结

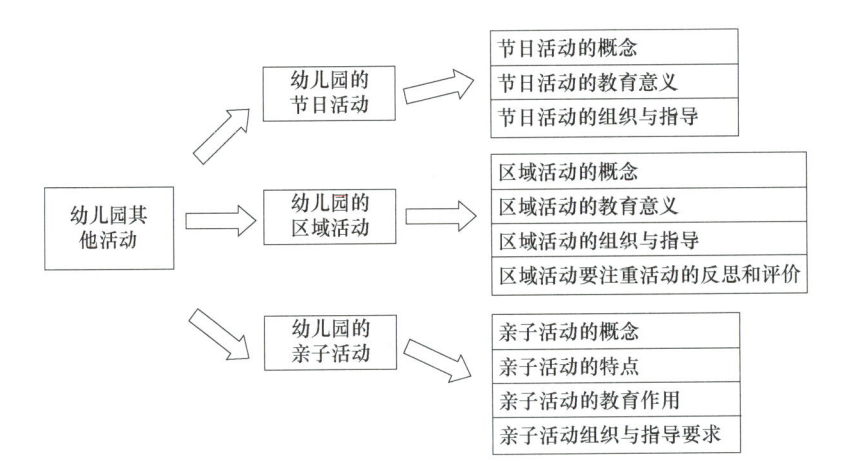

第十章

幼儿园班级管理

【学习目标】

1. 理解幼儿园班级管理的概念、目的和意义。
2. 理解幼儿园班级管理的内容和功能。
3. 掌握幼儿园班级管理的原则和方法。
4. 掌握幼儿园各类班级管理的要点。

第一节　幼儿园班级管理概述

案例导入

李华在幼师学校毕业后信心十足地回到家乡的一所私立幼儿园。园长说："你是咱们园的高才生，要挑起园里的重担呀！你自己带个大班吧！"李华在接手了一个大班后进班一看："呀，这么多孩子！40个人！"园长走了，配班的教师也去食堂取饭了。李华的脑子都炸了，孩子们根本不听话，乱哄哄地吵闹成一团，这可怎么管呀？……

知识概述

在实际工作中，工作之初的毕业生面对的最大难题并不是设计教学的问题，而是如何把一个乱哄哄的班级引导到安全、有序的状态。科学的班级管理是进行教育教学的保证，也是重要的教育活动。

一、幼儿园班级管理的概念、目的和意义

（一）幼儿园班级管理的概念

什么是管理？西方管理理论发展的三个时期的代表人物对此有不同的定义。古典管理派的代表人物之一，法国管理学家法约尔认为：管理是一种分配于领导人与整个组织成员之间

第十章　幼儿园班级管理

的职能，管理就是实行计划、组织、指挥协调和控制。行为科学管理学派的代表赫西、布莱查尔特认为：管理是个人与群体共事，以达到组织的目标。现代科学管理学派的代表西蒙认为：可以把"决策的制定当作管理的同义词"。西蒙认为决策的制定贯穿管理的全过程，包括确定目标和实现目标的手段两个方面。

本书所讲的管理，采用我国管理学者翟立林的定义。即管理是通过组织计划来行动，把一个机构所拥有的人力、物力、财力充分运用起来，使之发挥最大效果，以达到机构的目标，完成机构的任务。幼儿园班级管理是指班级教师通过组织、计划、实施、调整等环节，把幼儿园的人、财、物、时间、空间、信息等资源充分利用起来，以便达到预定的目的。

这一概念可从以下几个方面具体理解：班级管理是由人去实施的，即管理的主体是人。可以是一个人，也可以是一群人；班级管理是通过计划、组织、实施、调整等环节来实现的；班级管理的对象是幼儿园的人、财、物、时间、信息等，既可以是人，也可以是人和其他因素的综合；班级管理是有目标的活动，管理的最终目的是实现管理目标。

（二）幼儿园班级管理的目的

班级是幼儿园的核心单位，是幼儿学习、游戏的主要场所。幼儿日常行为习惯的养成，一日生活的组织与管理，教师与家长的沟通合作等活动，都是依托班级这块基地进行的。幼儿园班级管理的内在目的，是把幼儿培养成个体生活和社会生活的主体。

（三）幼儿园班级管理的意义

要提高幼儿园的保教质量，需要较好的师资、设备和足够的资金。然而，这些资源能否充分利用，能否发挥应有的效益，依赖于管理者对人、财、物诸因素的合理组织和调配。只有利用恰当，才能发挥这些资源应有的效能。因此，班级管理是搞好幼儿园管理的基础工程，是提高保教质量的基本保证，必须予以高度重视。

二、幼儿园班级管理的内容和功能

（一）幼儿园班级管理的内容

幼儿园班级管理要明确管理的内容，协调好人、财、物、时间、空间等各管理要素之间的关系。只有明确幼儿园班级管理工作的内容，才能对各管理要素进行合理的组织和充分的利用。由于幼儿园的一切教育活动最终都要通过班级管理来实现，所以班级管理的内容不仅涵盖了幼儿园管理中的一切管理内容，还包括教师之间的协调工作、幼儿园班级建设工作和针对每个幼儿的具体工作。按幼儿在幼儿园活动分类，幼儿园班级管理一般由生活管理和教育管理两个方面组成，其他管理工作服务于幼儿的生活管理和教育管理。

1. 生活管理

幼儿园班级生活管理是为了保证幼儿的身体正常发育、心理健康成长，保教人员围绕幼儿在园内的起居、饮食等生活方面的需要而从事的管理工作。生活管理是保育工作的重要内容，是教育工作的前提，也是班级管理的基础。

（1）生活管理的意义。幼儿园之所以兼具幼儿之家和幼儿学校的双重特点，之所以能够实现保育和教育目的，其根本原因在于幼儿园有其独特的班级生活管理。生活管理的作用表现在：为促进幼儿身心健康发展，提供必要的环境；帮助幼儿养成良好的生活习惯和生活态度，提高自理能力；能够满足社会的需要；是顺利进行教育管理的必要条件。

· 133 ·

（2）生活管理的内容。幼儿园班级生活管理包括幼儿在园一日生活活动（如睡眠、饮食、如厕等生活内容）的全面管理和对幼儿食品供给、活动环境、生活设施及用品等物质条件的管理。主要内容包括开学初的工作、日常工作和期末工作三个方面。

① 开学初的工作。

a. 填写班级点名册，填写幼儿家庭情况登记表，明确家园联系的方法。

b. 家访并调查幼儿家庭教养情况，初步了解幼儿生活习惯，做好记录。

c. 布置班级环境，包括教室桌椅、活动设施，安排幼儿个人用品等。

d. 观察幼儿一日生活表现并记录分析。

e. 根据观察分析和家访调查结果，制订班级幼儿生活管理计划和措施。

② 日常工作。

a. 每日做好幼儿来园和离园的交接记录。

b. 每日做好消毒、清洁和安全检查工作。

c. 每日保管好幼儿生活用品。

d. 每周检查幼儿生活管理计划的实施情况，调整本周幼儿生活管理计划。

e. 做好每日幼儿生活、疾病等情况登记分析工作。

③ 期末工作。

a. 汇总幼儿生活表现记录，做好幼儿生活情况小结。

b. 总结班级幼儿生活管理工作，找出成绩和问题。

c. 向家长发放幼儿在园生活情况小结，指导家长如何管理幼儿假期生活。

d. 整理室内外环境，对集体用品、材料进行清点登记。

小资料

紫外线灯照射风波

某幼儿园大班为了组织主题为"烤饼"的教学活动，来到幼儿园餐厅。餐厅在地下一层，光线不太好，带班的李老师就去开灯。因为紫外线灯开关与日光灯开关挨着，结果老师误开了紫外线灯，直到活动结束后关灯时才发现开错开关，致使全班幼儿被紫外线灯照射了二十多分钟。

第二天，距紫外线灯较近的几个幼儿的脸和脖子开始出现脱皮现象，但并不严重，很多家长并未在意。然而当地的报纸恰巧转载了一篇报道：某大学学生毕业聚餐时被餐厅紫外线消毒灯照射了两个多小时，很多人出现严重脱皮症状，医生称不排除将来患皮肤癌的可能。这一报道引起了家长恐慌，致使家长纷纷来幼儿园交涉。

幼儿园迫于各方面的压力，请卫生防疫站、疾控中心等专业人员以及医院大夫组成专家团，召开"家长说明会"，详细地介绍了紫外线灯的原理，消除了家长的担忧。但仍有部分家长不依不饶，要求赔偿，要求幼儿园写保证书等。最后，李老师受罚外调，幼儿园上级领导与家长进行多次协调后才平息此事。

分析：这是一起幼儿园安全事故，对幼儿园的声誉及工作造成了不良影响。具体看来，李老师主要有两点错误：第一，在开灯时没有区分紫外线灯和日光灯的开关。作为一名有经验的幼儿园老师，这种错误是应该杜绝发生的。第二，在整个活动过程中，李老师并没有发现灯光颜色的异常。这反映出李老师工作不够细致，粗心大意。李老师是本次事故的第一责

第十章 幼儿园班级管理

任人，按照幼儿园的规章制度，对她进行处罚是必要的，也是合理的。

这件事情在一定程度上也反映出该幼儿园管理不善，存在安全隐患。第一，紫外线灯开关的布局不合理，或者紫外线灯开关上的警示标志不够明显。第二，没有专人负责控制紫外线灯的开关。紫外线灯开关若没有相关规定限制，任何人都有开启的可能。如果幼儿园只是将李老师外调或转岗，而不改变紫外线灯开关的布置、完善紫外线灯使用制度，安全隐患仍将存在。

2. 教育管理

幼儿园班级教育管理是班级保教人员在班主任的带领下，在调查了解幼儿身心特点和发展需要的基础上，精心地设计和组织教育活动，科学地评估教育结果并反思改进的一系列工作。

（1）教育管理的意义。科学的班级管理不仅使班级保持良好的生活、学习环境，而且能促进幼儿在认知、社会性、情感、个性等方面最大限度地发展。

（2）教育管理的内容。教育管理的内容包括开学初的工作、日常工作和期末工作三个方面。

① 开学初的工作。

a. 结合家访和对幼儿的观察分析，完成对班级幼儿发展水平的初步评估，做好分析记录。

b. 根据幼儿实际水平和班级条件，制订详细的教育管理计划。

c. 根据教育教学计划，征集或领取幼儿绘画、手工等教育教学用具，布置活动室、创设教育环境。

d. 根据教育教学目标，班级保教人员共同制定各项教学活动的组织形式及班级管理常规，建立班级教育活动的运行机制。

② 日常工作。

a. 每日工作。准备当日教学所需的学具材料，提前做好复习，联系前一段知识，保证教学内容的完整性和连贯性。具体实施当日的教育教学方案，严格按照计划和规则进行教育教学活动。做好教学效果的记录以及个别幼儿辅导工作，记录活动中幼儿的反应。整理教学现场、清点用品。

b. 每周工作。根据指定的备课计划安排每周教学活动及每日教学计划。提前做好教具、学具材料的准备工作。每周末整理幼儿的学习用品，做好归类归档工作。对幼儿一周的学习表现记录在册。做教育笔记，记录教学情况以及幼儿一周的学习表现。

c. 每月工作。根据幼儿情况及班级整体情况，制订详细的教育管理计划，包括月教育目标以及具体日程安排。组织班级教师会议，确定班级教育工作的具体内容和措施，明确分工与配合。针对个别幼儿做好教育计划以及相应的修订措施。月末整理各种教育材料。根据教育内容适当调整活动室安排，重新布置环境。

③ 期末工作。

a. 整理教育活动计划、教育笔记和幼儿作品档案等资料。

b. 对幼儿全学期的表现进行评估，总结幼儿发展情况及表现。

c. 完成教师自我评估，总结个人教育目标的实现、教育方法的运用等情况。

幼儿教育学

d. 整理室内外环境，清点教育教学活动材料并登记归档。

（二）幼儿园班级管理的功能

幼儿园班级是幼儿园基层的管理单位，承担着幼儿园"保教幼儿、指导家长"的双重任务。相应地，幼儿园班级管理具有三个方面的功能：生活功能、教育功能和社会服务功能。

1. 生活功能

生活功能是指幼儿园班级对幼儿具有最基本的生活管理的功能。班级为幼儿提供了共同生活的组织环境，每个幼儿在集体中的生活行为，如如厕、喝水、吃饭等都会受到班级组织管理的影响。有序、合理地安排幼儿一日生活，对于提高幼儿的生活质量、提高活动效率、促进幼儿发展具有重要的意义。

幼儿教师要注意科学安排幼儿一日生活各个环节，使幼儿在稳定有规律的节奏中获得生活的安全感；通过培养幼儿的生活习惯，培养幼儿的时间观念，促进教育生活各环节有条不紊地进行；为保教人员相互配合、步调一致提供客观保证。

2. 教育功能

班级不仅是一个生活集体，同时也是一个教育集体。班级是开展集体教育的组织保证。通过对活动的精心组织与策划，保证了教育活动的系统性和循序渐进性，有利于提高教育活动的质量和效率，全面实现幼儿教育的教育目标，班级尤其对幼儿社会性发展具有突出的作用。班集体共同的教育目标、共同的行为规范，能够约束每个幼儿的行为，增强幼儿的集体意识，对克服幼儿的自我中心，发展幼儿的自我意识有重要作用。同时，班级有利于形成共同的舆论、价值观、共同的活动规则，集体活动为幼儿的个体行为提供了模仿、相互学习的榜样以及相互监督的标准，为实现"人人教我，我教人人"提供了必要条件。班级为幼儿之间和幼儿与幼儿教师之间的良好交往提供了平台。在幼儿教师的指导下，幼儿能够尽快掌握交往的技巧。共同的价值观，使幼儿产生班级的归属感和安全感，使幼儿能够自由表达自我、相互交流、相互影响。总之，班级对促进幼儿社会性发展起着重要作用。

3. 社会服务功能

《幼儿园工作规程》指出："幼儿园同时面向家长提供科学育儿指导。"因为幼儿家长不一定都具有丰富的幼儿教育的专业知识和技能，所以班级教师又承担着宣传科学的教育理念、指导家庭教育的职责。因此，幼儿园班级具有指导家长育儿的社会服务功能。

三、幼儿园班级管理的方法和原则

（一）幼儿园班级管理的方法

幼儿园班级管理的方法是指班级管理者为了优质、高效地实现班级管理的保教目标，在教育学、管理学等科学理念的指导下，为充分调动班级中的人力、财力、物力、时间、空间、信息等管理要素而使用的各种手段和策略。幼儿园班级管理是一项全面而复杂的工作，没有固定的管理模式，需要根据本班幼儿的身心发展特点，选择和运用科学的管理手段和方法。概括起来，主要有规则引导法、情感沟通法、互动指导法、榜样激励法、目标指引法。

1. 规则引导法

规则引导法是指用规则引导幼儿行为，使其与集体活动的方向和要求保持一致或确保幼

· 136 ·

儿自身安全且不危及他人的一种管理方法。例如，走进某班阅读活动区入口，在地上画有五对脚印，这种方式引导幼儿脱下鞋子，把鞋子放在鞋印上，放满五双，就表示没有位置了。这个设计告诉幼儿三个要求：进入活动区要脱鞋；一次只能有五位幼儿入内；要将鞋子摆放整齐。

规则引导法是对班级幼儿最直接和最常用的管理方法。其中，规则是指幼儿与幼儿、幼儿与保教人员、幼儿与环境、幼儿与教材之间互动的关系准则。幼儿必须在这些规则下活动才能取得预期的效果。

规则引导法的操作要领有以下三点：

（1）规则的内容要明确具体、简单易行。规则是一种约束幼儿行为的准则，遵守规则的过程就是幼儿行为规范化的过程。规则内容的确定要遵循几点原则：

① 必要性。规则是必要的，但过多的规则会使幼儿无所适从或无法实践。因此，幼儿园班级的规则应突出重点且适量。

② 量力性。规则所选的内容必须是在充分考虑幼儿现有能力水平的基础上确定的。

③ 参与性。规则内容的制定应发动幼儿和家长共同参与，以便幼儿和家长知道规则的重要性、必要性及操作要领。

（2）提供给幼儿实践的机会，使幼儿在活动中掌握规则。幼儿教师向幼儿介绍规则时，应结合具体实践活动，让幼儿在活动中了解规则的具体要求。幼儿教师要在活动中进行示范，并与幼儿一起商讨、修正规则，让幼儿在实践活动中感受和掌握规则。

（3）保持规则的一贯性。保持规则的一贯性就是同一规则必须在所有适用该规则的情境中都得到运用，对每位幼儿都要一视同仁，不能出现不公或偏颇。如果在特定情况下，将要对规则进行调整，必须事先向幼儿说明原因。只有做到规则的一贯性，幼儿才能逐渐养成守规则的习惯。

2. 情感沟通法

情感沟通法是指通过激发和利用师幼间或幼儿间以及幼儿对环境的情感，以引发或影响幼儿行为的方法。情感沟通的基础是幼儿教师对幼儿的理解和爱，幼儿教师要在日常生活和教育活动中，观察幼儿的情感表现，了解每个幼儿在班级活动中的情感需求，采用恰当的方式，激发幼儿相应的情感，引发幼儿积极向上的行为。

情感沟通法的操作要领有以下三点：

（1）幼儿教师在日常生活和教育活动中，要注意观察幼儿的情感表现。运用情感沟通法进行班级管理就必须非常清楚每名幼儿在班级活动中的情感需求，并采用恰当的方式，激发幼儿相应的情感，引发幼儿积极向上的行为。

（2）幼儿教师要经常对幼儿进行移情训练，使幼儿从小就有站在他人的立场、角度理解他人情感的习惯和能力，并能从他人的困境、痛苦出发，产生助人行为，为幼儿今后进一步的亲社会行为的发展打下良好的基础。

（3）幼儿教师要保持和蔼可亲的个人形象。言行举止要表达自己积极而真切的情感，同时还要创设更多情境，让幼儿处于丰富的情感世界里，使幼儿在愉快积极的氛围中活动和交往，以提高活动的质量。

3. 互动指导法

互动指导法是指幼儿教师、同伴、环境等相互作用的方法。班级活动的本质是由幼儿参与的，与不同对象发生相互作用的活动。因此，指导幼儿积极、主动、有效地同他人交往是班级管理的一种重要方法。在互动过程中，幼儿处于主体地位，幼儿教师起主导的作用。进行互动时，既不能过分强调幼儿自主，也不能对幼儿进行盲目指导，要充分、有效地发挥幼儿的主体地位和主导功能。互动指导法在实行时要注意以下几个方面：

（1）幼儿教师对幼儿的互动指导要具有适当性。对幼儿活动的指导要根据幼儿身心发展水平、个性特点及活动的性质和情境来确定。如果幼儿进行的活动是幼儿熟知的，幼儿教师可让幼儿自主进行；如果幼儿是首次参与活动，幼儿教师要进行适当的指导。

（2）幼儿教师对幼儿的互动指导要具有适时性。对幼儿互动活动的指导，除了要适当，还要适时。有些指导应在幼儿互动活动开展前就进行，称为事先指导；有些在幼儿活动后进行，称为事后指导。事先指导主要是针对一些原则性行为（如不损害他人等）和与幼儿安全有关的行为，必须在活动前加以指导。

（3）幼儿教师对幼儿的互动指导要具有适度性。指导的适度性是指幼儿教师的指导要有一个合适的度，不能过于笼统，也不能过于细致，应从特定幼儿的理解能力、行为水平等条件出发，加以指导和帮助。

4. 榜样激励法

榜样激励法是指通过树立榜样并引导幼儿学习榜样以规范幼儿行为，从而达到管理目的的方法。幼儿教师在班级管理中利用具体的幼儿行为做示范，为幼儿提供模仿的榜样，会产生积极的影响。榜样激励法操作要领有以下三点：

（1）榜样要健康、形象、具体。所选取的榜样可以是幼儿身边的同伴，也可以是幼儿熟悉的故事、人物或动物，是幼儿通过努力可以达到的。

（2）班级集体中榜样的树立要公正，有权威性。具体表现：班内树立的榜样行为，其模范行为是得到公认的；榜样树立之后，要引导幼儿感知和了解并提供充分的表现机会；幼儿教师对所有幼儿须一视同仁；班内的榜样不必是完美的；鼓励和引导幼儿自己发现榜样并积极表现榜样行为。

（3）及时地对幼儿表现的榜样行为做出反应。榜样的行为不仅要在幼儿心理上产生共鸣，最重要的是要反映到幼儿的行动中去。当幼儿自觉地以榜样的精神为动力，以榜样规范行为，做出良好的表现时，幼儿教师应给予充分的表扬，使幼儿感受到学习榜样的益处，从而强化榜样的影响力。

5. 目标指引法

目标指引法是幼儿教师以行为结果作为目标，引导幼儿的行为方向，规范幼儿行为方式的一种管理方法。从行为的预期结果出发，引导幼儿自觉识别行为正误是目标指引法的基本特点。目标指引法的操作要领有以下三点：

（1）目标要明确具体。只有目标明确具体时，幼儿才有可能有行为的参照方向。最好由师幼共同参与目标的讨论和制定，使目标在幼儿心中有个具体的形象，并使幼儿理解为什么要制定和实现这样的目标。

（2）目标要切实可行，具有吸引力。目标的实现不能过于困难，而应适应幼儿的行为能力，适应幼儿的心理接受力。幼儿容易对新奇的事情感兴趣，因此，目标越有趣，幼儿去实践的可能性越大，也越能达到要求。

第十章　幼儿园班级管理

（3）目标与行为的联系要清晰可见。在幼儿活动中，幼儿通过注意、记忆、思维等心理活动时时纠正自己的行为，走向目标。在给幼儿解释或引导幼儿讨论目标时，要让幼儿意识到与完成这一目标相关的行为，并努力追求这种行为。

（二）幼儿园班级管理的原则

班级管理是一门学问，也是一门艺术。幼儿教师必须遵循一定的科学原则，班级管理原则是对班级进行管理时必须遵循的普遍性行为准则，是幼儿园班级管理实践的总结与概括。班级管理原则贯穿于班级管理的全过程，全方位地体现在幼儿园班级管理中，对班级的全面管理具有重要的指导意义。幼儿园班级管理要遵循的原则有：主体性原则、整体性原则、参与性原则和高效性原则。

1. 主体性原则

主体性原则是指幼儿教师作为班级管理的主体具有自主性、创造性和主动性，同时幼儿教师应充分尊重幼儿作为学习者的主体地位。幼儿教师是班级管理的主体，要从本班实际出发，有针对性地提出管理策略和方案，提高班级管理的成效，最终促进作为学习主体的幼儿得到全面发展。

贯彻运用主体性原则时要注意以下几个方面：

（1）明确幼儿教师对班级管理的职责和权利。幼儿教师是班级管理的主体。在班级管理中，要求幼儿教师要充分地发挥主动性和积极性，创造性地开展班级管理工作，最大限度地反映幼儿的愿望和要求，从而调动幼儿学习的主观能动性。

（2）幼儿教师应充分了解和把握班级的各种管理要素。幼儿教师作为班级的管理者，应合理地组织和充分地利用班级中的人力、财力、物力、时间、空间、信息等各种管理要素，优质、高效地完成班级的预定目标。

（3）幼儿教师要正确地处理与幼儿之间的关系。幼儿教师与幼儿的关系是管理与被管理的关系，幼儿是被管理的对象，但幼儿又是学习和活动的主体。因此，幼儿教师在管理幼儿时，既要发挥自身的指导作用又要保证幼儿学习的自主权。

2. 整体性原则

整体性原则是指幼儿园班级管理应是面向全体幼儿和班级内所有管理要素的管理。贯彻运用整体性原则时，应注意以下几个方面：

（1）幼儿教师对班级的管理，不仅是对整体的管理，也是对个体的管理。幼儿教师在班级管理时经常出现"抓两头，忘中间"的现象，过分地偏爱优秀的幼儿，或者一味地关注问题幼儿，而忽视默默无闻的幼儿，这都是违背整体性要求的，幼儿教师应该把目光放到整个班级中的每个幼儿身上，在此基础上根据幼儿自身的特点和水平进行管理。

（2）幼儿教师要充分利用班级作为一个集体的熏陶作用和约束作用。班集体是幼儿学习、生活的基本单位，它对幼儿的影响是多方面且极为深刻的。通过班集体，可以培养幼儿的自律能力和责任心。良好的班集体能够潜移默化地影响幼儿，使班级管理呈现出自觉性和自律性。

（3）班级管理工作是全方位的，不只是对人的管理，还涉及物力、时间、空间等要素的管理。它们之间相互联系、相互制约。幼儿教师在平等对待全体幼儿的同时，要科学、合理地协调配置班级中的各种资源。

· 139 ·

幼儿教育学

小资料

我的闪光点

星星幼儿园的班级环境布置上有一个"我的闪光点"专栏。这一专栏每周更新一次，内容涉及幼儿的方方面面。幼儿教师将幼儿记录的内容张贴在走廊上，不仅便于幼儿之间相互观摩，也使家长能够及时地了解幼儿的最近发展情况。有的幼儿记录了自己书写的数字得到了笑脸；有的记录了自己做操当上了"小小老师"；还有的幼儿记录了自己哪一天吃饭又快又好。这个专栏出来以后，受到了家长的极大好评和鼓励，成为家长和幼儿教师沟通的良好工具。

分析：在本案例中，幼儿教师通过设立这样的一个专栏，引导幼儿进行自我评价，让幼儿之间相互观摩、相互评价，使幼儿成为评价者的同时又成为被评价者，享受着参与评价的乐趣。幼儿教师在注重个体主体性的发挥的同时，兼顾到了班级的整体，让幼儿看到其他人的优点。同时，幼儿教师也合理利用了班级的良好资源，调动了幼儿和家长的积极性，全方位地调动了人力、物力、时间、空间等因素，很好地体现了班级管理的主体性、整体性原则。

3. 参与性原则

参与性原则是指幼儿教师在管理过程中，要以多种形式参与到幼儿的活动之中，在活动中民主、平等地对待幼儿，与幼儿共同开展有益的活动。幼儿教师贯彻这一原则时，要注意以下几个方面：

（1）幼儿教师参与活动应注意角色的不断变换，以适应幼儿活动的需要。幼儿的学习以游戏为主。幼儿教师对幼儿的引导往往是通过游戏的形式体现的。幼儿教师要善于通过自身角色的不断变换，使幼儿在与幼儿教师的交往或相互交流中，感受到自己是独立的主体，幼儿教师是自己的朋友；并能主动参与到学习活动中。

（2）幼儿教师要根据幼儿的需要来参与活动，并取得幼儿的许可。幼儿教师对活动的参与应推动活动的发展，并在活动的自然进展中施加一定的影响，以达成管理和教育的目的。但并不是幼儿的所有活动，幼儿教师都要参加。幼儿教师参与幼儿活动时，应尊重幼儿意愿，经过幼儿同意以后才能参与到学习活动中。

（3）幼儿教师在活动中的指导和管理要适度。幼儿教师在参与活动中，过分的指导行为不但不能收到应有的成效，而且可能产生负面影响。幼儿教师应从活动的自然进程出发，从幼儿在活动中的心理状态出发，注意适度、有效。

4. 高效性原则

高效性原则是指幼儿教师进行班级管理时，以最少的人力、物力和时间，尽可能地使幼儿获得更多、更全面、更好的发展。管理本身就是要"优质高效"地完成预定的目标和任务。如何使班级中有限的人力、财力、物力、时间、信息等管理要素发挥最大的功效，提高班级管理的效益，是班级管理者必须考虑的。运用高效性原则时，要注意以下几个方面：

（1）班级管理目标的确定应合理，计划的制订应科学。班级管理目标和计划的制订，

· 140 ·

第十章 幼儿园班级管理

要充分考虑到幼儿的身心发展特点以及人力、物力等资源。班级管理的目标过高，幼儿难以完成，这样就失去了制定目标的意义；目标过低，幼儿得不到应有的发展。两者都是对资源的浪费。

（2）班级管理计划的实施应严格而灵活。幼儿园班级管理的对象是幼儿，这一群体活动多变、不稳定、突发状况多，需要管理者适时调整管理的计划和方法，及时地解决班级管理中出现的新问题。

（3）班级管理方法应适宜，在管理过程中重视检查反馈。幼儿教师在管理班级的过程中，要加强自身的学习，不断学习先进的管理理论和方法，提高自身的管理能力，及时地总结经验教训。从本班实际出发，积极地探索最适宜的管理方法，实现有效的管理。

幼儿园班级管理的四个原则中的主体性、整体性原则主要涉及管理思想，而参与性和高效性原则主要涉及管理方法，四者关系密切，不可分割。

练一练

1. 简述幼儿园班级管理的主要内容。
2. 简述幼儿园班级管理的主要方法。
3. 简述幼儿园班级管理的主要原则。

第二节　幼儿园各类班级管理

案例导入

马上要到"六一"国际儿童节了。某幼儿园领导要搞全园联动，要求每个班布置教室并设计一个活动。要把这次的活动做好，但可报销的经费又有限，也就是说很多东西都要废物利用，用手工来做。教研室里埋怨声四起——小班的教师说："孩子太小啦，帮不上忙！"中班的教师说："孩子太活跃，尽添乱！"大班的教师说："教学任务重，哪有时间干！"哎呀！反正大家都要烦死了！……

知识概述

幼儿园班级按年龄不同，可以分为托班、小班、中班和大班。不同的班级有不同的特点，带班的方法也不同，若用一种方法带不同的班级，势必收不到好的效果。因此，带不同班应采取不同的管理方法。

一、托班管理

托班是目前在幼儿园普遍设立的0~3岁的班级，托班中的幼儿年龄主要集中在2岁左右。

托班幼儿的身心特点：0~3岁是人一生中身体和心理发展最为迅速的时期。这一时期的幼儿动作发育迅速。同时，这一时期也是语言发展的关键时期。总之，语言、动作、情感等各方面的飞跃式发展是托班幼儿的明显特征。同时，因为幼儿的体质柔嫩，极易受到各种因素，如营养、温度、环境污染、安全等影响，造成对身体健康的危害。因此，更需要对托

· 141 ·

幼儿教育学

班幼儿的身心进行精心的照顾和适宜的教育。

（一）托班班级管理的重点

1. 布置安全、卫生、富有童趣和教育意义的环境

托班所在的教室应选择一楼宁静、空气新鲜、光线充足的房间。室内的布置要适合其年龄特点和兴趣，如对比明显、轮廓简单的图片，颜色较鲜艳的实物等。布置的高低要适合幼儿视线，并考虑到幼儿在各种情况下，如躺下、坐起、爬、站、抱起时，都能从不同角度看到一些室内布置。

幼儿园要提供丰富多彩的玩具和游戏材料，并按不同年龄特点配置玩具材料。玩具和游戏材料要符合安全卫生的要求，不要提供过小的玩具，以免幼儿放嘴里吞下，也要注意玩具表面是否圆滑、更不能含有有毒的化学物质。所有玩具都必须容易消毒和清洁。

2. 制定和执行合理的生活作息制度

托班管理的重点是保育和保健工作，促进其身心健康发展，同时也要提供必要的活动刺激幼儿的大脑，丰富幼儿的生活，使幼儿多听、多看、多说、多问，逐步培养和促进其探索客观世界的能力。制定作息制度时，要考虑不同年龄孩子的需要差异和不同类型活动的动静差异。因此，制定和执行科学的生活作息制度能保证幼儿的睡眠，使幼儿养成科学的生活习惯，促进幼儿的健康发展。

3. 精心照顾，保证幼儿的饮食和睡眠，科学指导幼儿的盥洗和排便

3岁前的幼儿正处在一生中生理生长最快的时期。幼儿所需的营养，一方面必须补充每天活动中机体代谢所消耗的能量；另一方面还要提供机体组织生长发育的需要。另外，还要培养幼儿良好的饮食习惯，做到不挑食、不偏食等，以保证营养素合理均衡摄入。同时，培养幼儿逐步学会使用进餐工具，独立、安全、卫生地进餐。

充足的睡眠能够保证幼儿消除一天中脑力、体力活动造成的疲劳，使神经系统、骨骼和肌肉、内脏器官等得到休息。尤其是睡眠时人体生长激素大量分泌，有助于促进幼儿身高的增长以及大脑皮层的发育。一方面要提供舒适温馨的睡眠环境；另一方面要培养孩子独立入睡的良好习惯，对入睡困难的幼儿要耐心安慰和抚慰，允许幼儿抱着自己心爱的玩具入睡，切不可威胁、恐吓。

托班幼儿生活自理能力差，大小便和洗手等问题看起来非常简单，但对幼儿来说，却是至关重要的大事。幼儿教师要做到每天观察、记录每个幼儿的大小便时间和次数，找出规律，能够及时地提醒幼儿，照顾好幼儿。另外，为幼儿准备与幼儿小腿高度相同的便盆，固定便盆的位置，教会幼儿及时排便，使幼儿大胆地向教师求助以及便后洗手等良好的习惯。

二、小班管理

小班幼儿通常为3~4岁。对于多数幼儿来讲，3岁是生活上一个转折的年龄，很多幼儿是从3岁起才开始离开父母进入幼儿园过集体生活的，这个变化比较大，幼儿有一个适应过程，而适应的关键在于使幼儿与幼儿老师、其他幼儿建立感情，建立了感情就容易适应集体生活。

· 142 ·

（一）小班幼儿身心发展特点

1. 身体发展特点

3 岁左右的幼儿身体发育非常快，身高每年可增长 8～10 cm，体重约增加 2.5～3 kg。幼儿身体发展迅速，基本掌握了走、跑、扔、停、爬、攀登等基本技能，但幼儿小脑机能发育未成熟，小肌肉群柔嫩无力，发育不完善，因此，幼儿各种动作不够协调平稳，特别是精细动作难以完成，尤其小班幼儿常常出现摔倒和手眼不协调的情况。因此，幼儿教师要安排与幼儿肌肉发育水平相当的活动，并提供活动工具，逐渐训练幼儿动作协调平稳。

2. 心理发展特点

（1）情绪不稳定性。小班幼儿的情绪很不稳定，很容易受外界环境的影响，看见别的幼儿都哭了，自己也莫名其妙地哭起来。幼儿教师拿来一些玩具哄一哄，幼儿马上又高兴起来。小班幼儿的行动也常常受情绪支配，幼儿的特点表现在很多方面。例如，高兴时非常听话；不高兴时，幼儿教师说什么，幼儿也不听。喜欢哪位幼儿教师，就特别听哪位幼儿教师的话。年龄越小的幼儿，其表现越突出。因此，在教育工作中，有经验的幼儿教师总是一边用亲切的态度对待每个孩子，稳定幼儿的情绪，一边用新鲜事物吸引幼儿的注意，使幼儿不知不觉地加入伙伴的行列。

（2）小班幼儿爱模仿。小班幼儿的独立性差，爱模仿别人。幼儿看见别人玩什么，自己也玩什么；看见别人有什么，自己就想要什么，所以小班玩具的种类不必很多，但同样的要多准备几套。在教育工作中，多为幼儿树立模仿的样板。例如，需要集中幼儿的注意力时，可以说"看××小朋友学习多认真，小眼睛一个劲地看着老师呢！"一般不要批评没有注意力的幼儿。如果幼儿教师说"×××，把你的小垫子收起来！"可能会引起更多幼儿摆弄小垫子。幼儿教师常常是幼儿模仿的榜样，因此，幼儿教师应该时刻注意自己的言行举止，为幼儿树立好榜样。

（3）小班幼儿的思维具有具体行动性。由直觉行动思维向具体形象思维发展是小班幼儿思维的主要特点。小班幼儿的思维还要依靠动作进行，因此，幼儿不会计划自己的行动，只能是先做后想，或者边做边想。例如，让幼儿数出一小堆豆子有几个，幼儿就用手一个一个地数才能弄清，幼儿不会像大班幼儿那样在心里默数。在画画过程中往往说不出自己要画个什么，而常常是在画好之后才突然有所发现像个什么。小班幼儿的思维很具体、很直接。幼儿不会做复杂的分析综合，只能从表面去理解事物。因此，对小班幼儿更要注意正面教育。讲反话常常引起违背本意的不良效果。例如，上课时，有的幼儿要上厕所，其他几个幼儿一个跟着一个学，也要去。老师不高兴了，说："都去！都去！"幼儿们一下就全跑光了。对幼儿提要求也要注意具体，最好说"小眼睛看着老师！"而不要说"小手背后注意听讲！"

（二）小班班级管理内容

1. 入园常见的不适应现象

没上过托班的刚入园幼儿，一般都会有不适应的现象，常见的有三大类。

（1）依恋亲人，不愿入园，情绪低落，哭泣不止。这是幼儿入园时经常出现的现象。有的幼儿只要接近幼儿园就会大哭，抓住大人的手不放；有的幼儿在吃饭、睡觉时哭泣不止；有的幼儿紧跟住接待他的第一位教师，这位教师一离开便哭。这种表现在心理学上被称为"分离焦虑"。所谓"分离焦虑"是指因与亲人分离而引起的焦虑、不安或不愉快的情绪反应。在孩子呱呱坠地脱离母体后，与母亲之间逐渐建立起一种亲密的依恋关系，这种关系对幼儿的情绪发展和与人交往方面的发展有着重要的影响。当幼儿与家人暂时分别后，幼儿会出现情绪不安的表现。对于正常的幼儿，在入园初有上述表现很正常，在幼儿教师的关怀照料和与同伴的玩耍中，过一段时间，一般都能克服分离焦虑，适应新的集体环境和生活，并在心理发展上进入新的阶段。如果幼儿长期保持分离焦虑状态，不能适应新环境的正常生活，将给幼儿心理带来严重的伤害。

（2）任性专横，强占霸道。有的幼儿在家任性惯了，入园后与其他幼儿抢玩具，独占玩具，在轮流游戏中要强霸道，稍不如意就攻击他人。这些幼儿自我中心严重，自制差，没有秩序意识、他人意识，常会妨碍活动的进行，幼儿教师要有耐心，不能一下就要求幼儿改正，要有预防冲突的教育手段。

（3）行为散漫，不会学习，生活不习惯。有不少幼儿在家养成了一些不良的生活习惯，如吃饭要追着喂，睡觉要抱着睡，吃饭、睡觉都没有规律等，到了幼儿园自己不会吃饭，不会自己去厕所，极不适应幼儿园有规律的生活。这样的幼儿需要多照顾，幼儿教师及时与家长沟通，逐渐让幼儿养成独立的习惯。

2. 入园引导

（1）入园前参观幼儿园或组织亲子教育活动。幼儿园可在幼儿入园前的 2～3 个月举办参观活动和亲子教育活动，让家长和幼儿一起参加每周一次的亲子教育活动，让幼儿逐渐熟悉幼儿教师，熟悉幼儿园环境，喜欢与其他幼儿集体活动。实践证明，消除陌生感是减缓分离焦虑的主要方法。

（2）幼儿教师多与家长沟通。幼儿刚入园、经常会大哭大闹，家长没有经验，也会心神不宁，甚至会打退堂鼓，不送或间断性地送幼儿入园。这很不利于幼儿战胜消极情绪，早日适应环境。幼儿教师应与家长建立紧密的联系，随时了解幼儿的动态，做好家长工作，争取家长的配合，以便共同帮助幼儿克服不良的情绪。幼儿教师可做家访，或者请家长来幼儿园，还可以召开家长会，请家长们共同交流经验。

（3）抓好常规管理。俗话说："无规矩不成方圆。"家庭对幼儿的要求不像幼儿园那么严格，加上有些家长溺爱幼儿、包办代替较多，致使幼儿缺乏良好的生活习惯，常规训练既可以帮助幼儿养成良好的生活习惯，又可以使幼儿生活具有节奏性，促进幼儿身心健康发展。

对小班常规管理的内容和要求如下：

① 入园。高高兴兴地上幼儿园，向幼儿教师问好；带手帕，衣着整洁，能高兴地接受晨检；在幼儿教师指导下将脱下的衣服放在固定位置；学习擦小椅子，双手轻拿轻放小椅子。

② 盥洗。幼儿养成饭前、便后和手脏时洗手的习惯；洗手能挽起衣袖认真洗，不玩水，用自己的毛巾擦手；能主动表示大小便，养成自觉独立大小便的习惯；养成饭后漱口擦嘴的习惯。

③ 饮食活动。安静就座，愉快进餐；学习使用餐具，细嚼慢咽，保持桌面、地面、衣服整洁等；养成饭后漱口擦嘴的习惯和主动喝水的习惯。

④ 睡眠。安静就寝，睡姿正确，在幼儿教师帮助下能按顺序脱衣裤鞋袜，放在固定的地方。

⑤ 活动要求。进出班级排队按顺序，不奔跑和推搡；玩具用品不乱丢、乱扔；安静活动不吵闹，户外活动听指挥。

⑥ 离园。收拾好玩具和桌椅；穿戴好衣帽；跟幼儿教师道别回家。

（三）小班管理注意事项

1. 多采用正面教育，忌用反面语言

小班幼儿情绪控制力差，语言理解力也差，对幼儿教师的反话和不要做什么的要求常常不知所措，引起误会和错误的理解。其实，幼儿教师用正面的鼓励性语言告诉幼儿怎样做，就会使幼儿明白自己应该做的事。例如，对孩子说"不要用别人的水杯"，不如用"请用写着你名字的水杯"更能使幼儿理解应当怎样做。

2. 规范必须合理，不宜过严或过宽

应考虑小班幼儿年龄特点和发展水平，以及实际需要。例如，要求小班幼儿坐在椅子上，集中教学时手脚不许动一下，显然每个幼儿是很难做到的。这些过于严格的要求只会使幼儿感觉压抑和受挫。但如果对幼儿过于姑息迁就，幼儿将来对遵守规则就会感到困难，不习惯受约束，难以适应集体生活。如果让幼儿知道遵守规范的理由，那么幼儿接受起来就会更容易一些，如"多喝点水，就不容易感冒"等。

3. 规范的标准要保持一贯性

要让幼儿知道哪些事不可以做，哪些事可以做，所制定的规范标准要保持一贯性，如不许幼儿爬上窗台，今天不准许，明天也不准许，不能朝令夕改，使幼儿感到混乱和无所适从，因此，保教人员要对教育幼儿生活规范有统一要求。

4. 适当关注每一个幼儿

幼儿都想获得成人的关注，而小班幼儿的是非判断能力很差，行动受情绪影响很大。如果幼儿教师只注意爱捣乱的幼儿，那么幼儿教师的行为无疑是在告诉幼儿，如果想获得幼儿教师的注意，只要做出不好的行为就行了。因此，幼儿教师不要忽略不找麻烦的幼儿，在适合的时间，打打招呼，称赞一下幼儿的表现，对幼儿的活动说一句关心的话。这样可以鼓励幼儿更乐意接受规范，并感觉到自己一直受到幼儿教师关注和赞赏。

5. 指示要简单明确，容许孩子表达感受

小班幼儿语言理解力有限，对幼儿提出的要求要简单明确，不要过于笼统和过多，太多的指令幼儿记不住。

6. 多采用讲解示范，注意个别差异

幼儿模仿能力强，但小班幼儿对幼儿园一般还不大习惯，幼儿教师对各项规范，要由少到多，按一日生活的顺序，在生活中逐一讲解示范，使幼儿通过生活中的模仿逐渐掌握和适应。每个幼儿个性差异较大，因此，让幼儿在统一时间接受同一规范，要考虑因人施教。

总之，要使幼儿乐于接受规范，就要为幼儿创设愉快的生活环境，幼儿心情愉快，接受常规就会很顺利。

三、中班管理

中班幼儿通常为4～5岁，这个时期是幼儿身心发展的重要阶段。中班管理在幼儿园教

育中起到承上启下的作用。常有幼儿教师说："中班的孩子最不好带，不像小班孩子那样听话，也不像大班孩子那样懂事。"这说明中班孩子的发展很有特点，只有认真观察和分析，才能掌握中班幼儿发展的特点，使班级管理收到更大的成效。

（一）中班幼儿身心发展特点

1. 中班幼儿身体发展特点

中班幼儿生长发育速度明显减慢，进入一个相对平稳的增长阶段。4岁时身高约为出生时的2倍，其体重约为出生时的5倍。4岁幼儿在运动的速度、灵活性和稳定性方面已经有了提高。精细动作进入了发展最快的时期，动作协调性增加，多余动作减少，表现在快走、跳跃、攀爬、翻跟头、停步等动作比较自如。全身运动时，身体各部位都能较好地协调活动，而且可以做一些精细的动作，如自己系鞋带、用筷子吃饭、用剪刀剪直线、自己穿衣服、系扣子等自理能力大大地提高。因此，幼儿教师要多创造机会让幼儿活动。

2. 中班幼儿心理发展特点

（1）中班幼儿自我服务能力明显提高，生活自理能力增强。幼儿有了很强的为他人、为集体服务的意识，愿意承担幼儿教师布置的任务并努力去完成。

（2）中班幼儿的注意力、观察力及语言表达能力都有明显提高，游戏活动更丰富，与同伴交往的能力更强，也有了一定的创造力。

（3）中班幼儿活动的目的性明显增强。当幼儿接受一定的任务时，能坚持较长时间，初步的责任意识和任务意识开始萌芽。

（4）中班幼儿爱告状，攻击行为严重，致使班级冲突性行为较多。

（二）中班班级管理内容和要求

1. 生活常规

（1）清洁卫生习惯。幼儿养成饭前便后和手脏时及时洗手的习惯，会自己卷衣袖，会擦好肥皂并冲洗干净，擦干手，挂好毛巾。幼儿大小便基本能够自理，定时大便，小便姿势正确，学会提好裤子。幼儿不咬指甲，不把玩具放入口中。幼儿知道保持地面和墙壁、桌椅、板凳等物品整洁，不乱涂乱画。在成人提醒下，幼儿能保持手脸干净和衣服整洁。

（2）良好的饮食进餐习惯。幼儿安静愉快地进餐，坐姿自然。幼儿会正确地使用餐具，学习用筷子吃饭，用手扶碗，学习收拾碗筷。幼儿逐步养成文明的进餐习惯，细嚼慢咽，吃饭不发出声响，不用手抓饭，不撒饭，不剩饭，不挑食等。幼儿养成桌面、地面、衣服、碗内四净。幼儿咽下最后一口饭，离开座位不乱跑，餐后擦嘴，用温水漱口，餐具轻拿轻放。幼儿能自己取杯子喝水，按规定时间吃完一份饭菜。

（3）良好的睡眠习惯及穿脱能力。幼儿安静就寝，睡姿正确，不蒙头睡觉。幼儿身体不舒服及时告诉幼儿教师。学习独立、有序地穿脱衣裤、鞋袜并放在固定地方。能穿好鞋，会系鞋带。学习整理床铺，学会叠小被子，整齐地拉好床单，枕头放在被子上面。

2. 活动常规

幼儿上课时，能注意力集中，并遵守集体纪律。幼儿乐于参加集体活动，认真听讲，按幼儿教师要求去做。幼儿知道得到幼儿教师允许后才能发言，能勇敢地在集体面前讲话。幼儿能安静地听别人讲话，不打断、不插嘴。幼儿愿意协助幼儿教师准备用具，轻拿轻放玩、教具，用完后会自觉整理收拾好用具。在活动中保持正确的姿势，幼儿能和同伴商量和讨论问题，能快乐地参加集体活动，珍惜活动成果。

（三）中班管理注意事项

1. 充分利用教育常规组织好幼儿一日活动

必要的常规能够保证幼儿一日活动的顺利进行，使群体活动有序，幼儿心情愉快而且安全。由于中班幼儿活泼好动，因此，需要将常规管理的目标纳入教育活动整体中，以明确幼儿生活的每·个环节、每一次教育活动中的常规目标，这样才能保证活动的顺利进行和幼儿的安全。因此，一日活动的一些环节、活动需要建立和执行一些必要的常规，如一些区域活动的常规、值日生制度等。

2. 教给幼儿必要的社会交往技能，解决好幼儿之间的纷争

中班幼儿社会交往的范围明显扩大，在中班的班集体中逐渐出现了不同的交往类型，幼儿教师要特别关注。总的来说，中班幼儿普遍缺乏交往的技巧，自我意识很强，更容易出现纷争。幼儿教师要加强幼儿的社会性教育，通过角色游戏等理解社会角色、社会规则等，也可以通过故事、情景表演等活动对幼儿进行移情训练，使幼儿理解他人，学会换位思考，学会合作、谦让、尊重等亲社会行为。

四、大班管理

大班幼儿通常为5~6岁，有的幼儿园也把大班称为学前班。5~6岁是幼儿在园的最后一年。这一阶段的幼儿观察力和理解力迅速发展，求知欲和好奇心强烈，学习能力明显增强。游戏水平更高。幼儿情感丰富，做事的独立性和坚持性较强，常常积极参与成人活动，言语、行动表现出明显的个性特征。

（一）大班幼儿身心发展特点

1. 大班幼儿身体发展特点

大班幼儿身体比较结实，肌肉耐力明显增强，身体活动量大。大班幼儿手的动作精细、准确、熟练，独自活动更多。幼儿生活自理能力大大提高，但自护能力比较差。大班幼儿身高每年增加4~7 cm，体重每年增加约2 kg，生长发育速度稳速发展。大班幼儿动作发展迅速，动作的稳定性和协调性增强，基本掌握了走、跑、跳、爬和平衡的动作要领，还能做复杂的跳绳、翻单杠、爬树等动作。大班幼儿手指的灵活性增加，能够用铅笔写字和画画，也能做比较复杂的手工，会灵活地使用筷子等。大班幼儿大脑皮层的功能明显发育迅速，睡眠时间减少，觉醒和活动时间延长。

2. 大班幼儿心理发展特点

（1）大班幼儿的知识量不断扩大。语言表达能力明显增强，大班幼儿对许多事情都表现出强烈的兴趣，已不满足于"是什么"问题的回答，更要求对"为什么"问题的回答。

（2）大班幼儿归属感强。大班幼儿知道自己生活在哪个班级，一旦有人说自己所在的班级不好，幼儿会非常生气，幼儿认为自己的班最好。如果参加比赛，大班幼儿总是希望自己的班级赢。

幼儿教育学

（3）大班幼儿的责任心明显增强，对幼儿教师布置的任务能认真地对待，努力地完成。如果没能完成幼儿教师布置的任务，幼儿会感到不安。

（4）大班幼儿特别重视结果，如比赛结果、评比结果、获奖结果等，有时为了结果会忽视过程。

（二）大班班级的管理内容

（1）进一步加强常规教育，逐渐养成幼儿良好的习惯。

（2）要培养幼儿自我管理的能力，让幼儿学习管理自己，包括管理自己的行为、自己的生活、自己的物品、自己的语言等。

（3）要让幼儿学会正确地处理自己与集体之间的关系，意识到自己是集体中的一员，应该遵守集体规则与纪律，增加责任感，在活动时不仅考虑自己，也要考虑他人，教师应组织集体竞赛等活动激发幼儿的集体意识和责任感。

（4）要为幼儿入小学做准备，在生活环境布置、活动形式和要求、师生关系、教学方法方面作相应的调整，还可以与小学教师联系，带幼儿到小学去参观，让幼儿与小学生接触，了解小学生的学习与生活，并让小学教师了解幼儿园的教学，以此缩小幼儿园与小学之间的差距。

练一练

1. 小班、中班班级管理的注意事项都有哪些？
2. 小班、中班、大班班级管理的内容都有哪些？

本章小结

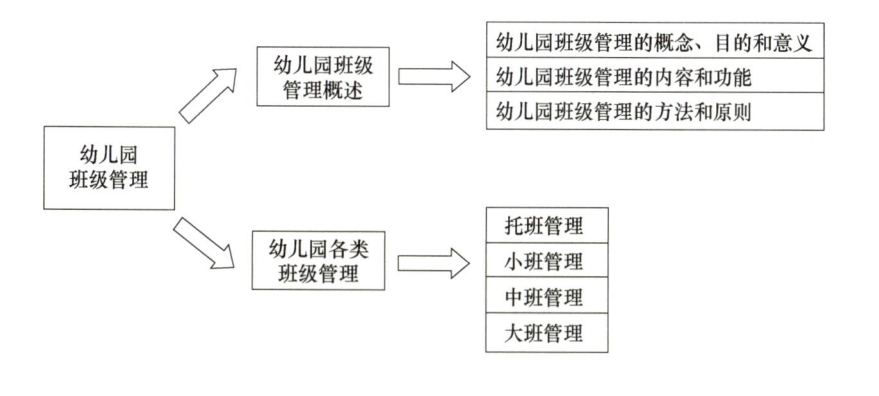

148

第十一章

幼儿园与家庭、社区和小学

【学习目标】

1. 了解幼儿园与家庭、社区合作的意义。
2. 掌握幼儿园与家庭、社区合作的内容与方式。
3. 了解幼儿园与小学衔接的含义与意义。
4. 掌握幼儿园与小学衔接的内容与方式。

第一节 幼儿园与家庭、社区合作

案例导入

家长 A："今天早上送女儿去幼儿园，看到班级门口又贴了通知，说是让家长和孩子共同完成一个手工作品，下周交上来，作为布置教室用。刚上幼儿园两周，都布置两回任务了，上周让上交饮料瓶和纸盒。这饮料瓶和纸盒还好说，但是还得让家长和孩子拿手工作品布置教室，那布置教室不是老师的工作吗？"

家长 B："我家的也有任务，让上交宝宝生活照一张；还要交 2~3 件喜欢的玩具。你说这玩具也让家长准备，幼儿园不负责买吗？"

上述内容是某些幼儿家长的不解和疑惑。请你思考一下为什么会出现这样的问题？

知识概述

幼儿的年龄和心理特点决定，幼儿园教育必须与家庭教育相结合。实践证明，家园合作最容易取得教育效果，家园合作是对幼儿身心全面和谐发展的最佳组合。正如陈鹤琴先生所说："幼稚教育是一件很复杂的事情，不是家庭一方面就可以单独胜任的，也不是幼稚园一方可以单独胜任的，必须两个方面共同合作，方能得到充分的功效。"

·149·

幼儿教育学

一、幼儿园与家庭合作

家园合作就是幼儿园和家庭都把自己当作促进幼儿发展的主体，双方积极主动地相互了解、相互配合、相互支持，通过幼儿园与家庭的双向互动，共同促进幼儿的身心发展。《幼儿园教育指导纲要（试行）》在总则中指出，幼儿园应与家庭、社区密切合作，与小学相互衔接，综合利用各种教育资源，共同为幼儿的发展创造良好的条件。

（一）幼儿园与家庭合作的意义

1. 家庭是幼儿成长最自然的环境

家庭是社会最基本的单元，也是幼儿成长最自然的环境，担负着养育幼儿的重大责任。家庭这个以血缘关系组成的社会，幼儿一出生就生活在其中，是幼儿最重要的安全基地，幼儿的成长不能缺少家庭的关爱。

2. 家庭是幼儿的第一所学校

家长对幼儿的态度影响着幼儿以后对社会的态度。在个性、社会性、智力发展和文化特征方面，家长是影响幼儿的第一个也是最重要的因素。每个幼儿都从自己家庭的生活中获得不同他人的经验，形成自己的行为习惯，发展待人处事的能力以及语言能力等。这一切在幼儿入园后，仍然极大地影响和制约着幼儿园教育，幼儿园教育只能在幼儿原有的个性、智力等基础上展开，否则教育效果不佳。

3. 家庭是幼儿园重要的教育力量

家长与幼儿的天然联系使家长具有难以替代的优势，家长与幼儿教师为着一个共同的目标携起手来，教育效果会事半功倍。家长作为重要的教育力量，其作用表现在：家长的参与非常有利于幼儿的发展，对幼儿有积极而持久的影响；家长是幼儿教师最好的合作者；家长的配合有利于教育教学活动的顺利实施；家长本身是幼儿园宝贵的教育资源。

《幼儿园工作规程》明确指出："幼儿园应当主动与幼儿家庭沟通合作，为家长提供科学育儿宣传指导，帮助家长创设良好的家庭教育环境，共同担负教育幼儿的任务。"这是科学的、符合世界幼儿教育发展趋势的决策。我国幼儿教育工作者应当努力做好家园合作，实现《幼儿园工作规程》提出的要求。

（二）幼儿园与家庭合作的内容

幼儿园与家庭的亲密合作，使得家长把家庭教育封闭的门向幼儿园的保教人员敞开，家长和幼儿教师之间共同营造出一个双向互动、默契配合、互相补充的家园合作教育氛围。在此基础上，幼儿园与家庭合作会逐渐变得全面而深入，达到一个较高的合作水平。幼儿园与家庭合作主要包括两个方面的内容。

1. 鼓励和引导家长直接或间接地参与幼儿园教育

家长参与是指家长通过不同的形式，参与幼儿园的一些教育教学活动，协助教师工作，以丰富幼儿的学习经验，达到家庭与幼儿园的相互配合与协调一致。家长参与幼儿园教育的方式可以分为直接参与和间接参与两种形式。

家长直接参与是指家长参与到幼儿园教育过程中，如共同商议教育计划、参与课程设置、加入幼儿活动、深入具体教育环节、与幼儿教师联手配合、被邀请参加一些教育活动

· 150 ·

等。家长间接参与是指家长为幼儿园提供人力、物力的支持，或将有关意见反映给幼儿园和教师，而自己不直接参与幼儿园教育各层次的决策和活动。一般的家园联系大多属于后者。

2. 幼儿园帮助家长树立正确的教育观念和教育方法

据调查表明，我国家长在幼儿的教育上还存在不少错误观念，如偏重智力、技能的培养，轻社会性发展，把幼儿的自我表达、与同伴交往、自我评价等能力列为最不重要的项目。家庭教育中对幼儿过多溺爱、过分管制，教育方法简单、盲目的现象比较普遍。通过与幼儿教师的沟通，家长能够形成正确的育儿观念，掌握正确的教育方法，促进幼儿更健康地成长。

在幼儿园与家庭的合作中，上述两个方面的内容相互促进、相互结合，可同时进行。

(三) 幼儿园与家庭合作的方式

1. 家长直接参与

(1) 家长开放日。家长开放日是指幼儿园在特定的时间里安排家长参与学校组织的开放式办学的一种形式。在家长开放日，家长可以进入幼儿园内部进行参观，参与相关教学活动。家长开放日为家长进一步了解幼儿园的办学条件、教育水平及教学模式等提供了一个良好的机会，也是实现家庭与学校合作的重要途径之一。

小资料

幼儿园小班的家长开放日

家长到幼儿园最想做的事是看看自己的孩子。为了避免漫无目的地游览，幼儿教师应该引导家长有效地进行观察。

(1) 事先告诉家长活动内容、活动目的，家长应注意的事项。

(2) 有一定经验后，可以给家长提供一张简单的幼儿行为观察表，供其逐项对照，对每项的意义向家长做适当的解释，活动结束后一起讨论观察的结果。

(3) 待家长更清楚地了解幼儿后，幼儿园与家长共同制订一个帮助幼儿的特别学习计划，并明确和落实各自的责任，特别是明确家长在家里要做的事，然后定期交换意见。

(4) 观察表可保存起来，既可作为幼儿教师的参考，又可让家长与日后的观察做比较，去发现幼儿的进步或变化，不断总结教育经验，改善家庭教育的方法。

例如，幼儿有一项活动是双脚并拢、跳过横在地上的一个接一个的长条积木。过去家长只是看着有趣，为幼儿拍手鼓励或哈哈大笑。经过幼儿教师的引导后，效果就大不相同了。这时，家长的注意点是：幼儿跳时是双脚并拢的还是单脚跳的，跳过去后是能站稳还是站不稳，跳过一条积木后是接着跳下一条还是要重新调整一下，等等。这些观察不要求家长有很高的文化程度，很容易就能发现幼儿动作的发展水平。例如，有的家长发现幼儿的问题是大肌肉发育不好，就与幼儿教师商定办法，回家后不再抱幼儿上楼梯，而让他自己走；幼儿跳跃后站不稳，是动作协调、平衡不好，幼儿教师就指点家长，在接送幼儿时让其多自己走，少坐车，回家后可在地上画一条线，让幼儿做沿线走的游戏等。

分析：幼儿园利用家长开放日，有计划地指导家长观察幼儿，把家庭教育与幼儿园课程内容紧扣在一起，由幼儿教师与家长共同携手，改善教育方法，提高教育的整体效果。

幼儿教育学

（2）亲子活动。亲子活动是指为促进家长对幼儿课程与教育的理解，加强家长与孩子之间的情感联系，增进家长与孩子、家长与教育机构的交流、沟通与合作而专门组织的一类教育活动。幼儿园可以定期组织家长到幼儿园和幼儿一起进行活动，既加深亲子关系，又能让家长亲自观察到幼儿在园的相关情况。因此，亲子活动也是家庭与幼儿园合作的主要途径。

2. 家长间接参与

（1）个别方式的家园联系。

① 家访：家访可以分为新生入园家访、特殊幼儿的定期家访、突发事件家访、问题幼儿重点家访、生病幼儿家访等。幼儿教师在家访前要明确此次家访的目的，有所侧重地做好准备。

② 个别交谈：个别交谈是幼儿教师和家长就幼儿近期的表现或者针对较特殊的情况进行交流的一种方式。个别交谈可利用家长早、晚接送幼儿的时间进行，也可以通过电话联系，是一种最简便、最及时的家园联系方式。

③ 家园联系手册：家园联系手册是幼儿教师和家长交流幼儿发展状况的一种形式，也是系统记录幼儿成长过程的一种手段。尤其是寄宿制幼儿园，由于幼儿教师和家长不能每天及时交流孩子的发展情况和教育建议，就可以用家园联系手册来进行定期沟通。

（2）集体方式的家园联系。

① 家长会。召开家长会是幼儿园较多采用的一种家园合作方式。幼儿教师可以把幼儿园里的基本情况、活动安排和教育措施等向家长进行介绍，还可以和家长讨论当前比较突出的大家关心的问题，目的是帮助家长了解孩子在园的表现，了解幼儿教师的教学、幼儿园的规章制度等，使家长更好地了解幼儿园的教育，配合幼儿园搞好各项工作。

② 家长委员会。家长委员会由家长自愿组织或民主选举产生，其职责主要是协助幼儿园的各项工作，把幼儿园的要求传递给家长，同时也反映家长的意见和要求等。

③ 家庭教育讲座。家庭教育讲座是由幼儿教师或邀请幼教专家通过讲座的形式帮助家长树立正确的教育观念，提供家教指导的一种方式。家庭教育讲座可以定期或不定期地进行，讲座内容可以根据幼儿或家庭教育的需要来确定。

④ 家园联系园地。幼儿园在走廊墙上或幼儿活动室门口专门开辟出一块地方，作为"家园联系园地"。它是幼儿教师和家长联系的一个平台，使幼儿教师和家长的联系更加丰富全面。另外，也要充分利用网络媒介，可以建立QQ群或者微信群交流平台，这也是家园联系园地的一个补充。

（四）幼儿园家长工作原则

幼儿园家长工作是幼儿园的教职工与幼儿家长合作，共同教育幼儿的过程。幼儿园家长工作的基本原则是指导幼儿园开展家长工作的基本准则，同时确保幼儿园和家长合作，实现家园共育的基本要求。

1. 互尊互利原则

尊重家长是做好家长工作的前提。幼儿教师应将家长视为自己的合作伙伴，相互尊重，共同为幼儿的身心发展努力。对不同社会地位、不同职业、不同经济条件的家长要一视同仁，同样地尊重。只有这样才能与家长建立平等互助的伙伴关系，达成互尊互利的要求。

152

2. 要求适度原则

幼儿教育的因材施教特点反映了幼儿及家长所存在的差异性，这在一定程度上要求幼儿园能够满足幼儿及家长所存在的差异性需要。幼儿园对家长提出的要求应该适度合理，一方面，要符合家长的能力和物力水平；另一方面，要尽量排除家长的后顾之忧，减轻家庭的负担。

3. 经常性原则

经常性原则是指幼儿园的家长工作应该能够坚持常态化，将家长工作贯穿于平时的各项工作之中，建立完善的家长工作机制。要充分利用一切便利条件，相互联络，随时沟通。

4. 双向反馈原则

幼儿园在开展家长工作时，既要向家长输出育儿的信息，也要努力收集家长反馈的信息。对于家长的反馈，无论是积极的还是消极的，都要认真分析和处理。

小资料

美国家长约谈制度

在美国幼教机构，家长与教师约谈已形成制度。全美幼儿教育协会制定的《高质量早期教育标准》中，明文规定：教师每学年至少与每个孩子家长约谈一次，并可根据需要随时安排，以讨论孩子在家和在园的进步、成绩与问题。教师与家长约谈在美国已成为一种比较成熟的家园沟通方式，并积累了丰富的经验。

1. 做好准备工作

要及早告知家长约谈的时间、地点与内容，征得家长的同意。在约谈前，教师要汇集、查阅这个孩子各方面发展情况的材料，进行分析，提取有用的事例。实际上，这项准备工作在孩子入园后就已开始了。

2. 营造轻松的气氛

有些家长对约谈会感到拘束、不自在，因此，教师要注意营造轻松的气氛。例如，先倒一杯咖啡，说一些孩子和班上有趣的事。在交谈时也要自然一些，显得亲切。例如，开始时可先问一句："小明近来在家怎么样？"这样的问题家长好回答，从而能够自然地进入交谈。

3. 避免使用专用术语

采用日常使用的普通语言与家长交谈，家长应听得懂。在介绍孩子发展情况时，不要说得过于笼统，而要具体一些。例如，不要只讲小明的小肌肉发展水平低于正常标准，要补充实例或换一种说法，像"小明还要继续学习画画，用手剪剪东西，我们在教他等"。

4. 以平等的身份与家长交谈

教师切勿以专家自居，采取居高临下的态度教训家长，不要发号施令似的说"必须""应该怎样"，更不能责怪家长，应尊重家长，多倾听家长的意见。教师提出共同促进孩子发展的措施时，宜采用商量的口吻，征求家长的意见。

5. 谈孩子缺点时要注意方式

对孩子的评价一定要客观、全面。既要肯定优点与进步，也要真诚地提出不足之处。在谈孩子的缺点时，要根据情况，区别对待。如果与家长很熟悉，可以说得直率一些。有些家长自尊心强，把谈孩子的缺点视为对自己的批评，易感到有压力。因此，教师特别要注意说话方式，不要用"迟钝""调皮"等字眼来形容孩子，以免家长听得不舒服。

6. 交谈时不要谈及其他孩子

与家长不要谈论其他孩子，也不要随意与其他孩子进行比较，说长道短。因为这样做会使家长产生疑问，不知老师在别人面前怎样说自己的孩子。

7. 交谈完应肯定约谈收获

教师要指出谈话对家园双方都有益，强调对自己的工作有帮助，如进一步了解了孩子，有利于今后的教育工作等。同时，对家长来参加约谈表示谢意，欢迎家长以后继续支持园里的工作，自己愿意真诚与家长密切合作，共同促进孩子的发展。

8. 约谈完毕后，教师要做小结

小结的内容包括：谁提出约谈；谁参加了约谈；提出了哪些问题及解决方案和措施；约定了什么时间继续沟通；有关措施实施情况。

二、幼儿园与社区合作

社区是指比较完善的社会生活小区，幼儿园是社区的一个组成部分，是社区中的小环境。幼儿园与社区合作是指幼儿园与其所处的社区、与幼儿家庭所处的社区密切结合，共同为幼儿的健康成长服务。

（一）幼儿园与社区合作的意义

1. 适应世界幼儿教育事业发展的需要

随着教育改革逐渐深入地发展，我国教育已进入终身教育时代，幼儿园教育是终身教育的起始阶段。1981 年，联合国教科文组织指出，幼儿教育必须从学校这个封闭的范围中解放出来，扩展到社区，这一精神现已成为世界幼儿教育共同发展的方向。

2. 适应幼儿自身发展的需要

个体作为一种文化存在，它首先必须是社会的存在。幼儿园不能与家庭、社区分离，而要与家庭、社区交融。如果幼儿园与社区之间进行频繁的互动，那么就会使更多的幼儿更可能从各种各样的人那里获得有关努力学习、发展创造性思维、互相帮助等信息。

3. 适应社区发展的需要

社区和幼儿园双方应发挥自身的优势，进行人力资源与物质资源的优化与互补，及时提供对方所需要的服务。幼儿园是专门的教育机构，具有许多教育优势，如完善的硬件设施和环境，专业的师资力量，有计划、有组织的教育内容和活动等，幼儿园要以自身的优势服务于社区，支持社区各项教育活动的开展。

（二）幼儿园与社区合作的内容与方法

1. 整合社区资源，弥补幼儿园教育资源的不足

（1）人力资源。在通常情况下，社区的居民来自各行各业，有着不同的年龄结构，具

有丰富的知识和经验，是幼儿园在管理与教学活动中不可缺少的人力资源。幼儿教师要采取多种有效措施让幼儿作为学习的主体得到最大限度的发展空间，在教学管理活动中努力为幼儿的日常活动创设情境，为幼儿主动探索、实践提供便利条件。幼儿园可以把社区中相关机构的人员邀请到幼儿园中参与幼儿教育，与幼儿一起活动。例如，请消防员向幼儿展示扑火的技能，讲解当遇到火灾时的自救方法。

（2）物力资源。社区里的自然景观及配套设施，如健身广场、超市、图书馆、银行等，这些都可以作为幼儿园可利用的教育资源。幼儿教育不仅仅是幼儿在幼儿园中接受的教育，还要改变传统的教育理念，让幼儿在保教人员的积极引导下走出幼儿园，通过接触大自然和参观各种社会服务机构等活动，丰富幼儿的日常生活经验，加深幼儿对周围环境的认识，更好地融入社区中去。

小资料

超市之旅

原南京军区××幼儿园旁边新开了一家大型超市，引起了孩子们极大的兴趣。他们希望去参观超市，于是，教师满足了孩子们的要求。大多数孩子都有超市购物的经验，但他们还缺乏对超市的仔细观察与研究，因此，这一次考察让他们产生了许多问题，例如：

（1）超市里那么多的物品是从哪里来的？

（2）商品的标牌怎么有蓝色、红色、黄色的？

（3）超市里的冷饮怎么不会化掉？

……

孩子们还兴致勃勃地参观了超市的仓库，看到许多物品堆得很高，就觉得很奇怪：

（1）那些物品是怎么放上去的？

（2）超市中的东西没了，是不是要从仓库里拿？

（3）超市中用的物品与吃的物品是不是放在一起的？

（4）仓库里的物品是用什么运到超市里的？

管理仓库的叔叔被孩子们的一个个问题问得无法招架，超市的工作人员一个劲儿地夸奖孩子们："你们真行，能发现那么多的问题！"

分析：在生活中发现问题并解决问题，这便是此次"超市之旅"的主旨所在。在那里，孩子们问了很多问题，同时，孩子们也明白了许多事情。

[资料来源：宋睿．家、园、社区合作共育的实践研究［D］.

南京：南京师范大学，2008：31.（有改动）]

（3）文化资源。每一个地区都蕴含着丰富的文化资源。文化对人们的影响是潜移默化的，影响到人们的认识活动、思维方式、交往行为等。一个人的人生观、世界观、价值观的形成受文化的影响非常大，是各种文化共同作用的结果。优秀的文化，不但能丰富人们的精神世界，而且对促进人们的全面发展也起着重要的作用。我国有很多的非物质文化遗产，让幼儿接触家乡的非物质文化遗产，能够使幼儿加深对家乡的了解，在开阔幼儿视野的同时，也激发了幼儿热爱家乡、热爱祖国的情感。

· 155 ·

幼儿教育学

小资料

参观殷墟博物苑
——传承传统文化

10月上旬，第九届殷商文化节在安阳市隆重开幕。大班的孩子们对这件事表现出极大的兴趣。为了对幼儿进行爱家乡、爱祖国的教育，激发幼儿的爱国主义情怀，教师带领幼儿们参观了殷墟博物苑。星期四的早晨，孩子们怀着激动的心情早早地来到幼儿园，一路上他们谈论着自己了解的有关殷墟的话题，不知不觉地已来到了殷墟，来到博物苑的门口，红色的大门特别醒目。"小朋友们！这个红色的大门是仿照甲骨文上的'门'这个字造的。门两边金色的浮雕是根据妇好墓出土的龙形玉玦雕刻的。"进到门内，一块大石碑吸引了幼儿们，上面刻了很多字，从上面可以了解到殷商文化的起源以及殷商文化的三要素：都市、文字、青铜器。摸着"中华第一都"的巨大石碑，幼儿们是否想象出当时殷都的繁荣景象呢？草地上一支硕大的巨鼎令人肃然起敬，想一想，在科技并不发达的三千年前，我们的古人就已熟练掌握了青铜冶铸的高超技术。小朋友们都说："他们真了不起！"在碑林，小朋友们见到了刻在石碑上的"甲骨文"。"猜猜它们是什么字？"小朋友们一眼就认出了"日""月"等汉字。经过老师的讲解，小朋友知道了甲骨文是中国汉字的源头，是目前仅存的世界四大古文字之一。博物苑中的"宝贝"更多了，有甲骨文、青铜器、玉器、骨器等。名目繁多的器物种类令人赞叹不已。小朋友们瞪着求知的双眼，流连忘返，听得津津有味。回来以后，很多小朋友当起了文化传播的小使者，同他们的家人讲起了殷墟的见闻，真是不虚此行。

——刘爱云，H省A市幼儿园利用家庭、社区教育资源的研究 [D].

上海：华东师范大学，2007：79.（有改动）

2. 发掘幼儿园园内资源，搞好社区服务

幼儿园建立在社区内，是社区的组成部分，既依靠社会、社区的支持而发展，同时也承担着服务于社会，特别是为所在社区服务的功能。

（1）幼儿园教育资源与社区实现共享。幼儿园要充分利用本园的教育资源，实现资源共享，为社区居民与幼儿提供更多的教育和服务。如幼儿园的园舍、大型玩具等定期向社区开放，幼儿园的场地、演出设备与社区共享等。

（2）发挥社区宣传的职责。幼儿园作为专门的幼儿教育机构，还应担负起向所在社区及成员宣传党和国家的教育方针、给予正确的指导影响和传授科学育儿知识的任务。如为社区群众举办教育讲座，出有关幼儿教育的宣传专栏。

（3）发挥社区精神文明阵地的影响辐射作用。幼儿园要通过多种渠道树立良好的形象，发挥社区精神文明阵地的影响作用。幼儿园积极参与社会活动是创建良好社区关系的基础，在不影响保教工作的前提下，幼儿园应组织幼儿教师、幼儿参加社会活动，为社区精神文明建设做出应有的贡献。

练一练

1. 简述幼儿园与家庭合作的方式。
2. 幼儿园家长工作原则有哪些？
3. 谈一谈幼儿园与社区合作的内容与方法。

第十一章　幼儿园与家庭、社区和小学

第二节　幼儿园与小学衔接

案例导入

可儿就要大班毕业了，9月份即将升入小学一年级。临近大班毕业的这几天，总有一些家长和可儿的妈妈说起要给孩子报名参加一些小学一年级预备班的事情，说："这个班利用暑期的时间教孩子拼音识字，以免孩子入学后跟不上。"有几位家长还约可儿的妈妈一起去报名。可儿的妈妈是一位教师，她非常反对这样做。于是，她问："孩子如果一定提前学才能跟得上学习的进度，那么上中学的时候也要提前学，那么大学呢？"一些家长听了觉得可儿的妈妈说得有道理，于是，打消了报补课班的念头。

点评：近年来，社会上形形色色的"幼小衔接班"受到了家长的青睐，那么上这些幼小衔接班有用吗？幼小衔接工作该如何开展才更有效呢？本节就要讨论这些问题。

知识概述

一、幼小衔接的概念与意义

1. 幼小衔接的概念

幼儿园与小学的衔接，简称幼小衔接。幼小衔接工作是指幼儿园和小学根据幼儿身心发展的阶段性和连续性规律及幼儿终身发展的需要，所做的幼儿园教育与小学教育两个阶段的衔接工作。

2. 幼小衔接的意义

幼儿的身心发展是一个不断矛盾统一、变化发展的过程。幼儿园和小学虽然同属于基础教育，但这两个阶段在教育任务、内容、形式、方法、作息制度及常规管理方面都有较大差异。有很多幼儿进入小学后出现适应性问题，具体表现为：身体方面的睡眠不足、身体疲劳、食欲不振、体重下降等现象；心理方面的精神负担重、心理压力大、情绪低落、自信心不足、学习兴趣降低等现象；社会性方面的人际交往不良、人际关系紧张等现象，有的学生甚至出现了怕学、厌学的情绪。这些问题如不能很好解决，不仅会严重影响初入学幼儿的身心的健康发展，还会对其今后的学习和生活产生消极的影响。

幼儿从幼儿园到小学需要一个渐进的、过渡适应的过程。做好幼小衔接工作能使幼儿更快地适应新生活，减少因两种教育的差异给幼儿身心发展带来的负面影响，为其终身发展打好基础。《幼儿园教育指导纲要（试行）》也明确指出，幼儿园应与家庭、社区密切合作，与小学相互衔接，综合利用各种教育资源，共同为幼儿的发展创造良好的条件。因此，研究幼小衔接问题，做好衔接工作是十分重要的。

二、幼小衔接的现状

（一）幼儿园和小学之间的差异

1. 学习环境不同

幼儿园为幼儿提供了丰富的材料，环境的布置比较活泼、生动。学习、生活设施一般都

·157·

幼儿教育学

相对集中，活动室、盥洗室及餐厅等紧密相连，幼儿生活起来很方便。幼儿可以自由选择自己喜爱的活动方式，同伴之间合作交流的机会较多，玩具、教具的摆放也是以方便幼儿获得为原则。

而在小学，教室环境布置相对简单和严肃，桌椅摆放是固定的，自由活动时间较少，还要受纪律约束。幼儿没有玩具，与同伴讨论或自己选择学习方式的机会较少。

2. 学习方式不同

在幼儿园里，丰富多彩的游戏是幼儿主导的活动，幼儿多是通过动手操作等实践活动获得各种感官体验和社会生活知识，没有家庭作业和考试。幼儿教师主要是从幼儿的兴趣和需要出发，创设丰富的环境和各种条件，使幼儿在主动参与各种活动的过程中获得多方面的发展。

小学阶段的教育形式主要是课堂教学，通过课堂教学使儿童掌握系统的科学文化知识，并在学习过程中获得身心各方面的健康发展。小学阶段要根据国家规定的大纲要求进行系统教学，并有明确的目的和教学任务，要用严格的考试和一定的家庭作业来验证学习效果和巩固学习内容，其教学方式和组织形式与幼儿园有很大的区别。

3. 生活制度不同

幼儿教育阶段，幼儿教师的重要工作职责之一是对幼儿首先要做好保育工作，关注幼儿的生活和身体。因此，在组织教学时，幼儿教师会根据幼儿的科学用脑原则采用动静交替的方式，每天上课不过 1 小时左右，其他时间以游戏为主，午睡时间为 2 小时左右。生活管理也不带强制性，没有出勤要求，作息时间比较灵活。

幼儿进入小学后，生活节奏发生很大变化，小学教学主要以课堂教学为主，每节课40 分钟，上午 4 节，下午 1~2 节，课间自由活动和游戏时间很短，有严格的作息制度，小学的纪律和行为规范的要求带有一定的强制性，午睡得不到保证。生活制度的改变，使得幼儿在开学初期感到疲倦，上课没有精神，以至于对学习产生厌倦的心理。

4. 师生关系不同

幼儿园注重保教结合，一日生活都有固定的幼儿教师与幼儿朝夕相处，教师对幼儿的冷暖、饮食、睡眠、如厕、清洁卫生等各个方面都照顾备至，个别接触与谈话的机会较多，慈母般地关怀热爱幼儿，师幼之间往往形成亲密融洽的心理气氛。

小学阶段，每个班级虽然有一个固定的班主任，但教师与学生接触除了课堂以外，其他时间接触的相对较少。教师态度上更严肃，对学生要求更严格，这些都和幼儿园教师有显著不同，增加了幼儿在适应中的心理距离，使幼儿感到压抑和生疏。

（二）幼小衔接存在的问题

1. 幼儿园教育方面

（1）幼儿园知识小学化。在一些私立幼儿园甚至公立幼儿园中，幼儿园教育小学化倾向日趋严重，不少幼儿园不注意培养幼儿的综合素质，把进入小学的准备片面地理解为认字、做数学题等，不是引导幼儿在游戏中学习，而是要求幼儿像小学生那样做作业。这样的教学内容背离了幼儿的年龄特点，违背了幼儿的身心发展规律，扼杀了幼儿的天性，只将成绩作为最终追寻的目标。

·158·

小资料

幼儿园小学化的危害

① 幼儿教育"小学化"损害孩子身体健康。在幼儿园实施小学教育，过早写字会造成孩子手指畸形，长时间待在教室学习，过早加重孩子负担会造成幼儿视力下降、驼背等。

② 幼儿教育"小学化"影响幼儿智力开发。幼儿阶段孩子的认知发展水平还很低，处于感知运动阶段，这个阶段幼儿的活动应该以游戏为主。过早的小学教育不利于幼儿的身心发展，会使幼儿的思维发展停滞不前。若按照这种方式进行幼儿教育，到了小学阶段学生产生厌学情绪、适应不良等问题就会暴露出来，从而不利于学习积极性的培养。

③ 幼儿教育"小学化"不利于孩子的全面发展。在幼儿园实施小学教育，必然会忽略其他方面的发展，只重视文化知识教育，而不重视孩子非智力因素的发展，会造成孩子发展的片面性和畸形化。不利于素质教育的全面实施。

④ 幼儿教育"小学化"不利于孩子学习习惯的养成。幼儿阶段的小学化，会对幼儿的学习习惯产生不良影响，因为一年级大部分知识和学前重复，部分孩子觉得学习太容易，而产生轻视态度，会养成不爱思考的坏习惯，不利于以后的学习，面对新的学习内容时，会出现适应不良。

（2）幼小衔接片面化。

① 在衔接的时间上。对于幼儿园来说，幼小衔接的时间多开始于大班末期，截止于小学一年级第一学期，甚至是更短的时间，忽视了整个幼儿教育阶段中各个环节的衔接。一些幼儿园在幼儿将要入学的前半年才做衔接工作，带幼儿去参观小学，请小学生回园介绍等。这些做法是非常必要的，但这些远远不够。部分家长或教师在衔接过程中急于求成，忽视了幼儿的可接受性，致使幼儿压力突然增大，难以适应，不但教学效果不好，还会使幼儿对小学生活产生反感、恐惧等心理。

② 在幼小衔接的内容上。衔接的内容的片面性表现在重知识准备，尤其是对大班幼儿的知识、技能等进行强化训练，而忽视了幼儿在体育、德育、美育等方面的发展，更严重的是忽视了幼儿社会适应能力的发展。例如，不关注幼儿独立生活能力、交往能力、学习能力的情况等，或只关注幼儿的生理健康，而忽视了心理健康等。

（3）教师专业知识薄弱化。大多数幼儿园缺少既了解幼儿发展特点，又了解小学教育规律的教师，而小学教师对幼儿心理学、幼儿教育学知之甚少。幼儿教师不了解小学教育规律，小学教师不了解幼儿园教育的特点，即使幼儿教师和小学教师有互相了解的想法，但迫于现实的情况，一般无法完成。这种情况对于幼儿从幼儿园教育阶段向小学教育阶段过渡非常不利。

2. 家长方面

许多家长重视幼儿知识的积累，却不重视幼儿兴趣的开发和能力的培养。家长关注的是幼儿在幼儿园学会了写哪些字、学会了哪些拼音、会做几道数学题，重视短期成效而忽视幼儿的终身发展，导致幼儿在升入小学初期感到学习很轻松，出现上课不专心听讲、作业不认真完成等情况，随着学习内容的增多、难度的增加，幼儿的"老本"吃完了，加之没有良好的学习习惯，就会感觉跟不上，出现适应困难的情况。

幼儿教育学

小资料

家长的错误教育理念

小伟个子不高，长得很结实，白净的脸，看上去文质彬彬的。在大部分一年级新生还在小心谨慎地适应新环境、新老师、新伙伴时，小伟则表现得非常老道。语文课上，老师刚刚提出学习内容，小伟就在下面随口背诵起来，并且很得意地告诉同桌："这本书上所有的课文我都会背了。"数学课上，小伟最期盼的就是做题，因为他做得又快又好，常常能拿满分。同学们向他投来羡慕的眼光，第一名的感觉让小伟很有成就感。

在小伟看来，老师讲的东西他全都会了，所以课堂上听讲很不专注，而且还常影响同桌。随着其他小朋友对小学生活逐渐适应和逐步养成良好习惯，小伟"我都会了"的优越感和自豪感渐渐不再凸显，而且作业也常常出现"卡壳"，每当这时，小伟就会觉得特别委屈，有时甚至会哭着怪奶奶之前怎么没有教过……

分析：像小伟这样的幼儿在每年新生入学时都能见到，会给老师留下深刻的印象。一些家长望子成龙、望女成凤的心情过于迫切，怕幼儿输在起跑线上，就过早地剥夺了幼儿游戏、玩耍的时间，让其大量认字、写字、做算术题。开始进入小学时，幼儿很有优越感，其他幼儿不会的，自己都会，正是由于这种优越感使幼儿逐渐养成了不良的学习习惯，以至于幼儿在后来的学习中，出现了"跟不上"的情况。

三、幼小衔接工作的主要内容与方法

（一）培养幼儿对小学生活的热爱和向往

幼儿对小学生活的态度、看法、情绪状态等，跟入学后的适应关系很大。因此，幼儿园阶段应注意培养幼儿愿意上学，对小学的生活充满兴趣和向往，为做一个小学生感到自豪的积极态度，并让幼儿有机会获得对小学生活的积极情感体验。为此，幼儿园应当通过多种教育活动，特别是加强与家长、小学的合作。例如，在大班后期，幼儿教师可以一次或多次有目的地带领幼儿参观小学校园，熟悉小学环境。参观后回园要引导幼儿讨论，说说自己看到了什么，发现了什么，进一步激发向往小学之情。并把感知的小学学习生活反映到游戏、区域活动和有关的教育活动中去进一步培养。通过这些教育活动来让幼儿喜欢小学、渴望小学，最后愉快、自信地跨进小学。

（二）培养幼儿对小学生活的适应性

幼儿入学后，是否适应小学的新环境，是否适应新的人际关系，对其身心健康的影响很大。培养幼儿的社会适应性，特别是主动性、独立性、人际交往能力等，不仅关系着幼儿入学后的生活质量，也关系着幼儿在小学的学习质量，是幼小衔接的重要内容。

1. 培养幼儿的主动性

培养主动性是要在幼儿园教育中培养幼儿的自信心，对周围的人和事物的积极态度，激发幼儿对活动的参与欲望和兴趣，给幼儿提供自己选择、自己计划、自己决定的机会和条件，鼓励幼儿去探索、去尝试，并使幼儿尽量获得成功的体验。富于主动性的幼儿思维活跃，做事有信心，能主动与人交往，幼儿入学后处于积极主动的状态，能比较快地适应小学

· 160 ·

第十一章　幼儿园与家庭、社区和小学

的新环境。

2. 培养幼儿的独立性

幼儿的独立性、生活自理能力跟入学后的适应关系很大。很多幼儿因为不能管理好自己的学习用具、生活用品，不能根据情况穿脱衣服，不能记住喝水或害怕独自如厕等，而影响其身体和学习，在小学学习生活中感到困难。独立性和生活能力的培养必须通过家庭和幼儿园的合作才能实现。

3. 发展幼儿的人际交往能力

幼儿人际交往能力的重要性表现在入学后对新的人际环境的适应上。人际交往能力低的幼儿较胆小，不能主动地与同伴交往，或与同伴不能友好相处，遇到问题也不敢去找教师反映或寻求帮助，结果没有新朋友。幼儿经常感到孤独，心情沮丧，学习兴趣大大降低，学校的吸引力也随之消失。因此，在幼儿园里必须发展幼儿的人际交往能力。

4. 培养幼儿的规则意识和任务意识

小学阶段和幼儿阶段有许多不同的地方，如小学环境中有大量的新规则出现，纪律及行为规范都带有强制性。幼儿难以记住和遵守这些规则，这成为不少新生在学校受批评的主要原因。同时，入学后学习成为必须完成的任务，幼儿却一时难以确立任务意识。因此，幼儿园应当注意培养幼儿的规则和任务意识，特别是在大班阶段可以采取如下的措施：

（1）幼儿教师可以经常性地开展各种有规则游戏和活动，让幼儿逐步懂得生活、学习、游戏等都是有规则的，并让幼儿有机会体验到不遵守规则的后果，有意识地发展幼儿的自控能力。

（2）幼儿园大班也可以在生活制度、作业时间、上课纪律方面有所调整，如缩短午睡时间，适当延长作业时间、举手发言等。

（3）幼儿教师也要向家长积极宣传，让家长与幼儿园密切配合，给幼儿创造更多发展任务意识的机会，同时帮助幼儿获得完成任务所必需的知识与技能。在幼儿完成任务后，要给予及时的肯定，特别在遇到困难时鼓励幼儿坚持，培养完成任务的责任感和毅力。

幼儿园和家长可以采用上述措施，让幼儿逐步养成遵守规则的习惯和任务意识，以利于缩短入学后适应小学规则的时间。

（三）帮助幼儿做好入学前的学习准备

学习准备是着眼幼儿终身学习的需要，发展幼儿基本的学习素质，并在此过程中，帮助幼儿打下今后学习的基础。

1. 培养良好的学习习惯

习惯不好，以后很难纠正，对学习的危害是很大的，因此，从小养成好的学习习惯，将使幼儿终身受益。幼儿期间，幼儿教师和家长应当从日常生活的每件事情上严格、一致、一贯地要求，良好的习惯才能确立。例如，爱看图书的习惯，做事认真的习惯，注意力集中的习惯，保持文具、书本整洁的习惯等。

2. 培养良好的非智力品质

所谓非智力品质，指影响智力活动的各种个性品质，主要包括学习兴趣、学习积极性、意志、自信心等。学习不仅仅是只有聪明的脑袋就行，离开良好的非智力品质，幼儿智力的

· 161 ·

幼儿教育学

发展就会受到影响。因此，应当重视培养幼儿的好奇心、对外部世界的兴趣和探索的积极性，培养幼儿做事坚持到底、不怕困难的意志品质，让幼儿从被动的"要我学"变成主动的"我要学"。只有这样，幼儿才能形成自信、主动的学习态度，才能产生学习愉快这一积极的情感体验。

小资料

美国的幼小衔接

在美国，人们认识到"学校准备"的重要性。不仅影响幼儿入学后的状态，也影响学校教育所有儿童的能力。2002 年，美国政府颁布的《不让一个孩子落后》的教育法令，其目的是改革从幼儿园到 12 年级的教育，改革的重点是明确责任，严格各州的标准。联邦政府将学前教育中的阅读和幼小衔接作为优先发展的领域。

美国的研究人员经过研究表明，三个重要的因素影响幼小衔接能否成功：幼儿的技能及先前的经历、幼儿的家庭环境、幼儿园的课堂教学实践。那些经常为子女提供社会适应机会的家庭的幼儿过渡得较为顺利。发展合适的课堂实践有助于帮助幼儿轻松愉快地升入小学。为促进幼儿的顺利过渡，美国从两个方面采取对策，是从宏观上整合系统或促进系统的合作，学校做好幼小衔接工作另一种做法是幼儿园帮助幼儿做好准备。

在学校做好准备以帮助幼儿适应方面，美国主要有两条途径：一种是设置从托儿所到 3 年级的学校；另一种是学前教育系统与学校系统之间的整合。长期以来，美国都是将幼儿园到小学 5 年级作为一个学段。在越来越多的公立学校设立招收 4 岁幼儿的班级（有些时候也招收 3 岁幼儿）的背景下，为促进学前教育和小学的连续性，美国设计了一种"P—3 学校。"这种学校精心设计满足幼儿需要的设施、教学日程和教育方法，采用了一系列的标准和课程，力图将学前教育完全整合进学校系统。这种转变非常缓慢，但有增长之势。

（资料来源：教育部网站）

练一练

1. 幼儿园和小学之间的差异有哪些？
2. 幼儿园与小学衔接的内容是什么？

本章小结

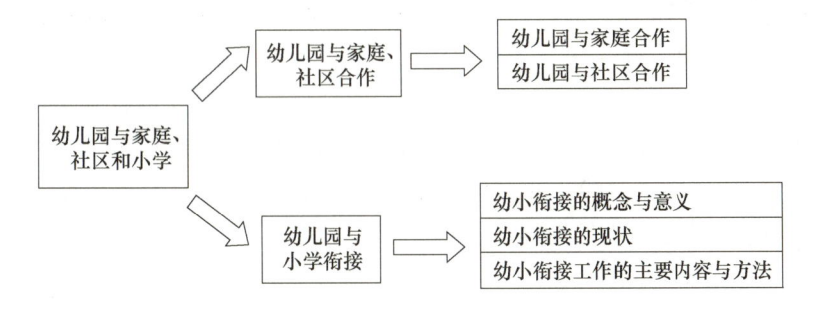

第十二章

幼儿园教育评价

【学习目标】

1. 了解幼儿园教育评价的含义和目的。
2. 理解幼儿园教育评价的功能和类型。
3. 掌握幼儿园教育评价的内容和方法。
4. 学会对保育教育工作进行评价和反思。

第一节　幼儿园教育评价概述

案例导入

　　幼儿教师利用图片，对幼儿们讲述了两个故事：第一个故事是妈妈洗碗时，小明帮助妈妈把碗送到碗橱柜里，一不小心打碎了3只碗。第二个故事是妈妈做饭时，小方吵着要吃巧克力，妈妈不同意，说："马上就要吃饭了。"小方生气了，故意把桌子上的一个碗摔在地上。故事讲完后，幼儿教师问幼儿："老师刚才讲的这两个故事，你听懂了吗？第一个故事里的小明做了什么？第二个故事里的小方做了什么？如果你是妈妈（爸爸），你觉得更应该批评谁？"

　　思考：这是对幼儿哪个方面的评价？运用了什么评价方法？如何通过幼儿的回答进行有针对性的教育？学完本节后，便可以对这些问题进行解答。

知识概述

一、幼儿园教育评价的含义和目的

　　幼儿园教育评价是幼儿园教育体系的重要组成部分，是对教育活动有关的各个方面和各种问题进行系统的描述和科学的价值判断的过程。幼儿园教育是一种有目的的活动，教育活

· 163 ·

动是否针对目的、目标而实施，是否产生适宜的教育效果，是否反映了正确的教育价值观与儿童观，有没有达到预期的目标，能不能促进幼儿按照社会的要求而健康发展，等等，这一切都需要通过评价来获得答案。

《幼儿园教育指导纲要（试行）》指出，教育评价是促进每一个幼儿发展，提高教育质量的必要手段，强调评价的过程是"教师自我成长的途径"。可见，这些要求清晰地突显了当今幼儿园教育评价的目的在于：促进每一个幼儿的发展，促进幼儿教师的自我成长和提高教育质量。评价以促进教育的可持续发展为根本目的，使评价的过程成为一个学习、诊断、改进和逐步完善的过程，从而使幼儿园教育评价获得巨大的教育力量和教育质量的提高。

二、幼儿园教育评价的功能

（一）诊断与改进

诊断与改进是幼儿园教育评价具有的主要功能，也是进行幼儿园教育评价的主要目的。诊断与改进是指在收集、整理和分析信息资料的基础上，对评价对象的客观情况特别是所存在的问题进行诊断，为其进一步的改进提供支持，帮助其寻求增值的途径和方法。

幼儿园教育评价具有的这一功能要求在具体的评价活动中，通过评价及时地找出评价对象在日常保教实践中存在的问题，并通过对问题产生的原因分析，找出症结所在，然后及时将结果反馈给评价者，并与其一起制订改进的方案。而要做到这一点，就离不开被评价者的积极参与。因此，现代幼儿园教育评价特别强调通过评价者与被评价者双方的积极参与和配合，真正地解决评价中所发现的问题。对于幼儿园来说，幼儿园各项工作都可以通过评价的方法进行诊断，并最终改进，而衡量各项工作的标准即是否有利于幼儿的发展。

（二）鉴定与选拔

幼儿园教育评价具有的鉴定与选拔功能，是指通过对所搜集的信息资料的整理和分析，对评价对象的客观情况做出证明或说明，为评价对象以后的发展或晋级提供依据。这既包括对幼儿发展的鉴定、对幼儿教师发展的鉴定、对幼儿园工作的鉴定，还包括对幼儿进一步发展所提供的促进条件、对幼儿教师专业晋级所做的准备，以及对幼儿园工作的全面衡量与发展机制的建立。

（三）导向与调节

教育评价是评价者依据一定的评价准则进行评价的活动，评价活动的结果会对评价对象有很强的"明示"效果。这种"明示"的结果会直接影响评价对象的行为取向与方式，并促使评价对象朝着评价者所预定的目标发展，这就是教育评价的导向功能。例如，对教学活动的评价，如果只以幼儿获得知识技巧的多少来评价教学效果，那么就会误导幼儿教师忽略在教学过程中培养幼儿的态度和情感，不重视幼儿主动参与活动，不重视发展幼儿的创造性，而热衷于采用"满堂灌""骑兵式"的教学形式，让幼儿死记硬背，机械模仿，反复训练。因此，评价的导向作用是十分重要的，必须依据正确的教育观来确定评价标准。

实践的改进与完善，离不开评价的调节功能。通过将评价过程中发现的问题或评价结果反馈给评价对象，不仅可以帮助评价对象调节幼儿园教育活动的目标或进程，从而向着正确的方向、以正确的方式不断发展，还可以使其了解自身发展中的优势与不足，明确努力方向及改进措施，以实现自我调节。

第十二章 幼儿园教育评价

随着教育评价理论与实践的不断发展与完善，幼儿园教育评价将不再仅仅把评价作为对评价对象的检查和鉴定的一种方法，而是把评价的功能更多地放在改进和提高幼儿的教育与保育质量上，将越来越重视评价的诊断、改进、激励、调节等功能，重视发挥评价的教育作用。

三、幼儿园教育评价的类型

幼儿园教育评价的类型，是指按照一定标准划分的幼儿园教育评价的种类。明确幼儿园教育评价的类型，可以根据幼儿园教育的不同情境选择和使用不同类型的教育评价，使评价功能和作用发挥到最大限度。

（一）按评价的范围划分

1. 宏观评价

宏观评价是指以幼儿园教育的全部问题或涉及宏观决策方面的幼儿园教育问题为对象做出的评价。例如，对 20 世纪 80 年代以来幼儿园教育内容方面的评价。

2. 中观评价

中观评价是指以幼儿园内部各方面工作为对象做出的评价，主要包括幼儿园教育评价、幼儿园保育评价、幼儿园管理工作评价、幼儿园环境评价、幼儿园人员评价等方面的评价。

3. 微观评价

微观评价是指以幼儿发展的某个方面或侧面为对象进行的评价，主要包括幼儿情感与社会化、认知与语言、健康与动作技能等方面的评价。

从幼儿园管理者的角度来说，幼儿园教育评价主要是以中观评价和微观评价为主，这是幼儿园自身可控的活动。

（二）按评价的基准划分

1. 相对评价

相对评价是指在被评价对象集合中选取一个或几个对象作为标准，然后将各个评价对象与所确定的标准进行比较，判断其达到标准的程度，或者确定被评价对象在集合总体中所处的位置的评价。例如，在某一个组织中树立一个榜样，将组织中其他成员的行为表现都与该榜样相对照，这种做法就属于相对评价。

相对评价的标准是在评价对象内部产生，通过横向比较，可鼓励竞争和相互促进，操作简便，较为适用。但需要注意的是，如何在被评价对象所处的集合总体中确定相宜的标准；所确定的标准是否适用于这一集合总体之外的评价对象。

2. 绝对评价

绝对评价是指在评价对象的集合之外确定一个标准作为客观标准，然后把各个评价对象与客观标准进行比较的评价方法。通过绝对评价可明了被评价对象与标准之间所存在的距离。需要注意的是：所设立的标准要客观。

3. 个体内差异评价

个体内差异评价是对被评价对象集合中的各个对象的过去和现在进行比较，或者把某一个对象的若干个侧面相互比较的评价。例如，一个幼儿园的硬件设施由条件很差发展到硬件

· 165 ·

幼儿教育学

设施很齐全，就可以说是这个幼儿园进步了。这个对幼儿园"进步了"的评价实际就是运用个体内差异评价做出的。这种评价方式较为常用，不会给被评价对象带来压力，容易调动其积极性。需要注意的是：如何克服因为没有客观的评价标准相比较和不与其他评价对象相比较所带来的评价的局限性。

（三）按评价的主体划分

1. 自我评价

自我评价是评价者根据一定的评价准则对自身的表现进行评价，它是一种自己对自己进行的评价。例如，一位幼儿教师在结束教学活动后，对教学内容、方法、资源利用等方面进行自我总结和自我鉴定就是自我评价。自我评价不受时间的限制，自我评价是评价对象本身自我反思、自我提升的过程，也是评价对象自身发展的一种重要的方式，这种评价易于进行，但客观性较差，容易出现评价对象评价过高或者过低的情况。

2. 他人评价

他人评价是指除了自身以外的任何人或任何组织所进行的评价，如幼儿园园长对幼儿教师的评价，幼儿教师对幼儿的评价，家长对教师的评价等。在幼儿园中，绝大多数的评价采用的都是他人评价这种类型。这种评价相对来说客观性较强、信息全面，但被评价者常居于被动地位。在实际工作中，应把自评和他评结合起来使用。

（四）按评价的功能划分

1. 诊断性评价

诊断性评价是指在某项幼儿园教育计划或方案开始之前进行的测定性或预测性评价。幼儿园教育中的诊断性评价类似于医生给病人诊病，诊断性评价这一概念也是由此而来的。诊断性评价是选择、制订幼儿园教育计划和方案的基础。例如，在幼儿刚入园时，幼儿园要对所有幼儿的发展情况，包括身心发展情况，进行摸底测试和测验，目的是让幼儿园教师了解幼儿的发展情况。诊断性评价通过了解被评价对象的基础、现状，有利于对被评价对象的变化情况开展有针对性的工作。

2. 形成性评价

形成性评价是指在某项幼儿园教育计划或方案实施的过程中进行的评价。其主要目的是在计划或方案实施过程中不断获得改进计划或方案的依据，从而不断调整、修改幼儿园教育计划或方案，以期提高计划或方案的质量。例如，在幼儿园的工作中，每隔一段时间都要对幼儿的身体发育情况进行一次测试，以便幼儿教师及时了解幼儿的发育状况，调整和改革保教工作，以帮助幼儿更好地发育和发展。形成性评价始终处于动态之中，能不断进行，并及时地调整改善，使目标顺利实现，是幼儿园教师采用的主要评价方式之一。

3. 终结性评价

终结性评价是指在某项幼儿园教育计划或方案结束后对其最终的结果进行的评价。其主要目的是以预先设定的教育目标为基准，对幼儿园教育计划或方案达到目标的程度，即最终取得的成绩和目标之间的距离进行评价。例如，全国普遍实行的幼儿园分级分类验收就是一种终结性评价。又如，幼儿园对幼儿园教师的年终鉴定、幼儿园教师对一学期工作的总结等都是终结性评价。终结性评价通常用于评比，划分等级、类别，资格认定等。

· 166 ·

第十二章　幼儿园教育评价

终结性评价也存在一定的弊端：对最终结果进行的评价导致无法控制过程中出现的问题，不能及时修正、改进；只重视结果而忽视过程，会导致一些不正当的竞争。

练一练

1. 幼儿园教育评价的功能有哪些？
2. 幼儿园教育评价的类型有哪些？

第二节　幼儿园教育评价的主要内容与方法

案例导入

在幼儿园区域活动中，晶晶、楠楠、丁丁、大俊四个4岁的幼儿在娃娃家里玩"照顾病儿"的游戏。在游戏过程中，扮演妈妈的楠楠正拿着一个药瓶打算给躺在病床上的丁丁喂药，正在假装睡觉的丁丁很配合，吃完药后又睡着了。晶晶小朋友正在厨房忙着做饭，而大俊小朋友显得无所事事。

问题：幼儿所进行的游戏活动质量如何？作为幼儿教师，应该如何指导和评价幼儿的游戏呢？带着这些问题开始本节的学习。

知识概述

一、幼儿园教育评价的主要内容

根据幼儿园教育评价的含义，可以理解为幼儿园教育评价应涉及幼儿园教育的各个方面、各个层次、各个部门。将它的主要内容划分为幼儿发展评价、幼儿教师发展评价和幼儿园教育活动评价。

（一）幼儿发展评价

幼儿发展评价是依据幼儿教育目标以及与此相适应的幼儿发展目标，运用教育评价的理论与方法，对幼儿身体、认知、品德与社会性等方面的发展进行价值判断的过程。它是幼儿园教育评价的重要组成部分。具体的评价内容教师可以根据评价的目的、教育工作的需要进行选择。

一般而言，幼儿发展评价的内容及其切入点可包括以下几个方面：

（1）可选择按课程领域来对幼儿发展进行评价。

（2）可选择按课程进行的主题所经历的不同阶段对幼儿发展进行评价。

① 开始阶段：幼儿已有的经验是什么，对哪些方面发生兴趣。

② 进行阶段：幼儿收集了哪些与主题有关的材料，哪些内容可以进行深入的研究。

③ 主题的深入阶段：幼儿是如何解决问题的，采用了哪些方法和途径，在解决问题的过程中幼儿有哪些差异等。

④ 主题的结束阶段：幼儿在这个主题中获得了哪些发展，还存在什么问题，这些问题如何解决等。

（3）可选择多元智能的各个方面来对幼儿进行评价。

167

幼儿教育学

（4）可选择按某一事件、某一活动对促进幼儿发展的作用进行评价。

（5）可选择对幼儿的活动风格进行评价。

在对幼儿发展状况进行评估时，要注意以下几个问题：

（1）要明确评价的目的是了解幼儿的发展需要，以提供更多合适的帮助和指导。例如，幼儿教师在评价幼儿的舞蹈作品时，可以了解到幼儿的掌握情况，并给予相应的帮助和指导。

（2）要全面了解幼儿的发展状况，防止片面性，尤其要避免只重知识和技能，忽略情感的倾向。

（3）在日常活动与教学过程中采用自然的方法进行评价。平时观察所获得的具有典型意义的幼儿行为表现和所积累的各种作品等，是评价的重要依据。

（4）承认和关注幼儿的个体差异，避免用"整齐划一"的标准评价不同的幼儿，在幼儿面前慎用横向比较。

（5）以发展的眼光看待幼儿，既要了解其现有水平，更要关注其发展的速度、特点和倾向等。例如，幼儿对事情的看法会随着时间的推移而改变，幼儿教师应及时了解幼儿的变化情况和存在的问题。

除此之外，幼儿发展评价要树立正确的评价观，要注意幼儿基本素质的提高，理解幼儿发展速度的差异性；幼儿发展评价要与日常教育工作相结合，充分合理地运用评价结果；正确地处理幼儿发展评价与教师工作评价的关系。

小资料

舞蹈课上的教育评价

在中班幼儿的舞蹈课上，老师教完幼儿基本动作，让幼儿单独进行操练，展示给老师看。只见娜娜的动作很不灵活，并且和其他幼儿的动作方向相反，完全不符合动作标准。老师多次示范给娜娜看，娜娜依旧表现得不好。这时，老师叫来其他幼儿，给娜娜做示范，娜娜依旧没有很大的进步，并表现得有些紧张不安。此时，老师发现了娜娜动作和表情的变化，终止了娜娜的动作，让其他幼儿去操练，自己则蹲下身和娜娜聊天，安抚娜娜的情绪，鼓励她，使她的情绪开始变好，再一次接受老师的指导，并表现转好。

分析： 面对不同的幼儿，要承认幼儿的个体差异性，不可用单一的标准去衡量幼儿，也不可进行横向比较，这会对幼儿的身心发展造成不良影响，对幼儿表现不好的地方应给予鼓励和帮助。

（二）幼儿教师发展评价

幼儿教师发展评价是在一定目标的指导下，遵循一定的程序，运用科学的方法，借助现代技术广泛收集评价信息，全面地对幼儿教师的教学和自身素质进行价值判断，促进幼儿教师更好地发展。

幼儿教师发展评价主要是为了全面、客观地了解和评价每位幼儿教师各项教育工作的质量。对幼儿教师的评价，主要着眼于幼儿教师各项教育、教学工作，以及幼儿教师工作的技巧和态度。幼儿教师发展评价的内容主要包括幼儿教师教学评价和幼儿教师素质评价两个方面。

1. 幼儿教师教学评价

对幼儿教师教学的评价包括以下几个方面的内容：

·168·

第十二章　幼儿园教育评价

（1）教育计划和教育活动的目标是否建立在了解本班幼儿现状的基础上。所有的教育计划和教育活动的目标都应该建立在幼儿已有的知识和生活经验上。这要求幼儿教师掌握幼儿的发展现状，把握幼儿发展的关键期和最近发展区，合理地促进幼儿的发展。

同时，在教学实施的过程中，幼儿教师可以根据幼儿的反应调整教学目标与内容，以便更好地促进幼儿发展。无论是以幼儿教师为主的直接教学，还是以幼儿为主的间接教学，都要求幼儿教师了解幼儿的发展现状。

（2）教育的内容、方式、策略、环境条件是否能调动幼儿学习的积极性。兴趣和爱好是第一任教师，只有符合幼儿的兴趣和爱好才能有效地提高幼儿学习的积极性。因此，要选择既满足教育目标要求又满足幼儿兴趣爱好的内容，最直接的方法就是从幼儿的兴趣中寻找与教育目标相吻合的内容。

（3）教育过程是否能为幼儿提供有益的学习经验，并符合其发展需要。教育的根本目标是要促进幼儿的发展，除了要满足幼儿的需要和兴趣外，也要为幼儿提供有益的学习经验，以促进幼儿更好地发展。

（4）教育内容、要求能否兼顾群体需要和个体差异，使每个幼儿都能得到发展，都获得成功感。幼儿教师要尊重每个幼儿独特的发展优势和个性特点，为每个幼儿提供全面发展的机会，为每个幼儿提供表现自己长处和获得成功的条件，同时主动、及时地进行反馈，帮助幼儿充分认识自己，增强他们的信心，帮助其获得全面发展。

（5）幼儿教师的指导是否有利于幼儿主动、有效地学习。幼儿教师和幼儿的互动应该是动态的，幼儿教师要紧密跟随幼儿的学习、活动，把握时机，提供适宜的帮助，锻炼幼儿独立解决问题的能力，提高幼儿教师教学和幼儿学习的价值和意义。

2. 幼儿教师素质评价

对幼儿教师的素质评价可从其职业道德、专业知识、教学能力、文化素养、参与和合作能力、自我反省能力等方面进行。

（三）幼儿园教育活动评价

1. 对活动目标的评价

活动目标是由教师按照一定的教育要求和幼儿本身发展的需要制定的一种对活动结果的期望。对活动目标的评价可以从三个方面入手：

（1）评价活动目标与教育总目标、年龄阶段目标及单元目标是否有紧密的联系。

（2）评价活动目标是否包括了认知、情感与态度、操作技能三个方面的要求。

（3）评价活动目标是否与幼儿的实际情况相适应。

2. 对活动内容的评价

对活动内容的评价是指对活动内容的选择和设计两个方面的评价。

（1）要评价教育活动内容的选择是否与幼儿教育目标相一致；是否与幼儿教育所涉及的范围、领域相一致；是否与幼儿的能力水平相一致。

（2）评价活动内容的选择还要考虑所选择的审美性和艺术性。

另外，还要评价活动的设计和组织；评价在一个具体的教育活动中各部分内容间的比例关系是否合理；评价活动内容与形式是否相适应；评价活动内容的组织安排是否突出重点、难点；评价活动内容各个部分之间的过渡衔接是否流畅。

3. 对活动方法的评价

活动方法是实现活动目标的手段和途径。它既包括教师主动地引导和教学的方法，也包括幼儿主体的探索和操作的方法。对活动方法的评价，主要体现在：

（1）评价活动方法的选择和运用是否与活动的目标和内容相呼应。

（2）评价活动方法的选择和运用是否顾及幼儿的年龄特点和水平。

（3）评价活动方法是否强调并体现幼儿的自主性和主体性。

（4）评价活动方法是否注意到与活动环境和有关设备相联系。

4. 对教育活动过程的评价

活动过程是一个综合而复杂的过程。因而，对活动过程的评价也是一个动态的评价过程，它涉及教师、幼儿及其他方面。一般来说，对活动过程的评价包括：评价教师的行为；评价活动中师幼互动情况；评价活动的组织形式；评价活动的结构安排。

5. 对活动环境和材料的评价

活动的环境和材料与目标、内容有着必然的联系，因而，在幼儿园教育活动的内容中也包含着对活动环境和材料的评价。这一评价主要包括四个方面：是否与该活动内容相适应；是否能适合幼儿的实际需要和能力；是否适合于教育活动的展开；是否充分地发挥了环境和材料的作用。

6. 对活动效果的评价

活动效果的评价主要是指从幼儿方面反映出来的教育结果。它包括三个方面的评价：一是评价幼儿在活动过程中参与和学习的态度。注意力是否集中，表现是否主动积极；二是评价幼儿在活动过程中的情绪情感的反应。精神是否饱满，情绪是否愉快和轻松；三是评价幼儿的活动预期目标是否都达成。

二、幼儿园教育评价的方法

（一）幼儿发展评价的方法

只有贯彻了解幼儿的多元智能，发展幼儿智能成果，才能全面客观评价幼儿来验证幼儿教育整体观念的教学成果。

1. 观察法

观察法是指有目的、有计划地对评价对象进行系统和连续的考察、记录、分析，并对观测结果做出评定的一种方法。由于观察是在日常生活的自然状态下进行的，可以保证获得真实、具体的信息。观察法的应用范围很广泛，主要包含自然观察和情境观察。

（1）自然观察法。自然观察法是指在日常生活的自然状态下，有目的、有计划地对幼儿的行为进行直接的观察、记录，从而获得幼儿发展信息的方法。3~6岁的幼儿语言表达能力很有限，难以用语言表达更多的信息，其发展变化常常表现在自己外显的动作行为之中。因此，通过教师的自然观察得到的评价信息，不仅真实而且十分丰富。

自然观察法的主要特点是，不对幼儿的行为进行人为干预与控制，教师与幼儿都处于自然状态下，这样才能观察到幼儿在日常生活中最真实的表现。例如，在活动区游戏中，通过观察幼儿与其他幼儿的交往情况，可收集到反映幼儿交往能力的大量信息，特别在幼儿情感、社会性交往发展评价中很适用。

运用自然观察法时应注意以下问题：

① 要明确观察目的，选择与目的有关的行为和重要事实进行观察记录。

② 创造自然的观察环境和气氛。教师应避免幼儿注意或发现教师的观察意图，避免幼儿出现紧张非自然的行为，保证观察结果的真实自然。

③ 要做好观察记录，精确地记下反映幼儿行为的事实及发生的条件、环境，以便对幼儿的发展做出正确的判断。

④ 要对幼儿的行为多次观察，这样的观察结果才具有可靠性。

（2）情境观察法。情境观察法，即在教育的实际情境下，将幼儿置于与现实生活场景类似的情境下，由教师观察在特定环境下幼儿的行为。例如，在幼儿园举行的"合格小公民"比赛中，教师事先把活动室的图书、桌椅、玩具乱摆、乱放。然后在这种情境下让幼儿进入活动室，看看幼儿的行为反应，可以考察一下幼儿的行为习惯，看幼儿会不会自觉收拾整理物品。

情境观察法的优点：一是可以在一次活动中集中获得大量信息；二是可以改变某些条件，保证观察的效果，又可保持情境的真实自然，易于观察幼儿的自然表现；三是方法比较简便，完全可以和幼儿园各种教育活动结合起来使用。

运用情境观察法收集评价信息应注意以下问题：

① 要围绕观察目的设计情境，所创设的情境要能引发幼儿表现出评价者观察的行为。

② 设计的观察情境应尽量与幼儿的日常生活情境相似，应是幼儿较感兴趣的活动，能够使幼儿积极参与并产生真实感。

③ 情境观察应与日常观察相结合。幼儿在某一特定情境中的行为，不一定代表在日常生活中所有的情况。所以不能以一次情境观察得到的信息为依据对幼儿进行评价，经过多次情境观察与日常生活观察相结合，才能使教师对幼儿的评价有比较充分的事实依据。

小资料

写观察记录更能促进成长

在幼儿教育实践中做观察记录，能够拉近我们和孩子的距离，帮助我们仔细地观察孩子的行为，认真解读孩子的语言，使我们真正地关注孩子的发展，不断提升自己的专业素养。

通过观察记录，我们感受到自己观察的视角在逐渐地转变，教育理念在不断地提升。通过观察记录，我们感受到只有走近孩子，从孩子的立场思考问题，才能公正、客观地了解每一个孩子，满怀爱心地欣赏每一个具有不同个性和能力的孩子，从而让我们的教育更好地贴近孩子，有效地推动每一个孩子的发展。

例如，观察记录《我会自己收拾》写道：活动结束了，孩子们忙着收拾材料。这时，出现了吵吵闹闹的声音。原来政政刚做完"几何体阶梯"的工作，还没收拾好，旁边的几个小朋友就七手八脚地上去帮忙，还催着他："政政，快点呀，都吃水果了!"政政急了，他夺下被拿走的几何体，红着脸说："我会摆，不要你们弄!"我过去一看，五组几何体中还有两组没有摆回盒子，政政先把它们无序地一个个排成一排，忙活了好一会儿终于按高矮排成了一排，然后再一一放回盒子。放好了棕色的三棱柱，又开始放绿色的六棱柱。一开始，他还是像以前一样无序地忙活。这时旁边的凯轩说："你先放最高的!"政政这次没有

幼儿教育学

拒绝凯轩的建议，先把最高的一个放回盒子，想了想又放回了剩下四个中最高的一个，这样他一下子明白了，依次放回了其余三块，很快地收拾好了材料。

通过观察分析，老师知道政政是个很认真、很有主见的孩子，凡事喜欢自己动手，不愿意别人插手。由于年龄较小，在整理玩具的过程中因为着急和经验不足，他的思维显得比较混乱。但小家伙还是锲而不舍地要把事情做好，虽然尝试了好多次但并不气馁，直到放对为止，这种精神值得肯定。

在记录中我们也感受到，观察记录幼儿的活动过程只是了解幼儿的开端，解读幼儿、反思教学、关注幼儿发展才是目的。而我们也会在这个过程中积累经验，不断促进自己的专业成长。观察记录让我们养成了反思总结的习惯，为以后的教育教学工作积累了经验。

(资料来源：《中国教育报》2013 年 11 月 24 日第 3 版)

2. 谈话法

谈话法，又称访谈法，是通过与幼儿面对面地交谈收集评价信息的方法。谈话法可以弥补观察法的不足，能较快地了解幼儿发展中某些难以用行为表现出来的认识方面的问题，丰富已有资料。面对面的谈话有助于教师深入地了解幼儿。谈话法常用于收集有关幼儿动机、态度、自我认识等方面的信息。例如，教师问："你喜欢和班上的小朋友一起玩吗？为什么？"通过谈话，教师可以了解到幼儿是否对人际交往有积极的态度。谈话法可分为直接问答的谈话、选择答案的谈话、自由回答的谈话、自然谈话等。在幼儿园教育评价中，针对幼儿进行谈话的方式有以下几种形式。

（1）直接问答的谈话。谈话者提问，幼儿回答，采用一问一答的形式。这类谈话一般针对低年龄幼儿，问题简单、明了、客观。例如，谈话问幼儿，你叫什么名字？你今年几岁了？你家里有几口人？

（2）选择答案的谈话。谈话者列举问题的多种选项，让幼儿进行选择。例如在赤、橙、黄、绿、青、蓝、紫等颜色中，让 3 ~ 4 岁幼儿选择最喜欢的两种。这可以考察幼儿对颜色的辨识能力和其颜色视觉的发展能力。

（3）自由回答的谈话。谈话者围绕一个或几个问题进行提问，直到了解问题为止。如，你最喜欢班上的哪个老师？你为什么喜欢这个老师？别的小朋友喜欢哪个老师？他们为什么喜欢这个老师？

（4）自然谈话。谈话没有具体顺序和问答形式，无固定问题限制，主要是以聊天的方式进行。

使用谈话法搜集信息评价时应注意：要有明确的目的，围绕一定的主题进行；应选择适当的时间和地点；在自然状态下进行，对谈话对象不能暗示和启发，不能有偏见，记录要客观；应选择适合谈话对象的语言。

3. 问卷调查法

问卷调查法是由评价者根据评价目的，向家长发放问卷调查表，广泛收集幼儿发展信息的一种方法。幼儿的行为在不同条件下往往会有不同的表现。为了全面地了解幼儿的发展情况，还必须向家长了解幼儿在家庭环境中的行为表现。使用问卷调查法时，要做好家长工作，对家长多做宣传与解释。另外，要掌握问卷设计的技能，编制出易于家长理解接受的调查表。这样，问卷调查才能收到实效。

·172·

第十二章 幼儿园教育评价

4. 档案袋评定法

档案袋评定法又称成长记录袋评价法，是指幼儿园教师和家长收集幼儿在学习过程中具有代表性的作品和典型性的表现记录，以幼儿的现实表现作为判断幼儿学习质量依据的评价方法。这种评估活动从多种渠道收集资料，旨在提供有关幼儿实际水平的各种材料，重视幼儿发展的过程，从多角度、多侧面地了解幼儿的发展状况。

通常，档案袋覆盖的内容可包括：幼儿在幼儿园和家中的各种作品（如绘画、泥塑、折纸等）；幼儿在各种活动中的照片或录像；语言和音乐表现的录音；教师和家长对幼儿活动的观察记录；幼儿自己通过语言录音、图画或文字的方式表达的自我反思、探究设想和活动过程等。

小资料

档案袋里装什么（一则反思日记）

今天是"牙齿"主题活动的第三个活动，老师决定让幼儿学习刷牙操。活动的目的是帮助幼儿看懂图示，掌握正确的刷牙方法和步骤，并能跟着音乐一起做"刷牙操"。在活动过程中，小朋友们遇到一个问题，因为他们的识字量有限，只认识"上、下、左、右、牙"等几个字，看不懂图片上面复杂的文字解释，因此就不知道每张图片究竟是什么意思。怎么办呢？老师组织小朋友一起讨论，最后文文小朋友想出了一个办法，得到全体小朋友的认同，就是在每张图片上面标上箭头，根据箭头指示的方向学习刷牙。他们再一次尝试，还真是个好办法。为了鼓励文文，老师觉得把这个伟大发现"载入史册"。可是，整个过程都没有"有形"的作品产生，也没有录音和录像，怎么办呢？老师重新查找了档案袋评价的一些资料，终于发现了一个好办法——可以把这次活动的过程用文字写下来，配上那张画有箭头的图片，一起放到文文的档案袋里。真是一个好办法！而且，老师还为这种刷牙方法起了一个好听的名字——文文刷牙法。

在这个反思案例中，教师思考了在档案袋评价中作品收集的问题，并开始尝试一种自己从未使用过的方法进行作品收集。并做到了图文并茂的呈现，能再现活动情景，是非常有价值、有说服力的材料。

5. 测验法

测验法主要是指对幼儿身体、认知、语言、社会性发展等方面的测量。它是幼儿园教育评价的一种重要工具。分为以下两种：一是标准测验法。主要是专门组织人力、物力，由教育专家制定的测验。例如，比纳智力量表。这种标准测验法具有一定的科学性和合理性，但是操作起来也较为复杂。针对较小的幼儿来说，这种测验法具有一定的难度。因为较小幼儿的认知能力和理解能力都处于发展中，幼儿需要借助他人的帮助才能完成。二是幼儿教师自制测验法。在幼儿园教育评价中，教师为了了解本班幼儿在某些方面的发展情况，自制测验题目，对幼儿进行测验。例如，教师为了了解幼儿观察力的发展水平，自制一个测验——带孩子参观理发店，然后引导孩子描述观察到的事物，根据幼儿的回答对其观察力做出评价。

（1）出示理发店图片，问幼儿："这是什么地方？""为什么来这里？"以此来考察幼儿观察的概括性。

（2）"人们去理发店干什么？"根据幼儿回答问题项目的多少，评论幼儿观察的精确性、细致性和顺序性。

· 173 ·

幼儿教育学

（3）理发店内的叔叔、阿姨穿什么颜色的衣服？

（4）理发店内的顾客会和理发师之间产生什么类型的对话呢？

这种方法具有方便性和直观性，便于幼儿教师直观地掌握幼儿在某方面的发展情况。

（二）幼儿教师发展评价的方法

幼儿园教育工作实行以幼儿教师自评为主，园长和有关领导、其他幼儿教师和家长参与评价的制度。因此，对幼儿教师发展进行评价可采用以下几种方法。

1. 幼儿教师自我评价

自我评价法是依据一定的评价原则和标准，主动对自己的思想和行为做出评价的方法。教师自我评价是教师教学评价的主要形式。自我评价方法可以帮助幼儿教师提升自我意识、促进幼儿教师的发展，提高幼儿教师的积极性。

2. 幼儿对幼儿教师的评价

幼儿经常和幼儿教师生活在一起，所以对幼儿教师的教学情况和幼儿教师的素质都非常了解。幼儿评价幼儿教师的形式可以采用个别谈话、座谈会等。

3. 教师互评

教师之间互相评课，可以起到互相了解、互相交流，取他人之长、补己之短的作用。教师之间互评，可以以教学研究组结合听课等方式来进行。

4. 领导评价

教育督导部门的专家和教育行政部门的领导、园长、教学主任等都需要掌握教师的教学情况，收集教学信息，以便有计划地帮助幼儿教师提高教学水平和掌握情况。

5. 家长评价

家长评价也是对幼儿教师发展评价的一种手段。通过家长问卷、家长座谈等形式了解幼儿教师的情况。这也是幼儿园经常运用的一种方法。

练一练

1. 幼儿园教育评价有哪些具体内容？

2. 幼儿园教育评价的方法有哪些？

本章小结

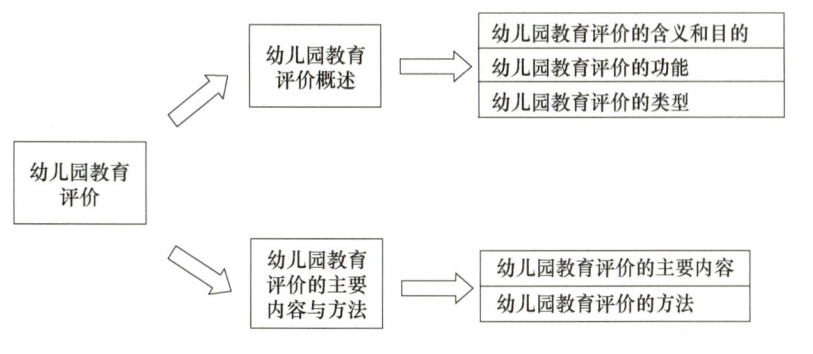

174

参 考 文 献

[1] 李生兰. 学前教育学 [M]. 上海：华东师范大学出版社，2006.

[2] 霍习霞. 学前教育概论 [M]. 武汉：华中师范大学出版社，2013.

[3] 徐旭荣. 学前教育学 [M]. 北京：人民邮电出版社，2015.

[4] 单汝荣，王少娟. 幼儿教育学 [M]. 北京：人民邮电出版社，2015.

[5] 王萍，万超. 学前教育学 [M]. 长春：东北师范大学出版社，2014.

[6] 孙玉石，李华. 幼儿教育学 [M]. 北京：中国传媒大学出版社，2014.

[7] 王海澜. 学前教育学 [M]. 上海：上海交通大学出版社，2013.

[8] 刘萍. 学前教育管理 [M]. 北京：北京出版社，2014.

[9] 孙立双. 学前儿童家庭与社区教育 [M]. 北京：北京出版社，2014.

[10] 杨竟楠. 幼儿园教育评价 [M]. 长春：东北师范大学出版社，2014.

[11] 亓树林. 学前教育学 [M]. 长春：东北师范大学出版社，2014.

[12] 李凤杰，张睿. 幼儿教育学 [M]. 南京：河海大学出版社，2009.

[13] 黄人颂. 学前教育学 [M]. 北京：人民教育出版社，2009.

[14] 李哥，凡鸿，帅凯晖. 学前教育学 [M]. 北京：航空工业出版社，2014.

[15] 金建生，王玉生. 学前教育学 [M]. 天津：南开大学出版社，2013.

[16] 杨力，赵艳杰. 学前教育学 [M]. 北京：北京出版社，2014.

[17] 冯晓霞. 幼儿园课程 [M]. 北京：北京师范大学出版社，2000.

[18] 周丽娜. 保教知识与能力（幼儿园）[M]. 武汉：华中师范大学出版社，2012.

[19] 教师资格考试研究中心组. 保教知识与能力·幼儿园版 [M]. 上海：华东师范大学出版社，2012.

[20]《国家教师资格统一考试规划教材》编写组. 保教知识与能力：幼儿园 [M]. 北京：人民出版社，2012.

[21] 教育部教师工作司. 幼儿园教师专业标准 [S]. 北京：北京师范大学出版社，2011.

[22] 中华人民共和国教育部. 3 ~ 6 岁儿童学习与发展指南 [S]. 北京：首都师范大学出版社，2012.

[23] 中华人民共和国教育部. 幼儿园教育指导纲要（试行）[S]. 北京：北京师范大学出版社，2001.

[24] 宋睿. 家、园、社区合作共育的实践研究 [D]. 南京：南京师范大学，2008：31.

[25] 刘爱云，H 省 A 市幼儿园利用家庭、社区教育资源的研究 [D]. 上海：华东师范大学，2007：79.

[26] 中华人民共和国教育部. 中国教育报 [N]. 北京：中国教育报刊社，2013 - 11 - 24 (3).

[27] 宋文霞，王翠霞. 幼儿园一日生活环节的组织策略 [M]. 北京：中国轻工业出版社，2012.

[28] 李季湄，冯晓霞.《3～6岁儿童学习与发展指南》解读［M］. 北京：人民教育出版社，2013.

[29] 张兰香，华希影. 学前教育学［M］. 北京：高等教育出版社，2014.

[30] 郑建成. 学前教育学［M］. 上海：复旦大学出版社，2012.

[31] 刘晶波. 日本幼儿园环境建设观感［J］. 早期教育，2001（7）：6.

[32] 蔡伟中. 幼儿园教师实用手册［M］. 北京：农村读物出版社，2010.

[33] 何德能. 幼儿园环境设计［M］. 长春：东北师范大学出版社，2003.

[34] 庞丽娟. 教师与儿童发展［M］. 北京：北京师范大学出版社，2001.

[35] 朱家雄. 幼儿园课程［M］. 上海：华东师范大学出版社，2003.

[36] 李季湄. 幼儿教育学基础［M］. 北京：北京师范大学出版社，1999.

[37] 霍力岩. 学前教育学［M］. 北京：北京师范大学出版社，2000.

[38] 虞永平. 学前课程价值论［M］. 南京：江苏教育出版社，2002.

[39] 林菁. 幼儿园创造性游戏指导与实施［M］. 福州：福建人民出版社，2011.

[40] 卢乐山. 中国学前教育百科全书［M］. 沈阳：沈阳出版社，1994.

[41] 刘焱. 学前教育原理［M］. 大连：辽宁师范大学出版社，2002.

[42] 刘晶波. 师幼互动行为研究：我在幼儿园里看到了什么［M］. 南京：南京师范大学出版社，1999.

[43] 杨丽珠，吴文菊. 幼儿社会性发展与教育［M］. 大连：辽宁师范大学出版社，2000.

[44] 刘婕. 专业化：挑战21世纪的教师［M］. 北京：教育科学出版社，2002.

[45] 周梅林. 幼儿园工作规程（2016版）解读［M］. 北京：北京师范大学出版社，2017.